本书为教育部哲学社会科学研究重大课题攻关项目"社会科学本土化视角下的金融社会风险研究"（21JZD024）阶段性研究成果；国家自然科学基金项目"人口老龄化、住房空置与房地产金融风险控制——基于异质空间 DSGE 模型分析"（71873117）阶段性研究成果。

房地产价格波动
与宏观调控机制

研究 | RESEARCH ON THE FLUCTUATION OF
REAL ESTATE PRICE
AND MACRO CONTROL MECHANISM

周建军　鞠　方　等　著

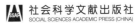

社会科学文献出版社
SOCIAL SCIENCES ACADEMIC PRESS (CHINA)

目 录
CONTENTS

第一章　绪论

一　研究背景

众所周知，2007 年美国爆发了严重的次贷危机。受全球化的影响，远在大洋彼岸的中国市场也经历了强烈震荡。我国的房地产企业发展趋势迥异：发展状况令人担忧的企业被市场淘汰，境况稍好些的开始苦苦挣扎，而其余的则越挫越勇，在这可怕的金融海啸中平稳航行。信贷危机出现时房价大幅波动已是常态，但此次次贷危机发生后房价波动的剧烈程度实属罕见。回顾我国房地产市场近十年的变化，除个别年份外，房价一直处于不断走高的发展态势。2005~2007 年，我国房价呈快速攀升之势。国家为了抑制房价的过快上涨，推出了诸如老"国八条""国六条"等政策，2006 年的"90/70"政策为稳定房地产市场提出了更为细化的量化标准；2008 年，金融危机来势凶猛，房价下行趋势明显，房地产行业进入寒冬。各地纷纷推出优惠政策，减税降费之声此起彼伏。在利好政策的不断刺激下，自 2009 年开始，我国房价进入新一轮大幅攀升时期，国家政策专注于推动市场良性发展，如 2009 年的"国四条"、2010 年的"限购令"、2013 年的新"国五条"等。而从 2014 年起，前期的政策调整导致房地产库存积压，地方政府财政也不堪重负，双重因素作用下，"限购令"逐渐松绑，房贷新政推出，房地产市场逐渐回暖。伴随着新一轮房地产市场投资热潮，房价逐渐攀升至新的历史高位。2016 年，政府再次动用"限购""限售"等行政手段给房地产市场降温，并首次明确"房住不炒"的住房属性定位。回顾过去 20 余年国家对房地产市场实施的调控政策，我国房价除金融危机期间出现大幅涨落之外，其余年份始终保持较为稳定的发展态势。房地产行业对于确保国计民生具有重要作用，故研究房地产价格波动及相应调控政策具有重要意义。

二 研究意义

本书致力于研究金融危机发生以来房价的波动情况，分析影响房价波动的主要因素，归纳房价波动对社会经济的动态影响，并总结政府在影响房价方面的主要调控手段，然后根据我国的实际情况，研究如何实施宏观经济政策以实现对房地产市场的有效调控。研究的主要意义如下。

（1）住房既是民生问题也是发展问题。解决住房问题是民生保障工作的重要组成部分，与民生福祉息息相关，同时，房地产行业作为我国国民经济的重要组成部分，又与宏观经济稳定和产业结构优化升级有着密切联系。因此，深入了解影响房价波动的因素，研究有效调控房价的手段，具有较强的政策指导意义。

（2）国内外学者已经对房价波动机制及其与政府宏观调控的相互作用进行了研究，也获得了较为丰硕的研究成果。虽然有良好的理论基础，但相关研究深度有限，且研究成果与实际情况有一定的差距。本书以金融危机爆发为时代背景，以现有研究成果为依托，结合国内外学者既有的研究经验，获得了具体并行之有效的新研究成果。

（3）房地产市场的瞬息万变决定了市场参与者都应深入了解房价变动规律。从供给方的角度来说，房地产企业可以及时把握房价走向、调整企业战略部署；从需求方的角度来说，投资者可以最大限度地避免损失，使得自己的投资意向更为准确；从宏观调控的角度来说，各级政府基于房价波动规律可以作出更有针对性的决策，从而达到更好的调控效果。市场参与者同时优化决策反过来也能推动房地产市场更加均衡，走上良性发展之路。本书的研究结论可以帮助市场参与者更加深入地了解房价变动规律。

三 研究主要内容

首先，本书通过分析金融危机前后我国房价的波动情况，观察经济变量的变动方式，把握影响房价波动的重要因素。其次，房地产行业作为资金密集型行业，对我国的经济发展产生了什么样的影响？这也是本书的研究重点之一。再次，本书通过梳理近年来我国政府出台的宏观调控政策，总结出政府宏观调控房地产市场的主要方式，并评估这些调控方式的有效程度。最后，基于我国房地产市场的发展现状，研究真正行之有效的调控手段，结合中央提出的"房住不炒"要求，探讨如何促进房地产市场走上长期健康发展之路。

四 创新与不足

（一）创新

第一，通过分析金融危机前后的房价波动情况，观察经济和非经济因素的变化对房价波动的影响，这种研究方法不仅能对以往研究进行扩充，还能更好地立足于我国的实际情况，使得结论与理论能够相互印证，具有较强的政策指导意义。

第二，传统的宏观分析范式集中于马克思的劳动价值理论和市场供求理论，本书则从微观层面分析房地产价格波动的影响因素及其区域差异。不同于大多数国内学者从宏观层面进行相关研究，本研究弥补了微观层面研究的不足。

第三，结合购房者和住房供给者的非理性行为，分析房价波动更具可操作性，也更符合现实情况。通过个体认知差异和从众效应等方面的研究，可以更为全面、具体地解释房地产市场的变化规律，对现阶段从供给侧角度解决三、四线城市房地产库存问题具有重要的意义。

（二）不足

一是未来在对房地产价格影响因素的微观分析中，可以进一步对比不同国家间消费者非理性选择的差异性从而提出一些有效对策建议，以调控房价的波动。二是随着人民币的国际化和房地产市场的对外开放，关于外资的进出和汇率变化对中国房价波动的影响可以进行后续跟踪研究。此外，伴随房地产企业的兼并和收购，个别房企规模的不断壮大对房价波动的影响也有待研究。

第二章　房地产价格波动的国内外文献综述

一　房地产价格波动的影响因素

（一）宏观经济变量的影响

1990年以来，国外相关学者一直着手于系统研究房地产价格如何受到各宏观经济变量的影响。在这一阶段，部分学者有意识地将基本宏观经济指标（如人口数量、收入水平、建设费用、利率、失业率和居民消费价格指数等）纳入研究体系，研究结果表明：房价的波动受基本宏观经济指标的影响，且可以通过这些指标进行相关预测，与此同时，房市不符合有效市场的相关限定条件（Case and Shiller，1989；Poterba，1992；Clapp and Giaccotto，1994；Potepan，1996；Malpezzi，1999；Englund et al.，1999；Seko and Sumita，2007）。部分学者从房地产成本视角入手，分析房价变动对宏观经济的反向影响，研究指出房价波动通过影响居民和企业的生活成本和运营成本，最终对工资水平和社会失业率产生间接影响（Blackaby and Manning，1992；Cameron and Muellbauer，1999）。在房价变动与消费水平的相关关系方面，学者研究发现：房地产价格的波动通过财富效应、流动性约束效应、预算约束效应以及替代效应等综合途径作用于消费（Greenspan，1999；Liow and Webb，2009；Seifert and Scott，2002）。还有部分学者分析了房价与投资之间的关系，研究结果表明：房价通过信贷和托宾的Q理论会对投资产生显著影响。

国内学者对可能影响我国房价波动的原因进行了较为深入的分析。就经济学角度来说，学者们首先从理论分析出发，对我国房价变化的规律进行梳理，试图找到影响房价的因素。部分学者认为，消费者对房价的预期、利率以及租金是三个重要的影响因素（刘洪玉、沈悦，2004）。除此之外，也有学者认为影响房价的因素是多方面的。从宏观层面的产业结构、地区之间的经济差异、经济增长情况、政府税收，到微观层面的消费行为、收入状况等，都能造成房价的波动（胡健颖，2005；况伟大，2011）。在进一步的实证分析中，学者们对理论分析结果进行了检验和补充。李宏瑾（2005）使用地区面板数据等计算勒纳指数，对房价与市场垄断程度之间的关系进行了研究。而段忠东（2007）则使用脉冲响应函数、协整检验等方法对通胀及产出对房价的影响进行了检验。除了传统的经济学角度，学者们还试图另辟蹊径，从行为经济学、地理学等角度来解释房价波动的原因，提出了感性因子、城市经济开放度等潜在影响因素（林晓羽，2009；王松涛，2009）。大部分学者研究了房价波动对宏观经济的反作用，如陈秀梅等（2009）。徐妍和沈悦（2015）通过构建新凯恩斯动态随机一般均衡模型，利用贝叶斯方法估计模型参数，发现房地产价格影响了我国中央银行制定的基准利率和货币供应量。张淦等（2015）认为资产短缺带来了财富效应的反转，从而在一定程度上削弱了房地产价格波动对通货膨胀的影响。文凤华等（2012）发现金融脆弱性与房地产价格波动存在着双向因果关系。张李昂和朱显平（2015）分析了区域经济差异对房价的影响机理，认为区域经济差异对我国区域房地产价格具有显著的影响。

（二）经济周期波动的影响

金融危机的不定期爆发及其巨大的破坏性提高了房价调控重要性（Boone and Girouard，2003；Higgins and Osler，1997；Barot and Yang，2002）。Krugman（1999）早在东南亚经济危机爆发时就曾指出资产市场会在危机之后产生猛烈的波动。Mera and Renaud（2016）研究表明，金融危机时期，产生于抵押贷款和房地产市场内部的违约现象与拖欠现象会更加频繁地出现。还有学者对1998~2008年房价的波动规律以及市场的变化情况进行了研究（Coleman et al.，2008）。亦有学者对经济危机和房价波动之间的关系，以及两者间的传导机制进行了系统完整的分析研究（Englund et al.，1999；Andrew，2000；Kim，1992；Labonte，2005）。

国内学者认为房地产业发展与经济增长存在着双向因果关系（皮舜、

武康平，2004），房地产业的周期则与经济周期存在着互动关系。经济形势良好会对房地产市场产生推动作用，促使需求和投资增加，进而推动房地产市场的发展；反过来房地产业的发展，也会带动相关产业繁荣，从而推动经济增长（周志春，2010）。经济发展的区际差异同样也使房地产业的发展带有区域性特征，如信贷规模变化、宏观经济发展水平、交通发展水平、自然资源等因素都会对区域房地产市场的供需情况产生影响（梁云芳、高铁梅，2006；沈悦、刘洪玉，2004）。

针对同一问题，由于研究视角、变量、数据选择以及处理方式不同，学者们得出的结论存在较大差异。以往研究大多是以单一的经济视角分析影响房价波动的因素，缺乏综合性。本书全方位、多层次、广角度地探讨经济因素和非经济因素对房价波动的影响。

二 房地产价格调控机制

（一）房地产价格调控的重要性

国外学者普遍肯定了政府对房地产市场进行干预以及调控的必要性。部分学者应用宏观经济学理论，针对政府在房地产市场中所具有的职能以及政府的干预效率等进行研究（White，1975；Hendry and Richard，1982；Wheaton，1993）。Charles et al.（2005）则对发展中国家的政府给予中低收入群体的买房优惠政策进行了研究，认为政府应适当出台利民的调控政策以使房市可持续发展，达到"居者有其屋"的目标。

在国内，徐江（2007）对房地产价格调控的重要性进行研究，发现房价的高涨形成了十分严峻的社会经济问题，政府通过政策调控稳定房地产市场是很有必要的。2007年美国次贷危机爆发后，我国房价的波动如同"过山车"，形成了"U"字形变化轨迹，经济受到房价波动的影响较大，政府对房地产价格的调控迫在眉睫。韩再（2009）在研究美国的次贷危机之后，认为为了保证我国的房地产市场以及金融系统的平稳安定，采取及时有效的调控政策是十分必要的。

（二）政府宏观政策层面的实际调控

在有关政府宏观政策层面的实际调控研究中，有学者以购房可支付性为出发点，针对"可支付性"定义和指数进行探讨，研究宏观政策对房价以及居民购房能力的可能影响（Maestas et al.，2006；Robertson and Rogers，2017；Vigdor，2006；Aizenman and Jinjarak，2009）。另外也有学者整理了从1998年到2008年11月年间房地产与经济危机之间的关系，并对次贷危机下的房地产价格波动情况与房市走向做了研究，得出了要通过强化政策引导和宏观调控来缓解房地产价格波动对市场经济的负面影响的结论（Coleman et al.，2008）。

　　国内方面，刘敬伟（2007）指出房地产特有的商品属性决定了房价并非单一地取决于供求关系，仍需政府政策的指导。翟纯红和郝家龙（2005）认为在房地产市场的调控方面，政府尽管取得了明显的成效，但仍具有盲点和误区，对房地产业的发展以及市场调控效应都产生了一定影响，政府应完善针对房地产市场的调控政策。余晓（1996）和刘立民（2002）认为宏观政策演变会引起房地产供需的变化。现有针对房地产调控的研究存在三种观点：第一，开展房地产调控的重要基础在于掌握国民经济的整体发展情况，开展房地产调控的关键在于了解掌握房地产发展的阶段性以及周期性特征，做出房地产调控决策的重要条件在于建立完善的房地产监测预警体系（张泓铭，2006）。第二，房地产市场垄断性特征十分明显，存在严重的信息不对称的问题，因此要通过建立完善房地产市场价格机制来降低房地产市场的垄断性，增加房地产市场的透明度（王伦强、孙尚斌，2007；余凯，2008）。在房地产受到金融危机影响的情况下，应该强化房地产信贷方面的审核，同时根据不同的住房供需类型实行差别化的利率政策（魏巍贤、叶国兴，2009）。第三，要注意中央政府和地方政府间关系的协调性，把非合作博弈变为合作博弈（王伦强、孙尚斌，2007；余建源，2009）。

　　部分国内外学者对相关方面的研究进行总结，关海玲（2015）从宏观经济因素、政策因素、土地供求因素、投资建设因素等方面对北京市房地产价格的影响因素进行研究探讨。曹振良和周京奎（2003）以房地产的法律规范、政策、预警、可持续发展等四个角度为基本研究点，对房地产经济宏观调控问题进行了深入研究。近期研究发现在房价调控政策的冲击下，大、中、小户型的新建商品住宅价格指数、二手住宅价格指数和总价格指数表现出不同的波动特征（陈娟、高静，2016）。

三　相关文献简评

通过以上分析发现，现有的研究较为全面地分析了房地产价格周期波动的影响因素及其区域差异，大多数学者已经注意到宏观调控会对房地产价格产生巨大影响，并针对二者间的关系进行了探讨，但这些研究仅进行了定性描述，实证研究尚不多见，而其中对调控过程中中央政府和地方政府的分工协作的研究更是寥寥无几。另外，这些研究大多是从宏观经济的层面出发，在微观层面上的分析也有所欠缺。

第三章 购房者非理性选择对房地产价格波动影响机理

一 房价波动中的非理性体现

(一)房价波动远远大于收入波动

房价收入比有多种计算方法,笔者在此采用的是房价和城镇居民家庭年收入之比。20世纪90年代,Andrew(2000)在研究中国住房制度改革时提出,4~6是比较合适的房价收入比。在房价收入比大于6的情况下,买方市场是很难形成的,房价收入比在5以内才能使人们产生购房需求。

如图3-1所示,1998~2012年,房价收入比呈上涨态势,2003年下半年我国房价收入比急速上升,从6.6左右涨到2005年的7.7左右。随后,房价收入比继续呈上升势头,其间受2008年金融危机影响出现了短暂下

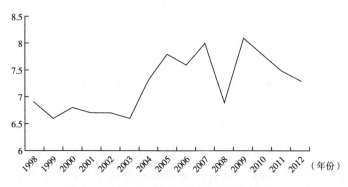

图 3-1 1998~2012年全国房价收入比情况

降，随后再次反弹。2009 年以后，房价收入比缓慢下降，但仍然保持较高水平。这表现出了我国房价存在非理性波动。

（二）房价变化与销售面积呈正相关关系

图 3-2 对比了 2001~2014 年我国住房交易面积增长率与交易价格增长率。整体来看，住房交易面积和交易价格的波动是比较大的，两者基本呈现正相关关系。具体来看，相比交易面积来说，交易价格的变化有一定的滞后性，其增长率波动的剧烈程度也更低。在多数情况下，交易面积的增长率是高于交易价格增长率的，但有个别年份出现了相反现象，如 2004 年、2008 年、2011 年、2012 年和 2014 年。二者的波动程度都在 2010 年后有所放缓，可能是密集的宏观调控政策起到了一定作用。二者波动的传导过程是，房地产市场供求状况发生变化，这一变化迅速传导到交易面积上，进而影响交易价格。

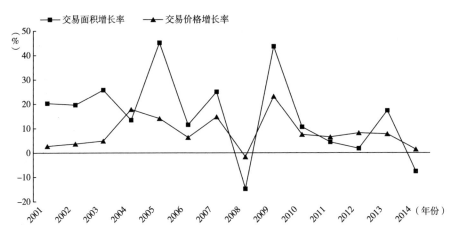

图 3-2　2001~2014 年我国房地产市场住房交易面积与交易价格增长率

上述住房交易价格增长率与交易面积增长率的正相关关系并不符合有效市场假说。但这种正相关关系在一定程度上反映了大多数人面对房价变动时所做出的行为：价格上涨，迅速抛出；价格下降，握紧惜售。由此可以看出，群体行为会影响房地产市场住房交易价格和交易面积的变动。

（三）房地产市场换手率总体呈上升趋势

房地产市场换手率是指一段时间内房地产转手买卖的频率，常用于衡量房地产市场的流动性。流动性同时又是反映市场噪声交易的重要因素，流动性弱则噪声交易弱；流动性强则噪声交易强。如图3-3所示，整体来看，我国房地产市场的换手率是呈上升态势的。具体来看，2000～2004年，换手率变化相对平稳，2005～2011年，换手率变化比较大。其中2005～2007年处于大幅上升阶段，2008年由于金融危机的影响，出现急剧下降现象，2009年换手率快速反弹，随后下降。2011年以后，换手率变化相对平稳，继续呈现缓慢下降趋势。由换手率的变化可以发现，房地产市场的流动性相对较大，房地产市场中可能存在噪声交易。

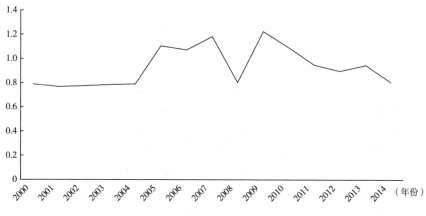

图3-3　2000～2014年我国房地产市场换手率变化趋势

二　关于房价波动及其非理性影响因素的传统分析范式

（一）马克思劳动价值理论与房地产价格

马克思劳动价值理论是价格决定理论中较有影响力的一种。将马克思劳动价值理论与房地产价值及价格结合起来分析可以发现，如同其他商品一样，房地产商品的价值也是由其社会必要劳动时间来决定的，包括土地开发、房屋建造等过程所需的社会必要劳动时间。房地产商品的价值主要来源于三个方面：一是生产资料转移过来的价值，二是从事土地开发、房屋建造等人员的工资，三是开发过程中产生的剩余价值。这些价值表现为货币形式，就是我们所说的房地产价格。由此我们发现，房地产开发成本和剩余利润是影响房地产价格的重要因素，而生产资料和员工工资又是影响房地产开发成本的重要因素。

马克思劳动价值理论是基于静态框架的分析。然而房地产市场是处在动态变化之中的，相比之下，供求理论更为符合现实特点。从需求方的角度看，房地产价格比房地产开发成本更值得考虑，从某种程度上来说，购房者只是价格的接受者；但从供给方的角度来看，最为重要的是房地产开发成本，这是开发商决定定价最重要的参考依据。毕竟只有当定价大于开发成本时，供给房产才是有利可图的。

房地产从开发到流通再到维护，产生的各种费用都应纳入房地产开发成本核算的范围。因此核算房地产开发成本是一个十分复杂的过程。不同的国家或地区中房地产开发建设的费用构成也是不同的。在此仅以中国为例，分析中国住宅开发成本构成，具体内容如表3-1所示。

表3-1　中国住宅开发成本构成

费用类型	费用构成
土地费	城镇土地出让金、拆迁安置补偿费、土地征用费等
前期工程费	开发前期工作中的设计、规划、可研、勘查等费用
建筑安装工程费	建造过程中的建筑工程施工、设备安装等工程费
市政公共基础设施费	道路、绿化、水电、排水、通信、网络等公共基础设施建设费；邮局、中小学、医院、物业用房等公共基础设施建设费
管理费用	企业人员的薪酬、办公、保险、公积金、差旅等费用
利息	因为利用各种金融工具筹集资金而支付的利息
税费	税收包括土地增值税、城镇土地使用税、耕地占用税、企业所得税、房产税、城市维护建设税、营业税、教育费附加、契税等；行政性费用包括商品房交易管理费、开发管理费、市政配套费、煤气水电增容费、人防费等
其他费用	不能列入前七项的所有其他费用，包括广告费、不可预见费用等

（二）市场供求理论与房地产价格波动

在市场经济环境下，决定价格波动、产品数量或资源配置的不是单纯意义上的供给和需求，而是有效供给和有效需求，房地产市场亦然。房地产市场的有效供给，即在一定价格水平上，市场的供给方愿意并且可以提供的房屋数量；房地产市场的有效需求，即在一定价格水平上，市场的需求方愿意并且购买得起的房屋数量。房地产市场的供求传导机制为：供大于求时，属于买方市场，供给方竞争加剧，房价下降；房价下跌打击部分供应商，使其推迟放盘计划，甚至被市场淘汰。此时房屋供给量开始下降。同时房价的下降刺激了需求方的需求，市场进入卖方市场，出现供不应求的现象，房价开始上涨，吸引新的企业参与到市场供给中，房价上涨又淘汰了一部分需求者，此时房地产市场趋向于均衡状态。市场供求理论认为市场能够有效配置资源，自行达到出清状态，即均衡状态。除了市场价格以外，政府政策、地价等因素也会对供给产生影响，市场需求也会受到人口结构、基础设施建设、收入水平、心理行为等因素的影响，下文将借助静态均衡分析方法和蛛网模型来展现房地产价格运作机制。

首先是静态均衡分析方法。由上文我们得出，市场的均衡价格同时受到有效需求和有效供给的影响。如图 3-4 所示，当 $Q_D = Q_S$ 时，市场于点 Q_E 处达到均衡。市场均衡状态的形成过程如下。

若市场价格一开始位于 P_1，此时市场需求量为 Q_{D1}，市场供给量为 Q_{S1}，供给与需求之间有 $Q_{S1} - Q_{D1}$ 的过剩供给，此时供给方会降低价格，用来减少过剩供给，市场的价格会从 P_1 下降到 P_E，即均衡状态。若市场价

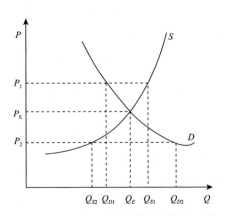

图 3-4 房地产市场均衡价格形成示意

格一开始位于 P_2，此时市场需求量为 Q_{D2}，市场供给量为 Q_{S2}，供给与需求之间有 $Q_{D2}-Q_{S2}$ 的过剩需求，此时市场会抬高价格，从而抑制过剩需求，市场价格逐渐从 P_2 抬升到均衡价格 P_E。

其次是通过"蛛网模型"进行动态分析。上文使用静态均衡分析方法对房地产均衡价格的形成机制进行了描述。但由于房地产市场的供求状况不断变化，因而均衡价格也是经常变化的。房地产具有投资回报周期长的特点，因而其供给与需求相比有一定程度的滞后。所以，在考虑供给值的基础上，我们使用蛛网模型（动态分析模型）来进行分析。首先我们给出以下两个假设：第一，时间滞后只存在于房地产供给之中，并不存在于房地产需求之中；第二，由于存在信息不对称，供给方只能依据当期价格来确定下期供给量。

依据需求弹性（Q_t）和供给弹性（S_t）的差别，可将蛛网模型划分为三种：当 $S_t<Q_t$ 时，房地产价格的变化幅度比较小，产量的变化幅度更小，不断循环，最终在均衡点收敛，我们称之为"收敛模型"；当 $S_t>Q_t$ 时，房地产价格的变化幅度比较大，产量的变化幅度更大，因此图像不断向外扩散，我们称之为"发散模型"；当 $S_t=Q_t$ 时，无论是价格还是产量，其变化幅度都基本保持原状，我们称之为"稳定模型"（见图3-5）。

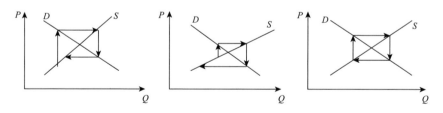

图 3-5 房地产市场的三种蛛网模型

房地产价格会影响资源配置效率，房地产权利实现情况的好坏决定了房地产市场是否能够有序运行。如果只基于开发成本的角度对其进行分析，难免会忽略甚至可能遗漏重要条件。

（三）引入非理性行为分析房价波动

在研究房屋价格的波动性时，引入非理性选择具备两个方面的明显优势：一是在理论上具有可操作性，更符合现实状态，并且能够突破理性人假设；二是在方法上具有综合完备性。第一个优势，理论上具有可操作性。传统分析范式有如下三个假设：市场主体注重自身的利益、偏好具有稳定性、理性人。这些假设把市场主体的行为过程大大简化了，但是在现实世界中，每一个人的决策过程并不是单一化的，会受到各种各样的因素的影响，比如说认知上的区别和群体偏差。并且，当代的经济学分析方法变得越来越完备，综合性更强，因此，越来越多的人开始质疑这种传统的理性假设。房地产市场作为一种细分市场，同样具备现实中市场主体各种各样的心理特点以及行为模式。如果只单纯地使用传统的假设模式来研究现实生活中购房者的心理和行为，那么必然是不合逻辑且不适当的。为了解决上述问题，我们提出了更加符合现实情况的假设。在现实世界中，会有许多因素影响人们的行为，比如认知上的差异，还有计算和分析的能力，以及人类作为群居动物互相之间产生的影响。本书对以上种种影响因素做了综合的考虑，并将其引入分析之中。第二个优势，方法上具有综合完备性，我们以经济学分析框架为基础，以其他的学科为辅助，分析购房者在非理性情况下的购买行为，从而进一步发展现有的理论研究。20 世纪，传统的研究主要是通过建立模型进行数据分析、经验推断以及逻辑分析等，研究资本和生产资料。而 21 世纪，我们更加关注"人"本身，也开始注重人的心理、行为、知识等方面，因此，本书对问题的分析并不局限于经济学本身，也综合借鉴了很多其他相关的学科（比如说心理学），来全方面地分析人们的决策心理和过程，从而对房地产市场有更加深入的认识。

　　第一，房屋属于生活必需品，也没有相应的替代商品，所以对房屋不能用新古典经济学来分析，比如边际效用原则和最优选择原则。第二，房地产具有投资和消费双重属性，人们在购买房产时，既有可能以消费为出发点，也有可能以投资为出发点，因此我们要具体分析人们购买时的心理过程，考虑到交易过程中的人性欲望。第三，房产交易属于财富转移，买家的心理会控制其行为，会使其行为复杂化，也会使风险更加难以把控。第四，群体效应也会对市场产生很大的影响。

　　由上文可知，引入非理性选择来研究房价的走势和变化是非常必要的，同时也是可以实现的。我们通过个体认知差异和群体效应等方面的研究，可以更为全面、具体地解释房地产市场的变化规律。

传统研究主要关注以下因素对于房地产市场价格波动的影响，如居民收入水平、政策走向、原材料和土地的价格等。这些因素都会对房地产市场价格波动产生重要影响，但是却不能充分地反映其波动原因。此外，还有一个影响房地产市场价格的关键因素是需求。购房者的心理是会影响到需求的，所以我们应当转变看问题的角度，关注到购房者非理性行为这一方面，更好地理解购房者的个人因素和群体因素对房地产市场价格产生的影响。

三　购房者非理性选择对房价波动的影响机理

（一）理性选择与非理性选择

1. 理性与非理性分歧之源

通常说来，理性与无知是相反的，这里提到的"理性"指的是具有逻辑性和标准性等。与"非理性主义"有关的研究是从 1850 年开始逐渐发展起来的，并慢慢借助哲学、心理学等其他学科，来研究人类的心理和行为。后来，随着进一步的发展，"非理性主义"研究方法逐渐成为探讨经济世界发生的异常行为和非理性行为的常用方法，由此被引入经济学领域。但是一直到现在，对于理性与非理性之间的区别，学术界还没有给出一个公认的答案。20 世纪 50 年代初期，期望效用理论诞生，它的主要内容是市场主体都以自身的利益为出发点，并且内在的偏好具有一致性，也就是理性人假设。但是期望效用理论越来越无法适应经济学领域的发展，尤其是在金融学领域对市场主体的行为特征进行分析。

西蒙提出了有限理性这一概念，有限理性在一定程度上能修正传统理性人假设中的不足。但是对于这一概念，依旧没有一个确定的观点。一般情况下，由于信息获取不全面和自身能力有限，人们在做选择时，通常无法对来源于市场的所有信息做出完全符合理性人假设的决策，因此各种各样的信息以及我们所处的千变万化的环境都会令我们无法达到完全的理性人状态，只能达到有限理性的水平。在这样的限制之下，我们计算和预估的能力都会被干扰，导致我们无法完全有效地处理信息数据。在现实生活中，人们往往只可以做出相对满意的选择而不是最优的选择。

人们的非理性行为在现实世界中非常常见，这也正是经济学领域研究这种行为的出发点。行为经济学把心理学也加入模型的分析框架，帮助研究在一定风险条件下市场主体会怎样做出决策，这同样也是对传统的理性人假设和期望效用理论的一次革新和挑战，阿莱悖论和从众效应就是在这里诞生的。著名的展望理论，是在心理学的综合洞察力、实验和社会学分析的基础上，由卡尼曼和特维斯共同提出的。这个理论认为在不确定的条件下，人们选择的行为会受到个人认知差异的影响，同时计算行为也不一定是完全理性的，人们对于不同的选择所导致的不同后果也缺乏完全的了解。卡尼曼和特维斯主要研究个体的行为，他们认为每个个体都会被自身过去的经历还有他们所处的环境影响，也会有各自的习惯和思维方式，在多种差异之下，每个个体都会形成各自不同的效用函数，并且利用该函数可绘制出"S"形状的图形。他们还基于从众效应、相似偏差等验证了该图形所表示的每个个体的不完全理性的选择。

在《非理性繁荣》一书中，罗伯特·希勒分析了20世纪30年代、80年代和90年代的股票市场，对前两个周期的熊市和后一个周期的牛市进行了深入研究。他的观点是，股市中往往会有许多积极的反应机制和放大效应。他还认为，一些被群众普遍认可的观念往往会对个体的决策过程产生压力和影响，同时个体实际做出的行为也会受到从众心理等因素的干扰。他指出，当股市迅速波动时，人们受社会环境影响而做出的投资决策行为往往都是不理性的。

目前，学术界关于金融市场上行为主体购买决策的研究大体包含了三个方向。第一，在现实的金融市场里，行为主体的选择往往都是非理性的。第二，理性和非理性的边界是通过"利益"这一标准来衡量的，也就是通过分析行为主体的选择导致的最终结果究竟对整个市场秩序带来的是利还是弊来判定。第三，将个体行为抽象成群体化选择。在我们研究金融市场上的种种异常现象时，以上三种分析方向及其框架都能对我们的研究起到很大的指导和辅助作用，尤其是在不确定性研究方面。

在关于理性与非理性选择情况的研究中，何大安也做出了努力和较大贡献。当市场价格稳定和市场价格大幅变动时，行为主体的个体行为与群体行为会表现出不同的特征。当市场价格变化幅度较小，市场情况趋于稳定时，人们做出的选择决策往往是符合理性人假设的，而这主要是因为在这个时候，人们对市场传递的信息所做出的相应反应往往是基于自身理性的。即使少部分人仍旧做出的是非理性的选择，也并不会对整个社会的大趋势产生影响，不会对整个社会的行为产生决定性作用。但是，当价格大幅度变动时，由于外界环境变化太快，信息传递不完全，行为主体没有充裕的时间正确应对外界变化并做出理性的选择，在没有进行充分考虑的情形下就匆忙做出选择决策，这往往会伴随着偏差，而这些偏差也恰恰是非理性选择产生的基础。这时，尽管有少部分行为主体会做出理性的行为，但是依旧无法改变整个经济环境变化的大趋势。在界定群体行为究竟是理性还是非理性时，我们可以采用大数定律。

2. 购房者选择的非理性

关于理性与有限理性，由于存在文化、法律制度、历史等多方面因素的影响，学术界至今也没有一个公认的明确的界限。然而，毫无疑问的是，各行为主体无法在各种外界信息的干扰、认知能力的差异以及从众心理的影响之下，总是做出一个完全理性的最优选择决策。一般情况下，行为主体只能利用收集到的有限信息，做出相对优化的选择决策，从而降低被不确定市场因素影响的程度。一般说来，个体的购买行为是理性与非理性并存的，当个体利用已获得的信息，分析数据并对客观的环境做出反应时，就展现了其理性的一面。而当其受到自身的情绪与外部信息干扰，并以此为基础做出选择时，就体现了非理性的一面。在购买决策过程中，行为主体的情绪化以及行为主体之间的相互影响都体现了非理性的方面。

本书关于购房者的非理性购买行为的研究是从两个方面展开的，一是信息认知偏差，二是群体性的心理偏差。也就是说，以上两个方面的原因，会导致购房者在进行购买决策时做出非理性行为。

（二）购房者选择决策过程

1. 影响购房者选择的因素

（1）外部环境

在内部和外部因素的双重作用下，房地产需求应运而生，而房地产需求又相应地产生了购买房产的选择行为。经济环境与社会因素是影响房产购买者选择决策的两大外部因素。

经济环境主要是指居民的收入水平和经济发展状况。就购房者而言，经济发展状况与居民的收入水平是有着密切关系的，而且居民的收入水平会切实影响到购房者的购买能力，也会影响其从商业银行获取信用贷款的可能性，以上种种影响因素综合决定了房地产市场上行为主体的消费水平。购房者在发生购买行为时，具体的选择决策比如房屋面积大小、地理位置、交通状况等，也会受到以上几个方面因素的影响。

而另一个外部因素——社会因素，指的是购买房屋的行为主体在做出选择行为时会受到所属群体，也就是参照群体的影响，这样的影响既包括心理上的，也包括行为上的。它的影响途径有三种。第一种是信息感染，指的是购房者经常忽略自身信息特性，而倾向于采用参照群体的信息。第二种是价值理念，指的是购房者一味地遵从所属群体的理念，从而造成购买行为上的高度一致性。第三种是行为标准，也就是在群体中树立一种标准的行为规范和原则，促使群体中的每一个个体都服从这种规范并做出相应的行为。值得注意的是，这种行为规范既有表现为显性的可能，也有表现为隐性的可能。

（2）内部心理

行为个体的心理活动是购买决策的基础，包括需求、认知等。往往当以上心理活动结束后，个体才会开始展开真正购买房屋的行为。因此，研究个体在购买房屋前的心理活动对于本研究有着基础性作用。

购买房产的需求指的是购房者为了满足自身基本的生活条件、心理上的安全感与满足感以及自我价值的提升等目标而产生的在房地产市场上的有效需求。当房屋的购买者没有自己的房产时，就无法满足自身以上各个方面的需要。这时，在物质条件的准备和心理诉求上，购房者都有了充分的购买动机，当外部条件，主要是经济条件满足时，购房者的需求就会转化为切实的购买行为。

认知指的是人类经由作为媒介的各个器官获取信息的行为。外界因素对于购房者会在经验和记忆等方面产生刺激作用。并且，外界传递的专业化的房地产信息会对个体购房者产生较大的引导作用，促使其购买房产。

在对于房地产有了一定的认知之后，购房者为了获取更多的有效信息，会更加努力地学习，吸收相关知识，指导自己的购买行为。而学习一般是以自身经验作为出发点，对自身行为具有较为持久的引导作用和影响。然而，这种学习的心理往往是非常复杂的。

（3）情形依赖

购房者人生中所经历的各种情形会形成其所独有的经验以及记忆，而这些对于其在做关于购买房屋的决策时有着相当大的影响，这是不容忽略的因素。购房者会在其过去的经验和记忆的基础上理解其现在所处的环境和接收到的信息。在不确定的市场环境下，有以下几个方面对于购房者的选择会产生显著影响。

一是对比效应，指的是当面对与参照物相似的情况时，行为主体可能会对其产生不恰当的估计。二是初始效应，指的是新信息对于行为主体的影响会更加强烈。三是近因效应，指的是人们对于一段信息的末尾部分，会比对中间段和前段信息的记忆更为深刻。当购房者评估现在的房地产市场时，经常会被以上几种情形影响，因此可能会导致偏差的发生，导致其无法对当下的价格状况做出客观的评价。

在以上提到的会对购房者购买决策产生影响的因素的共同作用下，购买决策过程会变得非常复杂，所以我们需要抽出其中重要的因素进行相应研究。

2. 购房者选择决策过程

在上一部分有关影响购房者购买决策的因素分析中，我们提到了购房者面对的房地产市场信息非常复杂且具有不确定性。产生于 20 世纪 50 年代的认知心理学提出了以下观点，购房者选择决策的过程就是一个处理信息的过程。而且当购房者在处理这些信息时，会由于种种原因产生偏差，既包括认知上的，也包括群体上的。本部分将对购房者的决策行为进行过程上的分解，分成三个环节：一是认知过程，二是意志过程，三是情绪过程。

认知过程，首先是对外界信息的感知和初步处理，包括感知、思考和记忆等环节。一般行为主体往往会偏好于去认知在过去的经验中，已经熟悉的事物或者是自身内心所希望能认知的事物。认知过程经常会受到个体的心理因素影响，往往呈现出主动选择性。而这往往就导致了认知偏差的产生，这样的偏差反映了个体选择时非理性的一面，也能够在一定程度上解释我国房地产市场价格的变化。

卡尼曼和特维斯首先提出了关于系统性认知偏差的理论，"前景理论"这一著名的概念也是他们提出的。他们做了一系列关于心理学方面的实验，并观察行为主体的行为，得出这样一种观点：当人们需要对当下某种情形做出判断与预测时，会选择参考与之类似的事件，这时往往就会导致相似性偏差的产生，因为一个行为主体获取信息、分析信息的能力都是有限的，所以他们很难对未来做出一个准确的预测与估计，通常都是只用自身有限的信息来对目标事物做出主观的推断。当行为主体评价或估计某一个事物时，经常会过分依赖最初的信息。在这种心理效应的影响下，房地产市场过去的价格就会对未来的价格产生影响，当信息传递不完全时，这种影响就更加明显。商品价格未来的走向越明晰，锚定效应对商品价格产生的影响就会越弱，反之则越强。然而，这通常也会导致从众效应，即当行为主体发现自身观点与群体性主流意见不符时，他们通常会倾向于相信群体观点是更为主观正确的。另外，行为经济学还指出，框架效应往往伴随着直觉性偏差而存在。行为主体在做出某一个具体的选择决策时，一定是在某一个具体的时间、地点与环境下，而这就代表了实际决策必须依赖于某一种框架。当行为主体面对某一种情形去做选择决策时，他会参考过去的经历与信息，尤其是与当下情形类似的情形，并以此为参考点，规避相应的不确定性与风险，将在过去面临此类情形时的解决办法作为他的首要选择。

意志过程指的是行为主体克服种种困难，并努力满足自身需求的心理过程。这个过程一般要耗费较长的时间，因为资金的缺口往往要通过长期的储蓄以及长期房贷来填补。而且在准备资金等物质条件时，购房者往往还面临着其他方面的需求，当不同的需求发生碰撞时，就需要购房者通过意志来调节这些需求。

个体的意志主要表现在两个方面，一是自我控制，二是从众效应。这两个方面在一定程度上是具有对立性的。自我控制指的是购房者对于自身的约束，与其他人无关，是为了实现其需求而对自身的行为进行控制。

从众效应，也就是羊群行为，是指购房者盲目跟随群体中的主流行为，不顾自身存在的特殊性的行为，这种行为具有放大和传递的效应。在乘数效应的作用下，羊群行为会对房地产价格变化产生较大的推动作用。而羊群行为还有一个功能，就是减少个体在情绪过程中出现的后悔心理。这是由于当羊群行为十分普遍时，人们要么做出正确的选择，要么犯错，当大部分人都犯错并且蒙受损失时，人们的后悔心理往往就会减少。

情绪过程指的是行为主体自身的主观感受影响其选择决策的过程。主观感受既包括积极的感受，也包括消极的感受。因此，情绪过程对于购房者的决策存在双方面的影响，既有积极的促进作用，也有消极的抑制作用，需要视情况而定。情绪过程受许多因素的影响，有对风险、损失的厌恶情绪，包括承受对于自身预测能力、信息分析能力的过度自信和后悔等。

自负情绪，是非常难以解决的，也是最多见的、最基础的系统性偏差。它是在文化、人类天性等许多因素的作用下产生的，表现有：首先，购房者会过于轻信自身从外界所获取的信息的可靠性，会放大其功能。其次，购房者的行为主体对于自身分析能力有着盲目的自信。再次，行为主体往往会放大自身的主观能动作用。而对损失的厌恶情绪指的是当面对相同的收益与损失状况时，行为主体对于损失的反应比收益更强烈。这种损失厌恶情绪一般出现在房屋价格上升时期，当行为主体没有及时买入，并错失了最佳购入时机，产生相应的潜在损失时，购房者往往会放大这种感觉。后悔心理很好理解，即行为主体做出错误的分析与判断并导致相应的选择决策产生损失时的难过心理。比如说，当房屋价格上升时，贻误了购买机会，或者是提前卖出了房产。

购房者的行为是在以上三种过程的综合影响下发生的行为，而其中任何一个过程产生的偏差都会导致房屋购买主体的行为发生变化。

（三）购房者非理性行为影响因素

1. 购房者信息认知偏差及非理性噪声预期分析

信息是在金融市场上发生的所有交易的基础，只有必要的流动性需求是特例。20 世纪 90 年代，布莱克提出，许多件小事情共同作用下产生的噪声往往会比少数几件大事情产生的影响更大。噪声交易是指一种以噪声为基础的交易，它对于金融市场的交易行为有着基础性的决定作用，同时也会放大交易过程中的风险，是研究资产价格变化情况的有力工具。噪声会对市场参与者产生干扰，降低其利用有效信息的能力，并降低市场的效率。另外，它的不确定性会导致价格与基础价值的偏离，干扰价值规律的表现，放大价格的波动。此后，又有一些研究人员对于噪声进行分析，所得出的结论与布莱克基本是相同的。21世纪初，道琼斯提出如下观点，噪声交易是投资者在其决策和行为过程中，分析信息、处理数据不恰当，从而产生偏差导致的。在市场环境中，信息在传递的过程中，受到各个行为主体的影响，其来源、内容等方面都有可能出现偏差，这时它的准确性并没有保障，对于行为主体的决策行为也会产生较为复杂的影响。这种情况下的信息就是我们之前提到的噪声。而噪声交易，就是指在噪声的作用下，行为主体会产生并不符合实际的非理性预期，从而导致相应的行为也是非理性的，并且噪声会放大行为主体本身就存在的信息偏差，从而导致双重的偏差，此类情况下发生的交易就是噪声交易。噪声交易有三种类型，第一类是信息在传递过程中失真，准确度降低，导致的噪声交易。第二类是在代理人的代理行为上产生的噪声交易。第三类是某些行为主体为了达到自身目的，故意进行的噪声交易，目的是干扰其他行为主体的交易行为，从而控制市场获取利益。

我们主要关注的是第一类噪声交易。第一类噪声交易是在信息出现偏差的情况下发生的，信息偏差是指一些房屋购买的行为主体由于其拥有的信息与真实的信息之间有偏差，产生了噪声预期，因此产生了非理性的房产交易行为，以及价格的不正常波动。

2. 购房者群体心理偏差及羊群行为分析

著名的心理学家古斯塔夫·勒庞在19世纪建立了群体心理理论。通常说来，在一个群体中，当某个个体产生某种心理状态之后，这种心理状态通过三个外部因素的作用，会迅速转变成群体心理。第一个是激发，指的是情绪作用于该个体，激发该个体的心理，并刺激其采取相应的行为。第二个是传递，该个体的情绪会随着他的社会交往等途径传播给群体中的其他个体，并在群体中传播、互相影响。第三个是建议接受，经历第一和第二个外部因素的作用后，当整个群体都被该心理控制时，整个群体不约而同地采取相应激烈的行为就不足为怪了。

群体心理往往是经由以上三个外部因素的作用而形成的。在群体心理形成之后，如果刚好有具有强烈冲击性的其他外界因素存在，那么群体心理就会迅速转化为行动。这时，群体心理已经影响了群体中的大部分个体，由于他们的情绪与思维都在一定程度上被群体心理影响了，他们会下意识地与其他人采用相同的行为方式，并且，这时即使有少部分个体仍存有理性，他们的理性也会在大环境下被减弱，甚至被完全磨灭。勒庞由此提出了一个观点，即"群体心理整体性智力较为低下"，他认为当情绪在群体中传递时逻辑推理被大大弱化，并且这时被情绪感染的群已无法再被一般的思维方式影响。当群体心理控制了群体中的大部分个体时，个体做出的选择或决策往往更为轻率并且表现出更为低下的智力水平，因而会对市场产生非常大的影响。在群体心理影响和制约下行为个体做出的决策行为往往会存在较大的心理偏差，对于未来市场走势的预测也往往有失偏颇，因此，群体心理对于市场的走向就产生了很多现实性的影响，这种影响有可能是积极的，也有可能是消极的。尽管这种影响不会打破市场运行的基本规律，但是依旧会对其产生干扰。

羊群行为，也称从众效应，指的是行为主体在受到群体行为、舆论和心理上的种种压力后，选择采取和其他大部分人相同的行为。这种行为往往是与群体性的心理偏差一起产生的。很多情况下，个体经济和金融方面的选择与决策是不理性的。个体都有自己可能会犯错误的自我意识，因此会下意识地参照其他人的选择，模仿追随群体中的其他人。这样的从众效应往往是由于市场上存在不确定性与风险以及个体认识到自身的无知而产生的（Keynes，1936）。在从众效应下，人们看重的不是其他人对该资产的长期价值的了解，反而是他们在跟随的决策行为中能获取到的包含在其他人决策中的隐含信息（Bernheim，1994）。对于细分羊群行为的方法，学术界还没有统一的答案。Park and Sabourian（2011）将羊群行为分成了三类，第一类是职业声誉，第二类是报酬外在性，第三类是信息外在性。

第一类职业声誉，即声誉良好的人，尤其是在选择决策方面声誉较好的那一类人，对于其他行为主体的选择会产生引导作用，这种引导作用也代表了信息的外部性。第二类报酬外在性，即其他人的业绩与报酬会对行为主体产生影响，行为主体会比较其他人的收入，并因此决定是否跟随其他人的行为。而第三类信息外在性，即在群体中，行为主体会尽力通过各种方法去了解其他人获得的信息，并且降低对自己已获得信息的信任度，也很有可能直接采取较为极端的做法，即直接跟随其他人的决策。信息外在性包括两类，第一类是序列，包括外在的和内生的。外在序列指的是决策者属于外加的条件，决策的顺序在模型建立之时就已经敲定了。而内生序列指的是由模型本身来决定决策者，决策的顺序不属于模型外。第二类是非序列，指的是决策者一直在群体中，并相应地会受到影响，他们的决定也是可以逆转的。

在 Park and Sabourian（2011）的分类中，第一类和第二类羊群行为主要用于对机构投资者的研究。笔者的观点是，在我国住宅市场上，主要的参与者是个人，机构投资者数量比较少，但是每一类羊群行为都受到信息不完全的影响，也就是说，信息外在性是其产生的外在环境。每一个购房者在做出购房的决策时，面对的市场大环境与基础信息可能是一致的，但是现实情况是，个体的决策是有先后顺序的，先做选择的购房者的信息会被之后的购房者了解并整合进自己的信息体系中，从而影响他们的决策。因此，我们将重点研究第三类羊群行为。

群体心理往往会放大个体的错误。以房地产市场为例，购房者本身对于市场的错误解读以及信息不完全会导致其做出错误的判断，这种错误会被群体心理放大，并对市场造成较大的影响。许多购房者可能都有过如下的经历，在购买房产这样的关键行为之前，通常会先广泛收集信息，再理智分析市场，最后根据自身的物质条件和心理预期审慎做出决策，这时的决策有可能是购买，也有可能是暂且观望。但是，一旦群体中的其他人都在购买房产，同时各种媒体又大肆渲染，这时购买行为便会转变为一种群体心理。而且，许多人往往会担忧房价上涨导致自己遭受潜在的损失，选择提前购买房产。这样基于心理偏差发生的羊群行为，往往导致房地产市场上非理性的价格波动。

（四）购房者非理性选择对房价波动的作用机制

由以上的分析可知：在购房者的决策过程中，经济环境和社会因素等外部环境中的种种信息都会产生相应的影响，同时，认知和群体心理偏差也都会对购房者产生影响，最后就会导致决策的非理性化。在市场不确定性的影响下，同时经由外部环境与内心情感综合作用，历经三个选择决策过程做出的非理性选择，会对房地产市场价格产生较大的影响。图 3-6 就对该作用机制做了一个简单的分析。

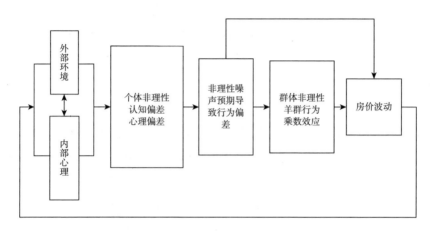

图 3-6　购房者非理性选择对房地产市场价格波动的作用机制

购房者非理性行为对房地产市场价格会产生影响，而该影响的传播路径如下：首先，购房者是处在一个时刻变化着的环境中，这里的环境既包括经济环境，也包括社会因素；其次，外部环境的各种变化都会对购房者的心理与选择行为产生影响；再次，购房者会在各种影响下做出反应，其中有一部分购房者会由于种种原因产生认知上的偏差，认知上的偏差又导致行为上的偏差；最后，伴随着认知偏差的产生，群体心理出现相应的偏差，在羊群行为、乘数效应等的作用下，房地产市场价格会受到较大的影响。

四　购房者非理性噪声预期与房价波动：基于 DSSW 模型分析

（一）噪声预期与房价波动——DSSW 模型分析

20 世纪 90 年代初期，Delong、Shleifer、Summers 以及 Waldmann 四位学者建立了一种分析资产市场非理性情况的模型，他们一致认为，资产的风险性是由噪声交易者难以预测的信念导致的，也正是由于此，市场上的理性交易者就很难利用该机会进行套利，这同样也导致资产市场上价格偏离基础价值现象的发生。虽然某一项交易没有基础风险，但是噪声交易者由于承受了更大的风险，也有机会获取更加丰厚的收益。该模型就反映了金融市场中的某些异常现象。20 世纪 90 年代中期，Shefrin 与 Statman 在资本资产低价理论的基础上，对噪声交易者与信息交易者二者进行了比对与分析。他们指出，认知偏差往往只存在于噪声交易者身上，并且会导致其行为异常化，对市场价格与市场效率产生影响，也正是噪声交易者认知上的偏差才导致了市场上资产价格偏离资产基础价值，而信息交易者利用资本资产定价模型进行决策。他们同时分析了这两种交易者及其相互之间的影响。他们的研究得出的结论是：在一个市场中，如果噪声交易者占据了大多数，控制了市场，那么市场往往是无效率的，并且极易产生泡沫。21世纪初期，Shleifer 提出，市场上的信息交易者和噪声交易者是不同的，信息交易者会理性分析市场状况，充分运用手头的信息进行选择决策，但是噪声交易者往往是被噪声控制，盲目相信虚假的信息，从而做出错误的决策。当我们分析市场中的噪声预期时，往往会用到 DSSW 模型。

假定房地产市场上拥有两种类型的资产，一类是无风险资产，具有完全供给弹性；另一类是房地产的风险资产，并且数量是固定的。以可变现价值来衡量房地产内在价值，第一类资产的收益与第二类资产需要的租金都是 r，在第 t 个时期，第二类资产价格为 P_t。我们介绍的两种购房者——理性和噪声购房者，都存在于此模型中，并且噪声购房者认定他们拥有特殊的信息。

在第 t 个时期，理性购房者凭借自身获取的真实市场信息来做出行为决策，并依据该信息计算出未来的收益。噪声购房者同样也是依据手头的信息来进行决策，但是他们是在噪声信息的基础上进行的计算分析，因此会导致偏差的产生。我们假定 n 为噪声购房者的数量，比例为 μ，i 为理性购房者的数量，比例相应地为 $1-\mu$。

在第 t 个时期，理性购房者决定拥有的房地产，以及他们的期望效用函数为：

$$E(U)=C_0+\lambda_t^i[r+_tp_{t+1}-p_t(1+r)]-\gamma(\lambda_t^i)^2(_t\sigma_{p_{t+1}}^2)$$

$$_t\sigma_{p_{t+1}}^2=E_t\{[P_{t+1}-E_t(P_{t+1})]^2\} \qquad (式3.1)$$

在第 t 个时期，噪声购房者决定拥有的房地产，以及他们的期望效用函数是：

$$E(U)=C_0+\lambda_t^n[r+_tp_{t+1}-p_t(1+r)]-\gamma(\lambda_t^n)^2(_t\sigma_{p_{t+1}}^2)+\lambda_t^n(\rho_t) \qquad (式3.2)$$

由以上函数可知，这两类购房者的差异就在于 $\lambda_t^n(\rho_t)$，噪声购房者由于受到噪声信息的影响，进行了错误的决策。

我们对以上两个需求函数求导，得出：

$$\lambda_t^i=\frac{r+_tp_{t+1}-(1+r)p_t}{2\gamma(_t\sigma_{p_{t+1}}^2)} \qquad (式3.3)$$

$$\lambda_t^n=\frac{r+_tp_{t+1}-(1+r)p_t}{2\gamma(_t\sigma_{p_{t+1}}^2)}+\frac{\rho_t}{2\gamma(_t\sigma_{p_{t+1}}^2)} \qquad (式3.4)$$

由于噪声购房者的认知具有偏差，因此他们对于未来收益的预期也有偏差，这就导致了他们的需求函数中多出来一项。当噪声购房者看好市场走势时，他们的预期收入也会被高估，与理性购房者相比，他们会购入更多的房产。若噪声购房者不看好目前房地产市场走势，他们比起理性购房者又会更大幅度地减少购买。噪声购房者的预期偏差会扩大其与理性购房者之间的购房数量差距。

这时，我们加入市场的出清条件，也就是 $\mu\lambda_t^i+(1-\mu)\lambda_t^n=1$，并利用供给与需求相等的条件来获取均衡价格：

$$p_t=1+\frac{\mu(\rho_t-\rho^*)}{1+r}+\frac{\mu\rho^*}{r}-\frac{(2\gamma)\mu^2\sigma_p^2}{r(1+r)^2} \qquad (式3.5)$$

式3.5的最后三项表示房地产市场价格受到噪声购房者的影响；第二项指的是认知偏差造成的价格变化；第三项指的是当噪声购房者平均认知偏差不等于零时，价格对于资产基本价值偏离的程度；第四项指的是当噪声购房者不看好市场走势时价格下跌，进而导致的对风险的补偿。当噪声购房者不看好市场行情时，他们的决策就会进一步抑制房价，反之，则会导致价格进一步上涨。这也反映了若是一个市场中噪声购房者的比例越大，那么该市场价格的变化也会越大。

（二）噪声购房者存在的长期性

噪声交易行为也长期存在于房地产市场中，Palomino（1996）以 DSSW 模型为基础，对市场进行深入的研究和分析，他发现如果在不完全竞争市场上，风险厌恶者的数量较多，那么就容易产生具有偏差的纳什均衡策略。相较于完全竞争市场，非完全竞争市场上理性投资者受到噪声投资者更大的负面影响。丁志国等认为过去分析噪声交易行为长久存在的工具是预期效用模型，但是这种模型违背了有效市场这一假定，因此他重新构建了不存在有效市场的悖论的虚拟市场，并且假定噪声交易与理性交易都是长期存在的。

具体分析前，我们首先要做出一个假设：噪声购房者的预期收益并不总是比理性购房者少。如果市场上存在许多具有噪声交易风险的资产，那么噪声购房者就有可能获得比理性购房者更大的预期收益，这也正是噪声购房者会长期存在的基础。模型的初始假设是：噪声交易者与理性交易者在市场上的无风险资产交易中预期收益是一致的，并且，在这样的情况下，这两类交易者拥有的房产数量需求以式 3.6 表示：

$$\lambda_t^n - \lambda_t^i = \frac{\rho_t}{2\gamma(\sigma_{p_{t+1}}^2)} = \frac{\rho_t(1+r)^2}{2r\mu^2\sigma_p^2} \qquad (式 3.6)$$

我们也可以计算出他们持有该数量的房产所获取的超额收益和期望值：

$$\Delta R_{n-i} = (\lambda_t^n - \lambda_t^i)[r + p_{t+1} - p_t(1+r)] \qquad (式 3.7)$$

$$E(\Delta R_{n-i}) = \rho^* - \frac{(1+r)^2(\rho^*)^2 + (1+r)^2\sigma_p^2}{2\gamma\mu^2\sigma_p^2} \qquad (式 3.8)$$

从上述方程组中，我们可以看出，如果 ρ^* 为正数，那么此时噪声购房者认知上的偏差也是正数，并且在乘数效应的作用下，他们的期望收益会上涨。如果 ρ^* 是负数，偏差仍旧存在，噪声购房者估计他们的期望收益会上升，但是理性购房者通过计算，发现房屋价格比其内在价值更低，因此会购买更多的房产。最终，当噪声购房者看好市场走势，预期房屋价格会走高时，他们就会决定购买更多的房产，导致价格进一步上升，从而减少了风险补偿性收益，也减少了超额收益。$2\gamma\mu^2\sigma_\rho^2$ 是噪声购房者长期生存下来的基础，他们对市场的认知偏差的变化会影响价格。

总的来说，理性购房者的收益并不能高于噪声购房者。在某些情形下，噪声购房者有可能取得更高的收益。所以在这样的情形下，基于有效市场假设的选择与淘汰机制并不能保证准确性。在购房者出现认知偏差时，某些情况下噪声购房者比理性购房者可能获取更大的利益，这也是他们能长期存在的现实基础。我们无法预测噪声购房者的选择行为，因此理性购房者就必须承担他们带来的风险。非理性购房者都具有不确定、存在风险等特点，所以在本书模型中噪声购房者就可以很好地被用于分析产生认知偏差的种种因素。并且即使市场环境较为理想化，也很难消除所有的认知偏差导致的价格波动。

当下我国有许多的学者用 DSSW 模型来研究房地产市场中噪声对价格变化的影响。比如，赵新华等（2008）曾利用 DSSW 模型分析我国实际房地产市场情况，从而推导出噪声预期对于房地产市场价格影响的方向与幅度，并力求把控房地产市场价格在此种情况下的运作机制。赖一飞等（2011）进行了实证分析，着重研究了上海的房地产市场，他们发现噪声预期对于房地产市场的影响情形能很好地解释我国的实际情况。贾生华等（2014）进行了实证分析，发现引起房地产泡沫的一个主要原因就是噪声预期。

五　购房者非理性噪声预期对房价波动影响的实证分析

（一）实证模型建立与变量选取

房地产市场价格由于某些噪声购房者的非理性预期，有时候会偏离房地产价值。我们根据前文提到的均衡价格方程，可以建立如下模型：

$$P_{it} = \alpha_{it} + \beta_{it}Y_{it} + \gamma_{it}K_{it} + \varepsilon_{it} \qquad\qquad （式 3.9）$$

式 3.9 中右边第一项是常数，第二项 β_{it} 代表了房地产市场价格基于价值的部分，Y_{it} 代表了城镇居民的收入情况，第三项 γ_{it} 代表了房地产市场价格受到非理性市场预期的影响程度，K_{it} 为噪声预期，最后一项为干扰项。

当前我国还没有一个统一的房地产市场价格统计方法。统计中较为多见的有两种类型的数据：第一种是真实的房地产市场价格数据，第二种是指数化的数据。但是，本章研究的是购房者对于房地产市场价格的主观心理，因此采用第一种数据更加有研究意义。并且，我国住宅类型的房地产占据整个房地产市场80%左右的份额，因此本章从我国30个省（区、市）（不包括西藏和港澳台地区）中收集了真实的住宅销售价格月度数据。根据国家统计局发布的商品住宅销售面积和销售金额计算出价格，用城镇居民人均可支配收入作为房地产基础价值的替代变量，把"近似价格预期方法"当成噪声预期的替代变量，也就是：

$$K_t = P_{t-1}\left[1 + \frac{1}{2}\left(\frac{P_{t-1}-P_{t-2}}{P_{t-2}} + \frac{P_{t-2}-P_{t-3}}{P_{t-3}}\right)\right]^2 \qquad (\text{式 3.10})$$

本部分利用2003~2012年的数据进行实证分析。

（二）购房者非理性噪声预期对房价波动影响的实证结果分析

表3-2是对变量的统计性描述，表3-3反映了2003年第一季度至2012年第四季度30省（区、市）购房者交易噪声预期对房价影响的回归结果。Hausman检验结果说明应当拒绝原假设，建立个体固定效应模型。从个体固定效应模型出发，进行回归分析，得出如下结果：我国房地产市场价格会明显受到噪声预期的影响，城镇居民收入情况与噪声预期分析可以很好地解释价格变动的情况，并且收入是价格波动最关键的影响因素，回归系数是0.58，噪声预期同样也是较为重要的影响因素，噪声预期每变动1%，房地产市场价格将同方向变动0.44%。总而言之，影响房地产市场价格的重要非理性因素就是噪声预期。我们接下来将对该影响进行截面和时间趋势比较。

表 3-2 变量的统计性描述

	P	Y	K
均值	3615.52	3662.00	3863.54
中位数	2863.69	3358.75	3024.98
最大值	20659.57	11301.40	28668.23

续表

	P	Y	K
最小值	763.09	1496.60	647.67
标准差	2677.3	1612.00	3104.82
样本数	1200	1200	1200

表3-3 2003年第一季度至2012年第四季度我国购房者交易噪声预期对房价影响回归结果

变量	RE	FE
C	−562.96 ***	−201.27 ***
Y	0.50 ***	0.58 ***
K	0.60 ***	0.44 ***
	Hausman 检验：426.79 ***	F 统计量：478.99 ***
R^2	0.90	0.93

说明：*** 指在1%的水平上显著。

如表3-4所示，对于不同区域回归分析的结果显示，在房地产市场发展程度较高、体系较为成熟的沿海地区等，噪声预期对于房地产市场价格的影响更为显著，对中西部地区影响相对较小。

表3-4 2003年第一季度至2012年第四季度我国购房者噪声预期
对房价影响的截面比较

显著性水平	省（区、市）
1%	北京、天津、上海、江苏、浙江、福建、湖南、广东、海南、重庆、四川
5%	安徽、广西、陕西、宁夏
10%	吉林、江西、湖北
不显著	河北、山西、内蒙古、辽宁、黑龙江、山东、河南、贵州、云南、甘肃、青海、新疆

如表3-5所示，我们对不同时间段的噪声预期影响进行了比较分析，噪声预期对于房地产市场价格的影响呈波动变化趋势。2007年的第二季度至2009年的第一季度的影响波动变化特征比较明显，2007年的第二季度恰巧是金融危机爆发之前，而2008年底，我国颁布了4万亿元刺激经济的方案，减少了危机的负面冲击。因此，2009年初开始，金融危机的破坏性影响开始减弱。

表 3-5　2003 年第一季度至 2012 年第四季度我国购房者噪声预期对
房价影响的比较

时间	K	时间	K
2003 年第一季度	-0.12	2008 年第一季度	0.18 ***
2003 年第二季度	0.001	2008 年第二季度	0.29 ***
2003 年第三季度	-0.30	2008 年第三季度	0.31 ***
2003 年第四季度	-0.46 ***	2008 年第四季度	0.14 ***
2004 年第一季度	-0.21 **	2009 年第一季度	0.19 **
2004 年第二季度	-0.06	2009 年第二季度	0.35 ***
2004 年第三季度	-0.15	2009 年第三季度	0.27 ***
2004 年第四季度	-0.34 *	2009 年第四季度	0.40 ***
2005 年第一季度	-0.156	2010 年第一季度	0.55 ***
2005 年第二季度	-0.23 *	2010 年第二季度	0.47 ***
2005 年第三季度	-0.03	2010 年第三季度	0.37 ***
2005 年第四季度	-0.13 *	2010 年第四季度	0.31 ***
2006 年第一季度	-0.14	2011 年第一季度	0.81 ***
2006 年第二季度	-0.04	2011 年第二季度	0.41 ***
2006 年第三季度	-0.002	2011 年第三季度	0.32 ***
2006 年第四季度	-0.02	2011 年第四季度	0.25 ***
2007 年第一季度	0.01	2012 年第一季度	0.48 ***
2007 年第二季度	0.27 ***	2012 年第二季度	0.39 ***
2007 年第三季度	0.29 ***	2012 年第三季度	0.37 ***
2007 年第四季度	0.22 ***	2012 年第四季度	0.22 ***

说明：***、**、* 分别指在 1%、5%、10%的水平上显著。

（三）购房者非理性噪声预期对房价波动影响的分阶段实证分析

接下来我们对于房价波动的时间趋势进行进一步的分析。在 2008 年金融危机席卷全球时，由于房地产市场价格、投资额度、建成面积等各方面因素的变化，需求与供给都产生了巨大的变化。2007 年第二季度，由于美国次贷危机爆发，欧洲与美国的股票市场开始暴跌。本部分将研究样本时间划分为三个时期，第一个时期是 2003 年第一季度至 2007 年第一季度；第二个时期是 2007 年第二季度至 2008 年第四季度；第三个时期是 2009 年第一季度至 2012 年第四季度，并基于三个时期进行实证分析。

表 3-6 是在不同时期噪声预期对于我国房价影响的估计结果，根据 Hausman 检验结果，均采用固定效应模型进行分析。在第一个时期，收入的影响系数是 0.55，并且噪声预期每变化一个百分点，房价就同方向变化 0.23%。在第二个时期，收入和噪声预期对于房地产市场价格的影响系数都不高，可能原因是在金融危机时期，许多其他因素冲击了房地产市场。在第三个时期，收入对房地产市场价格的影响强度是 0.40，而噪声预期的影响强度是 0.21。第二个时期、第三个时期与第一个时期相比，噪声预期影响系数更小，可能原因是在危机爆发后以及政府的政策影响下，噪声预期相对减少。总的来说，房价变动的关键影响因素是收入水平，而噪声预期也有着较为明显的影响。

表 3-6 购房者交易噪声预期对房价影响分时期的回归结果

	第一个时期		第二个时期		第三个时期	
	RE	FE	RE	FE	RE	FE
C	-429.09***	346.30***	-756.51***	2827.41***	-1340.51***	1919.54***
Y	0.61***	0.55***	0.51***	0.11**	0.65***	0.40***
K	0.49***	0.23***	0.65***	0.07**	0.59***	0.21***
	Hausman 检验：322.24***		Hausman 检验：535.24***		Hauman 检验：710.02***	
R^2	0.85	0.91	0.90	0.98	0.88	0.95

说明：*** 指在 1% 的水平上显著。

如表 3-7 所示，无论在哪一个时期，沿海省市，如北京、天津等，噪声预期对房价的影响均很大。但是，在划分时期的回归结果中，许多系数变得不显著，这是因为在整体情况下，这些地区的噪声预期对房地产市场的影响是很明显的，但是在不同的时期会表现出不同特征，导致整体效应不明显。

表 3-7 我国购房者交易噪声预期对房价影响的分时期回归结果的截面比较

	第一个时期	第二个时期	第三个时期
在 5% 的水平上显著	北京、天津、江苏、浙江、福建、湖北、广东、海南	北京、天津、上海、湖北	北京、上海、江苏、浙江、福建、海南、重庆

六　主要结论与政策建议

（一）主要结论

以往的研究较少从购房者非理性选择的角度来研究房价波动的原因。但购房者的选择具有一定非理性，是房价复杂波动的重要影响因素。传统的研究认为房地产价格的形成与购房者的选择心理和行为并无关联。但从行为经济学视角来看，购房选择行为则被认为是一种经济行为和心理现象。

第一，购房者在不确定的情况下进行购房的决策是非理性的，受到外部环境和自身感性情绪因素的影响。

第二，购房决策过程中信息认知偏差等形成的非理性预期以及群体心理偏差形成的羊群行为，都会对房价的波动有十分显著的影响。

（二）政策建议

本研究通过对房价波动现状与特征，购房者非理性选择以及其对房价的作用机制等方面进行分析，提出如下建议。

从政府的角度来看，第一，政策制定者应规范房产信息发布平台，保证平台公开透明化，加强对房地产开发商发布虚假信息、虚假广告等违法行为的监管与惩罚整治，及时对房地产市场价格进行统计并发布；第二，政府应健全信息的披露体制，如建立方便的查询渠道、及时对房地产成本及税费进行公开公示，以确保房产市场信息的真实可靠，从而避免信息的不完全与不对称性；第三，健全房地产市场的监管机制，避免房地产市场调控政策为短期目标所制约而造成标准不明确甚至前后矛盾等问题；第四，对于房地产网站等媒体和房地产中介机构，政府应加强监管，使购房者能够充分地了解及获得房地产市场的相关信息，从而减少预期误差，减少购房者的非理性行为，抑制房价波动，促进房地产市场健康发展。

就购房者而言，首先，购房者的消费观念应当有所改变，形成健康的房地产消费理念，转变购买模式，可以从原来的以购买为主发展为租购并举，从更加理性的角度去观测房地产市场的行情，预防市场风险；其次，购房者在买房时，应该综合考虑自身的经济条件，以及购房的意愿和自身能力的匹配程度，选择符合自身情况的房地产和物业；再次，购房者应该广泛收集采购房屋方面的各类信息，以识别市场中的各种信息以免受到误导，在做选择决策时要从整体上分析房价的大体信息，更多地参照以往的房价变化信息，构建对房价整体性的分析框架，研究影响房价走势的各类因素，如收入情况和供需比例等；最后，购房者应充分考虑自身的信息不对称引起的预期偏差和自身的非理性的感性认知造成的偏差，并要考虑到羊群行为引发的群体性负面影响，观察房价变动的大体趋势，克服自身思维模式的禁锢，不要盲目从众，要依据自己的分析和自身实际情况做决策，以防由于自身的决策失误产生经济损失等。

第四章　房价波动与经济周期波动关联性研究

一　经济周期和房地产周期对比

房地产行业的运行和发展对相关产业影响巨大，与经济发展息息相关。我国的房地产市场具有房价过高、投资力度过大的特征。虽然国家相继出台了很多政策来抑制房价过快增长，这些政策也起到了一定作用，但是目前看来，我国的房价与国民的购买能力依旧不匹配。因此，研究房地产市场价格波动与国民经济发展的关系，能使我们更全面地分析房地产市场走势，采取有效的调控政策，促进房地产业与整个国民经济协调健康平稳发展。

（一）波动趋势视角

从波动趋势来看，房地产周期与经济周期并不一直保持相同的变化趋势。在宏观经济低迷的时期，人口数量猛增、经济体制机制变革等很可能会使房地产市场潜在需求急剧增大，或者由于房地产行业具有相对较高的回报率，投资者更愿意将手上的资金由其他的行业转向房地产行业，导致在整体经济的低谷时期，房地产市场仍然迅速地扩张。

（二）波动周期视角

从波动周期来看，房地产周期与经济周期并不是完全一致的，存在非同步性。从主流的观点来看，在经济繁荣和衰退时期，房地产周期是领先于经济周期的，而在经济萧条和复苏时期，房地产周期则是滞后于经济周期的。

从复苏时期看，虽然房地产业在整个国民经济中产值占比较大，但是由于房地产业背后具有巨大的投资价值，耗用的资金规模较大，并且开发周期非常长,从而在经济开始复苏的时候,房地产业的复苏准备与策划需要较长的时间,所以其反应与国民经济相比是落后的,即房地产复苏比国民经济的复苏稍晚。

虽然房地产业的复苏滞后于国民经济的复苏,但是在经济繁荣时期,房地产业的发展要领先于国民经济。主要原因可归结为,第一,国民经济的飞速发展会直接导致国民收入的大幅增长,使得广大人民对于房地产的需求增加,由供需关系可知房地产的供应也会随之增长,进而带动房地产业的增长。第二,房地产业是国民经济的重要支撑,在经济积极健康发展的态势下,房地产市场良好的发展态势会吸引银行等金融机构投资,房地产开发商获得更多可投入建设的资金后,会进一步扩张其规模,实现进一步发展。第三,在经济发展趋势良好且房地产业欣欣向荣的背景下,房价也水涨船高,更加凸显房地产作为投资品的重要属性,在房地产投资的推动下,房地产行业也必会蓬勃发展。

经济繁荣时,房地产业的增长以及其作用的周期相对国民经济增长是领先的。但是这样迅猛的增长趋势势必是不可能一直维持下去的。无论房地产业的投资前景有多诱人、投资的收益有多大,人们对于房地产的需求始终有一定的度,如果房地产业的供给远远超越国民对于房地产的需求,那么经济体系平衡必然会被打破,经济会衰退甚至崩溃。在这种形势下,房价上涨时,房地产行业的繁荣让很多待价而沽的买房者提前出手,房地产投资也随之增加,造成房地产过热的情况,但是这样的热度是不可持续的,热闹之后的寂静,势必会导致房地产市场相对经济更早地步入下坡路。

比起经济衰退,房地产衰退得更早。但比起经济萧条,房地产萧条略滞后。房地产作为不动产,通常具有保值增值的功能,使其具有价格黏性,所以在整个经济形势不好,其他行业都被打压时,房地产行业的需求与供给仍然会保持一定的数量,进而使得它在经济不景气的时期仍然存有发展空间。

(三) 变化幅度视角

从变化幅度来看,房地产周期变化更显著,极大值与极小值的差距更大。这取决于房地产的资产属性。伴随着房地产投资属性越来越明显,房地产周期波动的频率会越来越高，变化的幅度也会越来越大。以全国商品房销售面积增长率表示房地产周期波动的情况，以 GDP 增长率反映经济周期波动情况，两者的变化趋势如图 4-1 所示。

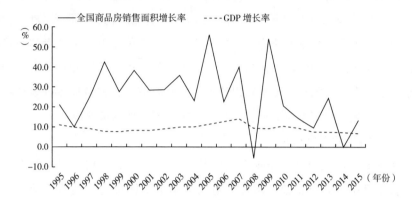

图 4-1　1995～2015 年 GDP 增长率以及全国商品房销售面积增长率变化情况
数据来源：历年《中国统计年鉴》。

二　房地产周期波动对经济周期波动的影响

国内生产总值（GDP）由消费（C）、投资（I）、政府购买（G）与货物服务净出口（NX）四个方面组成，房地产周期波动对消费和投资影响较大。本节将分别研究房地产周期波动对消费和投资的影响机制。同时，由于房地产业的发展势态对房地产相关行业的影响很大，房地产周期波动也会引发其他行业的波动，下文也将对房地产周期波动的产业效应加以阐述。

（一）房地产周期波动的消费效应

自 2001 年以来，全球房地产行业的迅速发展使得房地产与全球居民财富的关系日益紧密。房地产的重要财富地位不言而喻，全社会对于房地产周期波动与消费之间的关系探讨热烈。周建军和鞠方（2009）用 1999～2007 年房地产行业数据实证分析得出房地产具有财富效应，而且时间越长这种效应越显著的结论。此效应有正向和负向之分。

1. 正向效应与其主要传导机制

房地产行业作为衡量一个国家财富的重要指标，备受投资者青睐，同时房产也是家庭资产的主要构成部分，象征着家庭财富。"财富效应"这个概念，首先由英国古典经济学家 Pigou 等人于 1943 年提出，他们认为"财富效应"就是房价波动引发边际消费倾向变动进而引起的社会经济形势的变化，这种效应由个人的财富所决定。如果消费者资产价值上升，消费者的消费能力也会相应增加，边际消费倾向升高，由供需的平衡关系可知这势必也会使供给变多，全社会的经济形势得以改善。财富效应的正向效应主要表现在三个方面：实现的财富效应、潜在的财富效应、流动性约束效应。

（1）实现的财富效应

实现的财富效应就是指现在就能到手的财富，那些拥有房产的人，会从房价攀升中得到财富值的增加，他们会用更多钱来进行消费活动。房价上升，房屋的所有者卖掉房子或者出租房子都能得到更多的收益，这种已经实现的财富增加对个人消费的效应无疑是积极的。此外，对于只拥有一套用于居住的房屋的居民来说，其只有在更换住所时才能通过现在这套住房得到财富。因此，实现的财富效应作用机制在于房价上涨增加了个人的净财富值，提高了边际消费倾向，从而促进了国民消费。

（2）潜在的财富效应

潜在的财富效应指的是房价上涨了，虽然人们并没有转卖房产也并没有出租房屋或利用房屋融资，表面上看不出财富值变化，但是这种没有表现出的财富增加仍然能够刺激消费。消费者认为与房价上涨前相比他们是更加富裕的，以此分析消费者心理，不难发现他们的预期是积极的，他们会增加购买欲望，相应增加边际消费的倾向，也就是通常所说的"未兑现的财富效应"。所以潜在的财富效应的作用机理是：房价上涨增进了人们对预期财富值的信心，使得人们边际消费倾向增加，即消费增长。

（3）流动性约束效应

房地产行业流动性约束效应，即房地产价格上升会伴随着消费者想要获得更多的可贷资金，消费者以房屋作抵押可以获得更大额度的贷款，由此加大了金融市场的流动性。简而言之，就是房价上升使金融市场的流动性增大，进而刺激居民消费增长。

对于存在流动性约束效应的个人而言，房价上涨既能增加其财富值，又可以使其得到更多的抵押贷款额度，产生流动性效应，促进其消费水平上涨。如图 4-2 所示，C_t 表示消费者在各个时间点的消费，若居民不能有其他的资金来源，如贷款，那么其消费水平只能在 M 点，很明显 M 点并不是帕累托最优选择。当房地产价格上涨时，消费者的房产升值可以使其得到更多的贷款资金，流动性增加，消费者可以得到更多的资金进行消费和投资活动，从而点 N 才是消费者的最优决策，消费者当期的消费能力得以提高。

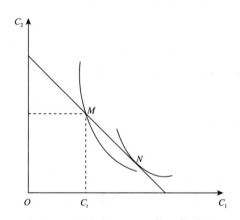

图 4-2 处于流动性约束下的消费选择

2. 负向效应与其主要传导机制

房价波动对消费的负向效应可以通过预算约束效应和替代效应两个渠道来加以分析。

（1）预算约束效应

预算约束效应主要体现在租房群体上，房价上涨对他们的影响是消极的。若房价上涨，房屋的所有者也会相应地提高他们的租价。租房者面临的租金上涨，生活成本加大，不得不缩减开支，减少个人的消费额度。故房价上涨在消费方面的影响是负面的。

（2）替代效应

替代效应机制主要针对有购买需求的居民而言。较高的房价意味着购房家庭需要积攒大量积蓄或者获得更多的贷款作为支撑，这迫使其控制其他消费开支。房地产价格的不断攀升，使得居民住房消费在整体消费中占比扩大，影响了居民在其他产品和其他行业方面的消费能力，可能会给整个社会的经济发展带来不良的后果。因此房地产价格上升可能会导致社会消费的水平降低。

除此之外，房地产周期波动也会对企业产生负面影响。房价上涨，土地价格随之增长，企业的成本和开支也增大，而企业员工的生活成本也水涨船高，倒逼工资水平提高以满足生活需要，面对这样的形势，企业不得不通过裁员来维持自身利益，这也就导致了社会就业供给不足，全社会就业水平随之下降，居民消费水平亦下降，进而导致经济衰退，由此房价上涨对消费的影响效应是负面的。

总之，房地产价格变化对消费的影响是一把"双刃剑"，应对其予以综合考量。从短期来看，如果负面效应占据了主导地位，则会出现房价上涨的同时消费在下降的情况。但从长期来看，房价上涨会使得人们拥有更多的财富值和远期收入，对于消费的影响综合来看是积极的。本部分选取1990~2010 年全国商品房平均销售价格及社会消费品零售总额的相关数据，探讨房地产周期波动在长期是如何影响消费的。

从表 4-1 和图 4-3 中可以看到，长期看来，房地产周期波动的正向效应相对显著，即房地产价格上涨促进消费增加，反之，房地产价格下降导致消费减少，尽管存在一定时滞现象，但并不影响总体趋势。

表 4-1　1990~2010 年商品房平均销售价格与社会消费品零售总额及其增长率

年份	商品房平均销售价格（元/米²）	社会消费品零售总额（亿元）	商品房平均销售价格增长率（%）	社会消费品零售总额增长率（%）
1990	703	8300.1	22.69	17.33
1991	786	9415.6	11.81	13.44
1992	995	10993.7	26.59	16.76
1993	1291	14270.4	29.75	29.81
1994	1409	18622.9	9.14	30.50
1995	1591	23613.8	12.92	26.80
1996	1806	28360.2	13.51	20.10

续表

年份	商品房平均销售价格（元/米²）	社会消费品零售总额（亿元）	商品房平均销售价格增长率（%）	社会消费品零售总额增长率（%）
1997	1997	31252.9	10.58	10.20
1998	2063	33378.1	3.30	6.80
1999	2053	35647.9	-0.48	6.80
2000	2112	39105.7	2.87	9.70
2001	2170	43055.4	2.75	10.10
2002	2250	48135.9	3.69	11.80
2003	2359	52516.3	4.84	9.10
2004	2778	59501	17.76	13.30
2005	3168	67176.6	14.04	12.90
2006	3367	76410	6.28	13.74
2007	3864	89210	14.76	16.75
2008	3800	108487.7	-1.66	21.61
2009	4681	132678.4	23.18	22.30
2010	5032	156998.4	7.50	18.33

数据来源：历年《中国统计年鉴》。

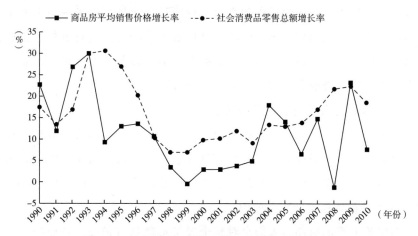

图 4-3　1990～2010 年商品房平均销售价格增长率
与社会消费品零售总额增长率变化

数据来源：历年《中国统计年鉴》。

（二）房地产周期波动的投资效应

由于资产价格变化对宏观经济的作用明显，越来越多的人开始研究房地产价格变化对其他行业所带来的影响。吴海英（2007）通过数据建模发现房地产投资变动会对其他行业产生影响，而且当期房地产的蓬勃发展对之后的经济水平提高具有正面效用。房地产不仅可以作为融资的担保，也关乎企业信用额度与其投资方案。本部分将从资产负债效应、收入效应和挤出效应三方面来分析房地产周期波动对投资的作用机制。

1. 资产负债效应及其对应的传导机制

企业投资资金主要来源于三方面：内部融资、外部融资和自身积累。外部融资，是指企业吸收外来经济主体的储蓄，并将其转化成自己的投资，主要包括银行贷款等。资金需求额度巨大的房地产业主要采用外部融资方式获得资金。

如果企业利用资产抵押的方式通过向银行借款来筹集资金，当企业受到信贷约束时，资产与负债会相互影响，这也是资产负债表的基本作用原理。房地产价格波动会引起企业净资产发生变化，也就进一步使得企业借贷能力受到影响，并影响企业的投资决策。Bernanke 和 Gertler 通过建立 RBC 模型，认为企业净资产变动对经济波动作用显著，并会通过改变企业的资产负债表影响企业的投资和产出。我们从企业外部融资视角出发阐述房地产价格波动是如何影响投资的，以房价上涨的情况进行分析。企业在进行外部融资时：房价上涨→企业净资产增加→融资风险减弱→企业外部融资成本下降→投资需求增多→下一期产出增加。

2. 收入效应及其对应的传导机制

收入效应主要指房地产周期波动对存货投资所带来的收入效应。存货投资数量并不多，但存货投资不确定性比较大，易发生变化，所以其对经济的总体趋势的影响不容忽视。例如，有研究显示，美国 20% ~ 40% 的 GDP 减少是存货投资减少造成的。

在房价上涨的时期，人们会对整个经济形势具有信心，企业的收益和销售收入预期会有所提高，企业会增加存货准备，推动生产规模扩大。对于消费者个人而言，房价的上升直接作用于边际消费倾向，改变消费者消费水平，进而影响企业存货数量和投资额度，房地产企业在满足消费者需求的同时会获得更大的利益。

类似地，在利用外部融资渠道融资的条件下，房地产周期波动也会对企业存货投资产生影响。如今大部分的金融机构把房地产当作贷款的担保品，房地产的价值对个人和集体企业的贷款额度有着重大影响。当房价上涨时，房地产的价值增加，企业的融资能力增强，企业能够获得更多资金支持，也能更好地对存货的生产增加投入。

相反，房价持续下降，势必会造成市场信心下降，消费预期降低，消费水平下降，与此同时，在经济不景气的形势下，企业势必没有信心加大存货投资，而是会缩减生产规模以规避风险。在信贷方面，房价下跌会使得企业拥有的固定资产价值下降，银行为了规避风险，会采取一系列措施，如提高利率等，来约束企业的贷款，进而影响企业的外部融资。在这样的一种外在条件下，企业面临资金短缺的窘境，不得不减少存货投资。

3. 挤出效应及其对应的传导机制

房地产周期波动对社会投资的影响不单单是积极的，也有消极的，即经济学中的挤出效应。房地产行业的挤出效应指的是房地产行业在蓬勃发展的同时会排挤其他行业。信贷市场的健康积极发展是缓解资金约束的重要条件，能增强跨期替代效应，使消费平稳发展，并缓解现今居高不下的房价对其他消费的挤出效应。

房价对消费的挤出效应不单单在购房者群体中存在，在租房群体中同样也存在。房价过高，租房价格也会水涨船高，租房者的生活成本会增加。在这种情形下，对于租房者来说，他们要不然就选择位置偏远的城乡接合部的出租房以节约租金，要不然就挤出日常生活消费来填补租金的缺口。在这种大环境下，消费者个人和企业都没有增加固定资产和存货投资的动力，由此房地产市场投资对生产性投资产生了挤出效应。以房地产周期波动对生产性投资的挤出效应为例，用 IS—LM 曲线来加以分析，如图 4-4 所示。M 点是一开始的经济均衡点，Y_0 点是均衡时的经济产出。不考虑挤出效应的情况下，房价上涨后，新的均衡点为 N，均衡产出会从 Y_0 增加到 Y_1。但在考虑房地产市场投资对其他行业的挤出效应时，结果可能相反。图中 IS 曲线会向下移动到 IS_2 曲线处，而不是向上移动到 IS_1 曲线处，

新的经济均衡点为 H 点，产出下降至 Y_2。

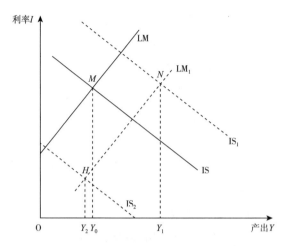

图 4-4　房地产市场投资对生产性投资的挤出效应示意

（三）房地产周期波动的产业效应

房地产业与其前后向产业关联密切，因此它的投资开发不仅会带动本行业发展，而且会推动其相关行业（如家具行业、室内设计等）发展，颇有牵一发而动全身的效果。本部分将从产业关联效应和价格波及效应两方面加以分析。

1. 房地产周期波动的产业关联效应

房地产业是我国经济发展中的支柱产业，具有产业链长、资金需求量巨大、与民生息息相关等特点，所以确保房地产业健康发展对构建和谐社会促进我国国民经济发展意义重大。房地产业的快速发展带动了我国国民经济快速增长，带动了其上下游相关产业协调、共同发展，而且提供了大量的工作岗位。当房地产业繁荣发展时，与之休戚相关的生产要素、机器设备等需求增加，房地产业与这些要素供给产业之间是后向关联关系。另外，房地产业的繁荣意味着房地产产品供给增加，房地产业相关产品之间的联系增强，这些产品的需求行业链接就是我们通常说的，通过房地产产品的供应增加引发作用。然而，在实际的经济活动中，产业链接往往并不那么简单，生产的商品可能会直接用于消费，而下游产业的产品可能会或直接或间接地回到相关上游工业部门，形成类似于"环"状的产业链，是环向相关联的关系。而且繁荣的房地产业能推动经济的区域协调可持续发展、提高就业率、提高人口综合素质、改善国民经济结构和环境等，为经济和社会的可持续健康发展注入新活力，即房地产行业的旁侧作用。房地产业及其关联产业循环如图 4-5 所示。

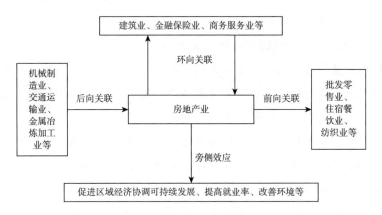

图 4-5　房地产业及其关联产业循环

旁侧效应的数据很难获取，其涉及的内容也较多，难以量化。关于旁侧效应，一方面，我们用完全消耗系数衡量由后向关联所产生的需求拉动效应；另一方面，我们采用完全分配系数衡量由前向关联所产生的供给推动效应。两者之和为总关联效应。我们对 2002 年和 2007 年的投入—产出表（42 部门）数据加以分析，算出相关系数并得到表 4-2。

表 4-2　2002 年与 2007 年房地产业的关联效应指标值

年份	2002	2007
完全消耗系数	0.658	0.487
完全分配系数	0.581	0.683
总关联效应	1.239	1.170

数据来源：2002 年和 2007 年投入—产出表（42 部门）。

从表 4-2 中我们可以看出，2002 年房地产业总关联效应是 1.239，表示房地产业 1 单位投入带动其他相关产业产值变动 1.239 个单位，在 2007 年这个数据是 1.170，两个数据均大于 1，充分说明了房地产业的关联效应较强。此外，2007 年的总关联效应 1.170 小于 2002 年的 1.239，这说明房地产业的关联效应随着时间推移下降了。而且，2002 年完全消耗系数（0.658）大于完全分配系数（0.581），2007 年完全消耗系数（0.487）小于完全分配系数（0.683），由此可知我国房地产业对前向关联产业的推动作用显著增加了，对后向关联产业的资源需求则相对减少了，也就是说生产方式朝高效、低耗方向发生了转变。

2. 房地产周期波动的价格波及效应

价格波及效应指的是如果某条供应链上的某种产品价格发生变化，会通过供应链与供应链之间、供应链主体之间的相互联系对国民经济的整个产业链产生巨大影响，这是一个动态变化过程。

房地产为其他行业发展提供必不可少的物质条件支持，为生产和办公提供了场所，具有很强的产业联动性，因此房地产价格的变动势必会引起其他行业的成本费用变动，进而决定其商品价格的变化方向。例如，房价上涨会引起土地价格上升，使得土地开发成本增加，这只不过是从房地产的土地属性来分析的。如果资本的总量保持不变，提高房地产业的投资成本将导致其他行业的投资减少，其他行业发展将受到限制。此外，过高的房价将推动价格尤其是生产资料价格过快上涨，很容易引发通货膨胀。

三 经济周期波动对房地产周期波动的影响

经济周期波动会通过影响宏观经济变量直接地改变房地产市场的供求关系，若经济发生周期性波动，微观主体的市场行为会对房地产市场产生间接影响。一般来说，房地产业受宏观经济变量，主要是利率以及货币流动性等资本市场变量的影响，但是地区经济的变动很大程度上取决于供求关系（Yavas and Yang，1995）。此外还有很多其他方面的影响因素，例如投机性期望值、国家政府部门政策文件等。Abraham and Hendershott（1992）通过利息率等经济因素解释了房地产价格的变化。本部分将从宏观和微观两个角度来分析经济周期如何对房地产周期产生影响。

（一）宏观经济变量与房地产周期波动的关系

从宏观角度而言，房地产周期波动的直接动力来源于经济周期波动。

一方面，国家经济发展良好可以使房地产行业需求增大；另一方面，良好的经济状况也能更好地为房地产行业提供相应的经济支持。

经济周期波动变化通过影响家庭财富或人们的收入水平作用于房地产需求。居民收入水平的变化会对居民的租金支付能力有直接的影响，而那些具备购房能力且拥有购房意愿的消费者，将房地产行业的潜在需求量变为现实，推动房地产市场消费需求增长。此外，居民收入水平的提高，会使个人对将来的财富更有自信，会改变原来的理财观念，甚至会愿意贷款购房。

房地产资产需求增加是指随着房地产资本市场发展，房地产市场投资性需求也会增加。经济周期波动引发利率等经济变量变化，从而引发房地产资产需求波动。房地产相对于其他投资理财产品而言更加可靠，风险也较小。正是由于房地产在人们心中具有保值功能，因此理性投资者把投资房地产作为投资首选。一般情况下，在经济发生通胀的时期，人们手中的钱会贬值，居民的购买能力被削弱，但如果市场参与者认为这样的经济形势会持续，则容易出现房地产需求膨胀的局面。

从房地产市场的投资规模来分析，经济发展水平造成的利率变化会导致投资规模发生变化。从所需成本来看，经济波动的时候，使用资金的成本也随之发生变化。当经济萧条时，长期利率上升，资金的使用成本也随之增加，房地产行业的开发投资成本也增加。在宏观经济学中，较为频繁使用的指标有：国内生产总值、利率、汇率、失业率和通货膨胀率等。所以下文选取国内生产总值（GDP）、利率、通货膨胀和货币供应量这四个宏观经济变量来加以分析。

1. 国内生产总值

国内生产总值（GDP）的概念：一个国家（或一个地区）所有的常驻单位在一定的时期内（通常是一年）所生产的全部的最终产品（或劳务）的市场价值。GDP 是衡量一个国家或地区总体经济发展情况的重要指标。利用支出法核算 GDP 的公式为：

$$GDP = C + I + G + NX$$

GDP 对房地产经济的影响有两种途径。一方面，经济越是发达的地区，当地的 GDP 就越高。而地方经济发展又极大地影响着房地产业的发展，是房地产业发展的基础，地方经济越是发达，投资的环境越好，就越能吸引房地产投资者。一线城市譬如北京、上海、广州等地的房地产业发展很快，很大程度上依托于当地经济的快速发展。而相对的落后地区像新疆、西藏等地即便是盖好了高楼大厦，若没有起支撑作用的相关产业也是无济于事，所以说地方经济的发展为房地产业的发展夯实了基础，二者是互相促进的关系。另一方面，当 GDP 降低时，经济不景气，消费水平低，房地产的供需不平衡，房地产市场便难以发展。图 4-6 是我国 1995~2015 年经 CPI 调整后的国内生产总值，我国 GDP 逐年上升，为房地产市场发展增添了新活力。

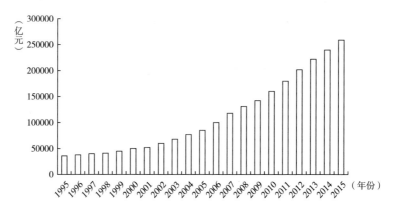

图 4-6　1995~2015 年经 CPI 调整后的我国国内生产总值
数据来源：历年《中国统计年鉴》。

2. 利率

利率对房地产周期波动的影响主要体现在长期利率方面。长期利率下降，导致风险降低，从而提高税收优惠，这会降低投资者对于房地产投资的收益要求，进而拉高房地产的资产需求量，导致在租金不变的情况下房价上涨。长期利率上升，将大大提高房地产投资的机会成本，从而导致房地产投资减少。当短期利率上升时，融资成本随之上升，从而就导致新项目开发的获利水平下降。

居民储蓄及消费信贷也受到利率的直接影响，进而影响房地产市场。居民的可支配收入主要是用于消费和储蓄，当银行利率调整时，以降低利率为例，个人会认为此种情况下储蓄是不划算的，会将钱用于消费，二者之间替代关系明显；而且利率降低对于个人来说会使其将房地产商品作为消费品的成本降低，增加房地产商品需求，促进房地产市场发展。利率中的抵押贷款利率对房地产市场的影响也是类似的。

毋庸置疑，利率直接影响房地产投资的规模。假定房地产仅仅受到利率这一个因素的影响，当利率下调时开发商贷款负担会减轻，这会刺激开发商加大投资。与之相反，当利率上调时，开发商获得房地产建设资金的负担会加重，他们不得不缩减投资规模。

此外，公积金贷款利率也是利率的重要组成部分，但公积金贷款利率由中央银行统一制定，与货币市场不直接相关。图4-7显示了1996年5月至2015年5月我国金融机构中长期（1~3年）法定贷款利率。

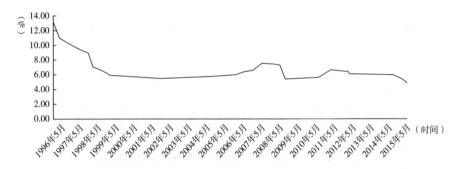

图4-7　1996年5月至2015年5月我国金融机构中长期（1~3年）法定贷款利率情况

数据来源：国家统计局。

3. 通货膨胀

关于通货膨胀对房地产市场的影响机制，学者们的观点大致有如下几种。Kearl（1979）对20世纪70年代的房地产市场进行研究分析，发现房地产融资主要来源于固定比例还款，故通货膨胀会通过资金贬值来减少房地产需求量。还有一些学者表示美国20世纪70年代的房地产市场繁荣依靠的不是通货膨胀，而是个人所得税变化（Feldstein，1980；Hendershott，1997；Poterba，1992）。但Feldstein（1992）通过分析20世纪80年代末税率变化对房地产的影响，认为当发生通货膨胀时，房地产市场的需求也会显著增加，即通货膨胀的影响比税率变化的影响更大。也有学者认为，通货膨胀对房地产市场并不会产生实际影响，消费者的预期才是影响房地产市场的关键（Summers et al.，1981）。

虽然关于房地产市场与通货膨胀之间的关系的研究结果各不相同，但必须肯定的是，通货膨胀能从多方面对房地产市场造成影响，最终的结果就是产生大量的泡沫，房地产市场平衡被打破。当然，在通货紧缩的情况下，房地产的名义价值和实际价值都会显著降低，从而使房地产业的投资力度以及规模都下降。

在我国，一般采用居民消费价格指数（CPI）来衡量通货膨胀。图 4-8 反映了 1995~2016 年我国居民消费价格指数变化情况。

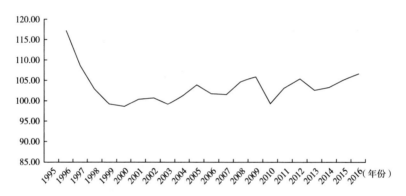

图 4-8 1995~2016 年我国消费价格指数变化情况
数据来源：国家统计局。

4. 货币供应量

货币供应量由包括中央银行在内的金融机构供应的存款货币和现金货币两部分构成。货币供应量与社会经济发展密切相关。瞿连飞（2013）通过实证研究认为货币发行量与房地产市场变动是相关联的。

参照国际通行原则，货币供应量按流动性可以划分为 M0、M1、M2、M3 四个层次。

M1 = 流通中现金 + 可交易用存款；

M2 = M1 + 非交易用存款；

M3 = M2 + 其他货币性短期流动资产；

M0 即流通中的现金量，也就是狭义货币。

其中，M2 最能反映现实购买能力与潜在购买能力的层次，研究 M2 状况，对分析和预测整个国民经济状况意义重大，从而本部分选择 M2 作为货币供应量的观测对象，分析其对房地产市场的影响。

前文分析了利率对房地产周期波动的影响。一般情况下，利率的变化取决于两部分——货币供应量和货币政策，货币供应量的变动首先直接影响利率，再由利率变动引起房地产市场波动。

货币供应量对房地产市场的影响可从供给和需求两个角度来考虑。从供给角度来看，货币供给变化会影响利率从而引起开发商的投资倾向和投资规模的变动；从需求角度来看，货币供给影响着房地产市场消费者购买能力，因此货币供给变化会引发房地产市场波动。例如在扩张性货币政策下，货币供给增加，对于房地产开发商来说，其融资成本将变得更低，所能获得的利益将更大，对房地产的投资将更有兴趣与信心；另外，扩张性货币政策会使得贷款利率降低，居民的购房压力减小，居民需求旺盛，增加房地产市场的成交量。在供需都相应增加的态势下，房地产市场必然会迅猛发展。图 4-9 显示了 1995~2015 年我国货币（M2）供应量的年底余额，由此可以看出我国的货币供应量在逐年递增。

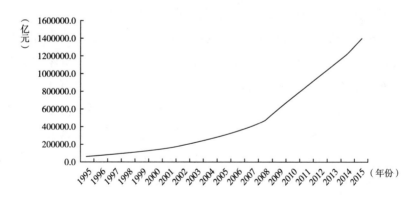

图 4-9　1995~2015 年我国货币（M2）供应量各年年底余额
数据来源：国家统计局。

（二）微观经济主体与房地产市场周期波动的关系

从微观经济的角度来看，周期性的经济波动与房地产波动之间的关系表现为间接影响关系。经济的周期性波动对房地产市场微观主体选择行为会产生影响，从而间接对房地产市场的周期性波动产生影响。本部分通过对地方政府和房地产商两个微观主体进行研究，阐明它们对房地产市场的间接作用机制。

当前，我国土地产权法规仍不完善，而土地是房地产商经营链条中的关键一环，地方政府对土地供给拥有审批权，所以它对房地产市场运行发挥着举足轻重的作用。

首先，地方政府凭借由它"事实垄断"的土地供给市场，控制出让土地的规模，谋求土地出让的垄断高收益；其次，传统体制存在的弊端使得"多头供地"的现象层出不穷，即多个经济主体对土地同时掌握所有权。再次，诸多房地产商会利用监管体制的漏洞来攫取利益，主要表现为买卖地皮、囤地居奇等。地方政府的土地出让，对于房地产商会产生导向作用，房地产商市场垄断的倾向加强，会导致房地产行业周期性波动的出现。

房地产商是房地产市场中另一个重要的微观主体。从现实来看，某些大型房地产商凭借其垄断地位，拥有操纵市场的倾向与能力，是市场价格的主导者与决定者，而不是在政府监管下的"价格接受者"。

当今的中国房地产市场是一个典型的不完全竞争市场，购房者与房地产商之间存在严重的信息不对称，加上冒着"道德风险"和掌握"隐藏信息"的投机者在市场中兴风作浪，导致购房者在信息资源方面处于弱势地位，他们在进行选择决策的时候，往往看重企业规模，以及房地产商的声誉。但现实的情况是，房地产商凭借其拥有的信息渠道及营销手段，掌握信息优势，占据垄断地位，并通过预期机制，引导购房者做出购买决策，对房地产市场周期波动的趋势以及程度产生影响。

四　对房地产波动周期与经济波动周期关联性的实证研究

本部分从协动性、非同步性及区域差异性三个方面来阐述房地产行业与经济环境之间的关联关系。

第一，协动性指的是房地产行业与国民经济之间协调发展的关系。十多年来的发展表明，房地产行业的发展直接推动了整个国民经济的增长，是经济增长的一个重要引擎。同时，国民经济的迅猛增长也会推动国民收入提高，由此产生的消费需求和相关行业的投资需求会因国民收入的增长而增加，所以，经济增长对于房地产业有正向的作用。

第二，房地产业发展与国民经济发展在时间效率上体现为非同步性。具体的表现是，房地产业产业链长，投资回报期也较长，与国民经济之间的传导过程存在时滞，两者在时间上体现为滞后与超前的差别。

第三，中国疆土辽阔，地域差异普遍存在，各地经济发展与房地产业发展的关系也是各有不同，表现出区域差异性。在沿海经济发达地区，房地产业对于经济增长的贡献率很大，地方政府财政收入对房地产业的依赖程度高，但是在三、四线城市，比如依靠密集开发资源而发展的城市，地方政府对房地产业的依赖性不高。可以说，房地产业的区域差异较大，同时级差收益也较为明显，因此政府需要谨慎制定相关政策。

（一）房地产业与经济增长的关联性研究

李聪明（2005）运用定量分析和定性分析两种方法对房地产行业投资与国民经济发展的关系进行了分析，得到了经济发展和房地产行业发展之间存在正向影响关系的结论。王勉和唐啸峰（2000）的实证研究也得出了类似的结论。范苑（2005）以厦门地区为样本，选取房地产投资额以及厦门市 GDP 作为指标进行实证研究，在具体的地域层面得到了类似的结论。李星和陈乐一（2005）用销售额（商品房成交量）作为研究指标，发现了商品房成交量增长与经济增长之间的正相关关系。

当前金融业迅速发展，对于房地产业的影响巨大。相关的研究主要集中在探讨虚拟经济带来的房地产行业泡沫方面，鞠方和周建军（2008）对房地产行业存在的泡沫进行了分析，研究了其与经济发展的相关关系，探讨了虚拟经济的影响力。周建军和鞠方（2009）关于房地产业虚实两重性的研究认为：进入互联网时代后，随着虚拟经济的迅猛发展，房地产市场的波动与实体经济之间的关联性正在减弱，与以金融为代表的虚拟经济的关联性逐步增强。周建军等（2011）进一步进行研究，提出当前以金融业为代表的虚拟经济对房地产市场波动的作用日益凸显，如果两者之间的结构朝不合理的方向发展、发展程度趋于不协同一致，则会极大地增加房地产泡沫的产生概率。

自进入经济大萧条时期以来，诸多实证研究都得出了房地产波动周期与经济波动周期之间关联性极强的结论。国内学者的相关研究普遍显示：房地产业与经济发展的变动方向是相同的。在西方国家的相关研究中，这一结论得到了认可。美国经济学家西蒙·库兹涅茨分析大量数据后，得出了类似的结论，并且对这种相关性给出了数值描述（见表4-3）。

表4-3　GDP增长率与房地产业发展的关联性

GDP增长率	房地产业发展状况
<4%	萎缩
4%~5%	停滞以及倒退
5%~8%	平稳发展
>8%	高速发展
10%~15%	超高速发展

数据来源：西蒙·库兹涅茨：《各国的经济增长》，商务印书馆，1985。

结合我国具体经济实际发展情况，基于相关数据分析，发现当前我国房地产业处于平稳发展的阶段。如图4-10所示，以GDP代表经济增长情况，以商品房销售面积代表房地产业发展情况，发现我国经济增长的趋势和房地产业发展的长期趋势是大体一致的。

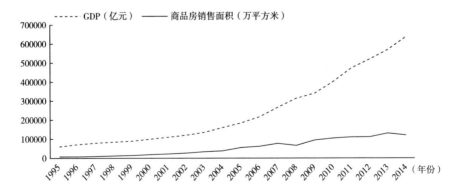

图4-10　1995~2014年商品房销售面积与GDP增长趋势对比

数据来源：历年《中国统计年鉴》、国泰安数据服务中心。

（二）房地产周期波动对经济周期波动影响的经验分析

付志鸿和胡援成（2013）提出房地产业对经济增长的驱动性较强的论断。表4-4包含了反映经济增长的两个重要指标：GDP和固定资产投资。图4-11和图4-12分别体现了房地产开发投资占GDP、固定资产投资的比重的变化趋势。房地产开发投资占GDP的比重由1995年的5.2%上升到了2014年的14.9%，房地产开发投资占固定资产投资的比重由1995年的15.7%上升到了2014年的18.6%，这种稳步的增长表明房地产业的投资对于国内投资的重要性而言是不言而喻的，对于GDP的正向影响作用也较为明显。房地产业作为我国经济的支柱行业，对经济规模影响较大。

表4-4　我国房地产开发投资占GDP、固定资产投资比重（1995~2014年）

年份	房地产开发投资（亿元）	GDP（亿元）	固定资产投资（亿元）	房地产开发投资占GDP比重（%）	房地产开发投资占固定资产投资比重（%）
1995	3149.0	60793.7	20019.3	5.2	15.7
1996	3216.4	71176.6	22913.5	4.5	14.0
1997	3178.4	78973	24941.1	4.0	12.7
1998	3614.2	84402.3	28406.2	4.3	12.7
1999	4103.2	89677.1	29854.7	4.6	13.7
2000	4984.1	99214.6	32917.7	5.0	15.1
2001	6344.1	109655.2	37213.5	5.8	17.0
2002	7790.9	120332.7	43499.9	6.5	17.9
2003	10153.8	135822.8	55566.6	7.5	18.3
2004	13158.3	159878.3	70477.4	8.2	18.7
2005	15909.3	184937.4	88773.6	8.6	17.9
2006	19422.9	216314.4	109998.2	9.0	17.7
2007	25288.8	265810.3	137323.9	9.5	18.4
2008	31203.2	314045.4	172828.4	9.9	18.1
2009	36241.8	340902.8	224598.8	10.6	16.1
2010	48259.4	401512.8	251683.8	12.0	19.2
2011	61796.9	472881.6	311485.1	13.1	19.8
2012	71803.8	519470.1	374694.7	13.8	19.2

续表

年份	房地产开发投资（亿元）	GDP（亿元）	固定资产投资（亿元）	房地产开发投资占 GDP 比重（%）	房地产开发投资占固定资产投资比重（%）
2013	86013.4	568845	446294.0	15.1	19.3
2014	95035.6	636463	512020.6	14.9	18.6

数据来源：历年《中国统计年鉴》。

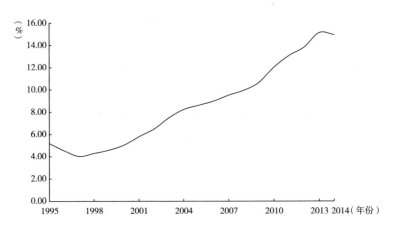

图 4-11 1995~2014 年房地产开发投资占 GDP 比重

数据来源：历年《中国统计年鉴》。

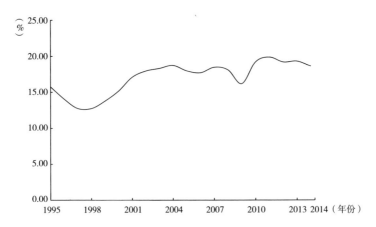

图 4-12 1995~2014 年房地产开发投资占固定资产投资比重

数据来源：历年《中国统计年鉴》。

相关研究报告指出，房地产业对经济增长的贡献在 10% 左右。房产是人民生活的重要物质基础，因此可以说房地产行业的发展与国计民生关系密切。同时，房地产行业的扩张能促进国民经济的增长，但是当房地产行业陷入衰退时，其对于国民经济也会表现出制约作用，甚至可能引发金融危机及经济危机。

（三）经济周期波动对房地产周期波动影响的实证分析

对经济周期波动与房地产周期波动的相互作用进行研究，选取合适的、能反映各自波动情况的经济指标是十分有必要的。

第一，反映经济周期波动情况的指标，应能衡量实际趋势与长期趋势出现偏差的程度及频率，其中具有代表性的指标有：通货膨胀率、GDP 增长率，我们选取的指标是 GDP 增长率，它更能全面地反映经济形势。第二，反映房地产周期波动情况的指标，由于本部分研究设定的前提是不考虑物业服务差异和区域性差异，商品房销售面积这一指标能反映不同经济形势下房地产市场的活跃程度。之所以不选择房屋价格作为代表性指标，是因为不同类型和质地的房屋价格差异较大，且易在通货膨胀的大环境下出现偏差，而商品房销售面积不会受到这么多的干扰，更能真实反映全国房地产行业整体的波动规律；同时，由于采用价格指数、景气指数等综合指标，与采用商品房销售面积得到的结论是类似的，而商品房销售面积及其增长率的数据较其他指标更易得到，可靠性也更高，因此将其作为代表性指标是合适的。

在后文的研究中，商品房销售面积以 ca 表示，国内生产总值以 gdp 表示，通过对二者的增长率进行分析，我们可以发现房地产周期波动与经济周期波动之间的联系。

1. 数据处理及趋势分析

首先对数据进行趋势分析，了解基本变量的总体特征。全国商品房销售面积从 1995 年的 7906 万平方米增长到 2014 年的 120648 万平方米，增长了 15 倍。2008 年全国商品房销售面积因为全球金融危机出现了回落，而 2014 年则由于新"国五条"的出台，房地产市场变得冷清，但是总的来看，商品房销售面积的长期发展趋势是增长的。

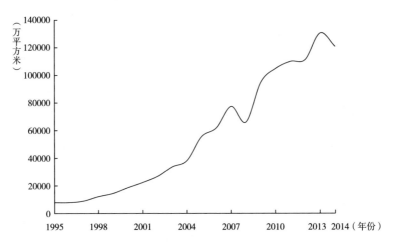

图 4-13　1995~2014 年商品房销售面积

数据来源：国泰安数据服务中心。

如图 4-14 所示，1995 年的国内生产总值为 60793 亿元，2014 年为 636463 亿元，有近 10 倍的增长，考虑到经济体量因素，国内生产总值表现出稳健的增长态势。

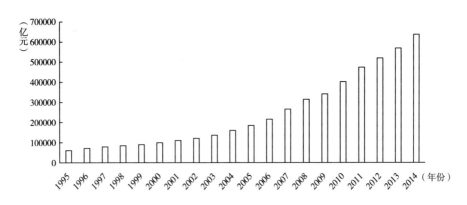

图 4-14　1995~2014 年国内生产总值

数据来源：《中国统计年鉴》。

如图 4-15 所示，全国商品房销售面积增长率与国内生产总值增长率分别反映了房地产市场和经济发展的周期性波动情况，就总体趋势而言，两者的波动具有类似性。但需要指出的是，商品房销售面积增长率即房地产市场的波动更大，也更加频繁。

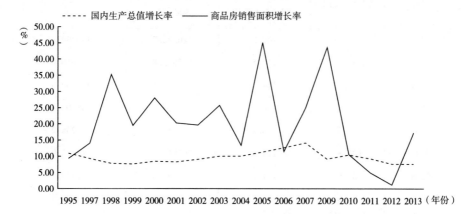

图 4-15　1995~2013 年国内生产总值增长率与全国商品房销售面积增长率对比

数据来源：历年《中国统计年鉴》、国泰安数据服务中心。

本部分主要选取 1995~2014 年的数据，研究近年来房地产业发展与国民经济发展之间的波动关系。数据处理的过程如下：第一，将历年居民消费价格指数即 CPI 以 1995 年为基期（基期为 100）进行调整；第二，结合名义 GDP 与调整得到的 CPI，调整名义 GDP 为实际 GDP。计算结果如表4-5 所示。

表 4-5　1995~2014 年我国 GDP 及 CPI 情况

年份	调整前 CPI	调整后 CPI（以 1995 为基期）	名义 GDP（亿元）	实际 GDP（亿元）
1995	117.1	100.0	60793.7	60793.7
1996	108.3	108.3	71176.6	65721.7
1997	102.8	111.3	78973.0	70955.1
1998	99.2	110.4	84402.3	76451.4
1999	98.6	108.9	89677.1	82348.1
2000	100.4	109.3	99214.6	90772.7
2001	100.7	110.1	109655.2	99596.0

续表

年份	调整前 CPI	调整后 CPI（以 1995 为基期）	名义 GDP（亿元）	实际 GDP（亿元）
2002	99.2	109.2	120332.7	110194.8
2003	101.2	110.5	135822.8	122916.6
2004	103.9	114.8	159878.3	139266.8
2005	101.8	116.9	184937.4	158201.4
2006	101.5	118.7	216314.4	182236.2
2007	104.8	124.4	265810.3	213673.9
2008	105.9	131.7	314045.4	238455.1
2009	99.3	130.8	340902.8	260629.1
2010	103.3	135.1	397983.0	294584.0
2011	105.6	142.6	471564.0	330690.0
2012	102.6	146.4	532872.1	363983.7
2013	102.6	150.2	583196.7	388280.1
2014	102.0	153.2	634043.4	413866.4

说明：表中实际 GDP＝名义 GDP/调整后 CPI×100。

数据来源：历年《中国统计年鉴》。

对调整的数据进行汇总，以 ca 表示商品房销售面积，用于反映宏观经济环境的指标为：国内生产总值、城镇居民家庭人均可支配收入、商品房平均销售价格及年末城市人口数，分别以 gdp、di、cp 及 cn 表示。具体数据如表 4-6 所示。

表 4-6　宏观经济环境指标数据汇总

年份	gdp（亿元）	cn（万人）	di（元）	ca（万平方米）	cp（元/米²）
1995	60793.7	35174	4283.0	7905.9	1591
1996	65721.7	37304	4838.9	7900.4	1806
1997	70955.1	39449	5160.3	9010.2	1997
1998	76451.4	41608	5425.1	12185.3	2063
1999	82348.1	43748	5854.0	14556.5	2053
2000	90772.7	45906	6280.0	18637.1	2112
2001	99596.0	48064	6859.6	22411.9	2170

续表

年份	gdp（亿元）	cn（万人）	di（元）	ca（万平方米）	cp（元/米²）
2002	110194.8	50212	7702.8	26808.3	2250
2003	122916.6	52376	8472.2	33717.6	2359
2004	139266.8	54283	9421.6	38231.6	2778
2005	158201.4	56212	10493	55486.2	3168
2006	182236.2	58288	11759.5	61857.1	3367
2007	213673.9	60633	13785.8	77354.7	3864
2008	238455.1	62403	15780.8	65969.8	3800
2009	260629.1	64512	17174.7	94755	4681
2010	294584	66978	19109.4	104764.7	5032
2011	330690	69079	21809.8	109946	5381
2012	363983.7	71182	24565	111303.7	5791
2013	388280.1	73111	26955	130550.6	6327
2014	413866.4	74916	28844	120648.5	6324

数据来源：历年《中国统计年鉴》。

2. 数据平稳性检验

进行 ADF 单位根检验的目的是检验时间序列是否平稳，防止调整数据后出现"伪回归"，使得到的结果出现偏差。进一步地，数据均取自然对数，根据增长率的变动进行回归分析，更能反映真实情况，将表 4-6 中的指标取对数后分别记为 lngdp、lncn、lndi、lnca 和 lncp，具体计算结果如表 4-7 所示。

表 4-7　单位根检验结果

单位：元

变量	lnca	lngdp	lncp	lndi	lncn
(C, T, K)	(C, 0, 1)	(0, 0, 2)	(C, 0, 0)	(C, 0, 3)	(0, 0, 1)
DW 值	2	2.08	1.94	1.99	1.98
ADF 检验值	-3.19	-2.14	-3.34	-5.48	-3.42
ADF 临界值	-3.03	-1.96	-3.02	-3.89	-2.7
显著性水平	5%	5%	5%	1%	1%
结论	I（1）	I（2）	I（1）	I（1）	I（2）

结果表明，*lngdp* 和 *lncn* 是二阶单整，*lnca*、*lncp* 和 *lndi* 均为一阶单整。进一步地，对 *lncn*、*lngdp* 做差分检验，记为 *dlncn*、*dlngdp*。差分检验结果如表 4-8 所示。

表 4-8　差分检验结果

变量	DW 值	（C，T，K）	ADF 临界值	ADF 检验值	显著性水平	结论
dlncn	1.98	（0，0，1）	-2.70	-3.42	1%	I（1）
dlngdp	2.08	（0，0，2）	-1.96	-2.14	5%	I（1）

由表 4-8 可以判定，*dlngdp* 与 *dlncn* 是一阶单整的。

3. 协整检验

协整检验是判断非平稳序列线性组合的稳定均衡关系的检验方法，可通过引入"相对平稳性"对模型进行调整，排除单位根带来的随机性趋势。

本部分选用协整检验方法进行分析，该方法是 Johansen 于 1988 年提出的一种用极大似然法进行检验的方法，处理机制是：对两个及以上满足同阶单整条件的非平稳序列进行线性处理，以求获得线性组合的平稳性。协整检验需要满足的条件有：首先，两个及以上的变量；其次，解释变量大于等于被解释变量；再次，解释变量和被解释变量均只有一个时，单整阶数要一致；最后，单整阶数要求相同。

前一部分的单位根检验表明：*dlncn*、*dlngdp*、*lnca*、*lncp*、*lndi* 均满足一阶单整的条件，可以进行协整检验。表 4-9 为对 *lnca*、*dlngdp*、*lncp*、*lndi*、*dlncn* 进行协整检验的结果。

表 4-9　协整检验结果

原假设	迹统计量	特征值	临界值（5%的显著性水平）	结论
None	173.13	0.98	76.97	拒绝
At most 1	96.96	0.90	54.08	拒绝
原假设	最大特征根统计量	特征值	临界值（5%的显著性水平）	结论
None	76.18	0.98	34.81	拒绝
At most 1	43.45	0.90	28.59	拒绝

根据检验结果，原假设为 None，迹统计量的值为 173.13，大于临界值 76.97，拒绝原假设，表明各变量之间存在着协整关系。

原假设为 At most 1 时，迹统计量的值为 96.96，比临界值 54.08 大，拒绝原假设，它们之间至少存在一个协整关系。

进行回归分析时，只有存在协整关系的非平稳序列可以直接用普通最小二乘法，方程为：

$$lnca = 6.4492dlngdp - 0.2120lncp + 1.6473lndi - 3.5149dlncn - 3.4932$$

$$(4.38) \qquad (-0.41) \qquad (4.42) \qquad (-0.87) \qquad (-4.04)$$

$$R^2 = 0.987 \qquad DW = 1.56$$

接着进行诊断检验，正态性检验的结果为：Jarque-Bera = 1.0870，P = 0.5807，服从正态分布。LM 自相关检验的结果为：LM1 = 0.38，P = 0.30；LM2 = 0.68，P = 0.57，不存在自相关。White 异方差（无交叉项）检验的结果为：联合 2 值 = 18.67，P = 0.18，异方差不存在。

然而，年末城市人口数（cn）对商品房销售面积（ca）有抑制作用，即年末城市人口数增加 1%，商品房销售面积反而出现 3.5% 左右的下降，是不符合实际的。综上所述，该模型反映的情况与实际相比是有偏差的，需要进行修正，修正的方程为：

$$lnca = 3.9dlngdp - 0.405[lncp(-1)] + 0.8904lndi + 2.735d[lncn(-1)] + 0.5756[lnca(-1)]$$

$$- 0.9609$$

$$(1.83) \qquad (-0.64) \qquad (1.17) \qquad (0.66) \qquad (1.75)$$

$$(-0.58)$$

$$R^2 = 0.9870 \qquad DW = 2.09$$

对修正方程的结果进行诊断检验，正态性检验的结果为：Jarque-Bera = 0.2453，P = 0.8846，服从正态分布。LM 自相关检验的结果为：LM1 = 1.17，P = 0.28；LM2 = 1.72，P = 0.42，不存在自相关。White 异方差（无交叉项）检验的结果为：联合 2 值 = 6.71，P = 0.24，异方差不存在。

模型反映的长期均衡关系表明，城镇居民家庭人均可支配收入（di）对商品房销售面积的弹性约为 0.9，di 增长 1%，ca 增加约 0.9%；上年 cp 对 ca 的弹性约为 -0.4，cp 增加 1%，ca 约出现 0.4% 的降幅。

gdp 对商品房销售面积（ca）的弹性为 3.9，gdp 增加 1% 将引起商品房销售面积增加 3.9%；年末城市人口数（cn）对商品房销售面积（ca）的弹性约为 2.7，cn 每增加 1%，ca 约增长 2.7%。此外，惯性使然，上年商品房销售面积对当年商品房销售面积亦有影响，根据结果，上年商品房销售面积对当年商品房销售面积的弹性约为 0.6，上年商品房销售面积增加 1%，当年商品房销售面积出现约 0.6% 的增幅。

综上所述，在诸多变量中，gdp 对商品房销售面积的作用最为显著，年末城市人口数（cn）次之。

4. 格兰杰因果关系检验

要确定变量之间的因果关系，我们可采用由美国经济学家提出的格兰杰因果关系检验。基本原理用公式（m_t 和 n_t 为稳定的时间序列变量）表示为：

$$m_t = c_1 + a_1 m_{t-1} + a_2 m_{t-2} + \cdots + a_p m_{t-p} + b_1 n_{t-1} + b_2 n_{t-2} + \cdots + b_p n_{t-p} + u_t$$

RSS_0 为 m_t 的单元自回归残差平方和，RSS_1 为 OLS 估计的残差平方和，如果 $F1 = [(RSS_0 - RSS_1)/p]/[RSS_1/(T-2p-1)]$ 大于 $F(p, T-2p-1)$ 分布的 5% 临界值，表明 n 是 m 的格兰杰原因；反之则表明 n 不是 m 的格兰杰原因。总而言之，变量之间的协整关系表明至少存在一个方向上的格兰杰因果关系。

$dlncn$、$dlngdp$、$lncp$、$lndi$ 和 $lnca$ 之间有着长期稳定的均衡关系。首先，在 5% 的显著性水平上，对国内生产总值（gdp）与商品房销售面积（ca）采用格兰杰因果关系检验方法判断因果关系的构成，如表 4-10 所示。

表 4-10　格兰杰因果关系检验结果 1

零假设	滞后阶数	P 值	F 统计量	结论
$lnca$ does not Granger cause $dlngdp$	2	0.0247	2.80242	拒绝
$dlngdp$ does not Granger cause $lnca$		0.0388	0.17801	拒绝

检验结果拒绝两个原假设，表明二者间存在相互作用力。商品房销售面积增加，表明行业成交额增加，行业内经济活动频繁，这会拉动周边产

业发展、刺激行业投资，同时促进消费增长，进而会拉动 GDP 增长。另外，GDP 增长会带来经济繁荣，带动收入增长以及消费水平提高，刺激房产需求，需求增加自然会刺激供给增加，进而使得房地产市场因此受益；而 GDP 增速放缓甚至回落时，居民消费水平较之前会下降，房地产需求减少，房地产商自然会收紧开发的步伐，行业内供给难免出现不足，供需失衡，行业出现波动，不利于房地产业发展。

接着对商品房平均销售价格（cp）与商品房销售面积（ca）进行格兰杰因果关系检验，如表 4-11 所示。

表 4-11　格兰杰因果关系检验结果 2

零假设	滞后期数	P 值	F 统计量	结论
lnca does not Granger cause lncp	2	0.0016	10. 1988	拒绝
lncp does not Granger cause lnca		0.0173	0. 53352	拒绝

检验结果拒绝了两个零假设，表明商品房销售面积（ca）和商品房平均销售价格（cp）存在相互作用。结合实际情况看，商品房平均销售价格上升必然抑制房地产需求，商品房销售面积下降；相反，商品房平均销售价格下降引起房地产需求上升，成交量增加，商品房销售面积自然增长。

然后，在 5% 的显著性水平上，对城镇居民家庭人均可支配收入（di）与商品房销售面积（ca）进行格兰杰因果关系检验，如表 4-12 所示。

表 4-12　格兰杰因果关系检验结果 3

零假设	滞后期数	P 值	F 统计量	结论
lnca does not Granger cause lndi	2	0.0827	19. 3608	接受
lndi does not Granger cause lnca		0.0312	4. 40718	拒绝

检验结果只接受了 lnca 不是 lndi 的格兰杰原因的假设，体现了城镇居民家庭人均可支配收入对商品房销售面积有单方面的作用力。结合实际情况看，城镇居民家庭人均可支配收入，对消费者购买力与购买欲望有决定性作用，体现为财富效应决定消费水平，从而使得商品房销售面积发生相应变动。

最后，在 5% 的显著性水平上，对年末城市人口数（cn）与商品房销售面积（ca）进行格兰杰因果关系检验，如表 4-13 所示。

表 4-13 格兰杰因果关系检验结果 4

零假设	滞后期数	P 值	F 统计量	结论
lnca does not Granger Cause *dlncn*	2	0.2396	1.58516	接受
dlncn does not Granger Cause *lnca*		0.0448	2.05659	拒绝

检验结果只接受了 *lnca* 不是 *dlncn* 的格兰杰原因的假设，体现了年末城市人口数（cn）对商品房销售面积（ca）有单方面的作用力。在城镇化进程不断加快的大背景下，城市新进人口不断增加，他们对房产的需求自然有助于消化现有的房产存量，使商品房销售面积（ca）出现增长。

五　主要结论与政策建议

（一）主要结论

在本章中，分别以 GDP 增长率、商品房销售面积增长率反映经济和房地产周期波动情况，对房地产周期波动及经济周期波动理论进行探讨，以期找出经济周期波动与房地产周期波动之间的联系。主要结论如下。

首先，经济周期波动与房地产周期波动彼此影响，密切关联。具体的传导机制是：房地产业波动导致其相关产业波动、资产投资波动以及居民消费倾向波动，对经济环境产生冲击，进而引起国民经济的波动。经济的周期性波动则在宏观和微观两个层面对房地产业产生影响：第一，宏观层面，宏观经济指标的波动会对房地产业的从业人数、原材料采购等产生冲击；第二，微观层面，经济周期波动会对房地产市场微观主体选择行为产生影响，地方政府和房地产商作为房地产业中最重要的两个微观主体，其政策制定和战略选择都是引导房地产业走向的关键因素。

其次，从具体经济情况来看，实际国内生产总值、商品房平均销售价格这两个因素均对作为反映房地产市场波动情况指标的商品房销售面积有作用力，而商品房销售面积的波动反过来也会引起这两项指标的变动。可以看到，价格上涨会导致消费需求减少，价格下降则会刺激消费需求，平均销售价格通过影响需求使销售面积发生变动。而商品房销售面积，尤其是上一年的商品房销售面积，则会传递出购买与卖出的信号，影响一般购房者与投机者的决策，进而使需求结构产生变动，价格也随之发生变化。至于商品房销售面积与 GDP 的关系，房地产行业作为我国经济的支柱产业，其销售额的增长会促进行业的繁荣，使周边产业受益，拉动行业投资以及促进消费，带动 GDP 较快增长。国内生产总值增长，经济活跃，居民收入增加，消费需求水平提高，需求刺激供给，房地产市场也会变得更加活跃，商品房销售面积亦会增加。当经济增速即 GDP 增速放缓时，居民收入增速下降，房地产需求随之减少，房地产商不愿拿地开发，一方面导致地方政府财政收入减少，另一方面导致房屋供给不足，成交量与商品房销售面积难以避免地走低，房地产业出现走向萧条的趋势。

最后，随着我国推进城镇化进程，城市人口增加，新进入城市人口的房屋需求会刺激房地产市场，一定程度上能促进房屋成交，增大商品房销售面积。年末城市人口数作为反映城市人口数变动情况的指标，对商品房销售面积的影响较大。以城镇居民家庭人均可支配收入指标衡量消费者的消费欲望与能力，该指标水平的提高会对购房消费产生正的财富效应，刺激购房消费增长，进而使得商品房销售面积随之增长；另外，当城镇居民家庭人均可支配收入出现增速放缓甚至减少时，消费者的购买欲望与购买力会随之降低，产生负的财富效应，进而使得成交量减少，商品房销售面积下降。

（二）政策建议

在我国以房地产业作为支柱产业的大背景下，房地产业的迅猛发展能带动经济快速增长，但当房地产业增速放缓或者泡沫风险升高到一定水平时，国民经济增长会遇到较为严重的瓶颈，泡沫破灭更会引发系统性的经济危机，使经济增长出现停滞甚至倒退。

相较于发达国家，我国房地产业尚处于不成熟阶段，管理体制尚不完备，市场化程度较低。房地产业作为支柱产业，与经济环境密切相关，要使二者之间产生相互的正向推动效应，不仅要推动市场体制进一步完善，实现高水平的市场化，还需注重以下三方面。

第一，前文的实证研究证明了房地产业的发展对经济增长有促进作用。基于此，当前房地产业发展追求的目标就应该是实现健康有序发展，而不是盲目追求高速度，避免房地产业一旦出现波动，就会导致经济波动，甚至使经济形势朝坏的方向发展。首先，加强廉租房和经济适用房等保障性住房建设，拍卖土地时，可以适当放弃出让土地收入，而要求开发商增加配建的公租房，调整住房供给的结构，缓解供需不平衡的矛盾。其次，引导房地产市场交易有序进行。房产税等政策的出台是很有必要的，但要考虑到各地房地产市场的差异性，配套的金融支持政策也应因城施策。各地方政府要根据实际情况出台相关政策，实现房地产业健康稳定增长，抓住新一轮经济增长的关键点，推进城镇化进程，实现经济的持续增长。

第二，坚持"调结构、转方式、稳增长"。除房地产业以外，制造业、服务业等对经济环境的影响也是重要的，实现其他行业的转型升级，虽然面临一定的困难，但仍应逐步实现产业链升级换代，促进原材料的高效利用，推动经济活动活跃发展。发挥经济环境对房地产业的反哺作用，实现二者的良性互动。

第三，地方政府应把好关，严格依法管理，把控好楼盘地价、成本以及利润，保持市场价格的相对稳定。住房是关乎民生的大问题，房地产市场销售价格是消费者首要考虑的因素，与居民收入相比，房地产市场销售价格应保持在可承受范围以内。总的来说，我国经济仍处于增长阶段，房地产市场价格出现一定的增长是必然的，但考虑到居民收入水平，政府对房地产市场价格以及金融支持力度进行合理把控是实现房地产市场可持续发展的重要一环。

第五章 居民消费行为对房价波动的影响研究

一 消费行为的内涵

本部分对消费行为的概念进行界定，并对其影响要素及意义进行研究。

（一）消费行为的概念

按现代及传统经济学观点，消费行为是指消费者在收入和价格的双重约束条件下，做出满足自身需求的选择。这种选择是在马斯洛需求层次理论上生成的。消费行为的实质是在收入约束和价格约束下的效用最优化，对处理一般化问题、经济效应最大化问题有参考价值。消费行为也受到一些外部条件的影响。本章重点分析不同消费需求（如食品、服装、文化、通信、服务等）及某些可控变量因素（如居民可支配收入、教育）对住房价格的影响。

（二）消费行为的研究意义

从国家角度来讲，研究消费行为是政府进行各种决策、制定各项政策的前提；从个人层面来说，对消费行为进行研究也是促进居民在储蓄与消费中做出合理选择、提高生活质量、对未来经济保持乐观态度、增加幸福感的必要手段。因此，这项研究无论对个人还是对政府都具有重要意义。

（1）金融危机下人们对未来经济形势具有恐惧感，对消费行为进行研究有利于刺激消费，增强消费信心；有利于完善社会保障制度，对建设中国特色社会主义社会有重要作用。

（2）经济新常态下经济结构不断转型，对消费行为进行研究有利于加快转变经济发展方向，建设具有中国特色的社会主义消费经济体系。

（3）现阶段我国消费水平和西方国家相比具有相当大的差距，对消费行为进行研究有利于进一步促进房地产市场持续健康稳定发展，缩小与发达国家的差距，促进我国经济发展更好地与国际接轨。

（4）经济体制中人本主义思想认为，人才是经济体制当中最重要的存在。研究消费行为符合新时代以人为本的重要要求，同时还体现了人文关怀和强烈的社会责任感。

（三）消费行为的影响因素

孙国峰（2004）提出，内部环境和外部环境是影响消费行为的重要因素。

一是内部环境：个人层次，即安全需求、生理需求、尊重需求、社交需求、自我实现需求。二是外部环境：经济环境、文化环境、地理环境、社会环境等。（1）经济环境：经济形势（客观的经济形势和经济形势的预期）、居民收入水平、消费结构、经济结构等。（2）文化环境：宗教礼仪、风俗习惯、科学技术、道德制约、文化旅游等。（3）地理环境：气候、土壤、天气、水文、生物等。（4）社会环境：社会群体、社会交往、社会制度等。本章主要从外部环境方面的社会环境（食品、服装、教育、储蓄、交通通信等）出发研究我国消费行为对房价波动的影响。

二 金融危机背景下我国城镇居民消费行为的特点分析

本部分通过对比我国与他国居民在金融危机背景下消费模式和消费情况的不同，逐步阐述危机后我国家庭消费模式的转变及其相应的传导机制。

（一）金融危机背景下我国居民消费行为的特点

我国居民消费行为因为金融危机的出现发生了一系列改变，主要表现为消费信心不足、消费减少、储蓄率提高、开始注重节约型消费等。本部分分析了在金融危机背景下我国居民消费对 GDP 增长的贡献率和拉动率，并对消费的具体类别进行了深入研究。

1. 消费者消费心理受挫，储蓄意愿加大

由表 5-1 可知，我国居民最终消费对国内生产总值（GDP）增长的贡献率和拉动率受金融危机影响较大。金融危机前我国居民最终消费对 GDP 增长的贡献率一直保持在 40% 左右。金融危机后，虽然我国大力提倡扩大内需，消费有所增长，我国居民最终消费对 GDP 增长的贡献率有所提高，2015 年这一数值甚至达到 66.4% 的历史新高位，但较发达国家仍偏低。金融危机后居民最终消费对经济的拉动作用呈波动下降趋势。由此可见，金融危机对我国消费市场产生了一定程度的冲击。

表 5-1 2006~2015 年我国居民最终消费对国内生产总值（GDP）
增长的贡献率和拉动率

单位：%

年份	贡献率	拉动率
2006	42.4	5.4
2007	45.8	6.5
2008	45.0	4.3
2009	56.8	5.2
2010	46.3	4.9
2011	62.8	6.0
2012	56.5	4.3
2013	48.2	3.7
2014	51.6	3.8
2015	66.4	4.6

数据来源：历年《中国统计年鉴》。

金融危机使我国消费者产生了一定程度的消极心理，这主要表现在居民储蓄意愿的变化上。由表 5-2 可知，金融危机后我国居民总储蓄呈跳跃式增长态势，2014 年居民总储蓄是 2007 年居民总储蓄的 3.5 倍。我国居民高储蓄问题备受关注。

表 5-2 2007~2014 年我国居民总储蓄情况

年份	2007	2008	2009	2010	2011	2012	2013	2014
总储蓄（亿元）	137010.3	165605	173207.7	208398.7	238033.9	264868	447601.6	485261.3

数据来源：历年《中国统计年鉴》。

2. 消费者提倡勤俭节约，理性消费

表 5-3 显示了 2005 ～ 2014 年我国城镇居民消费情况。受金融危机影响，我国居民更加注重勤俭节约，减少了对奢侈品的消费，消费支出大体集中在日常生活必需品方面，同时城镇居民食品消费占消费支出的比重相对较大，基尼系数偏高。

表 5-3　2005～2014 年我国城镇居民消费情况比较

单位：元

年份	2005	2006	2007	2008	2009	2010	2011	2012	2013	2014
食品	2914.4	3111.9	3628.0	4259.8	4478.5	4804.7	5506.3	6040.8	6311.9	6520.2
居住	808.7	904.2	982.3	1145.4	1228.9	1332.1	1405.0	1484.3	1745.1	1781.8
服装	577.0	901.8	747.9	1165.9	1284.2	1444.3	1674.7	1344.9	1902.0	1947.7
交通通信	996.7	1147.1	1357.4	1417.1	1682.6	1983.7	2149.7	2455.5	2736.9	2682.2
医疗保健	600.8	620.5	699.1	786.2	856.4	871.8	969.0	1063.7	1118.3	1131.7
文教娱乐服务消费	1097.5	1203.0	1329.2	1358.3	1472.8	1627.6	1851.7	2033.5	2294.0	2337.6
文化娱乐用品	280.2	310.3	343.2	354.8	381.3	407.0	449.6	451.9	699.4	742.7

数据来源：历年《中国统计年鉴》。

（二）金融危机前后我国居民消费行为与其他国家居民消费行为的比较分析

1. 金融危机前后部分国家居民人均最终消费支出比较

表 5-4 展示了部分国家居民人均最终消费支出年增长率，包括欧美发达国家及中国、印度等发展中国家。

表 5-4　2005～2014 年部分国家居民人均最终消费支出年增长率

单位：%

年份	瑞典	美国	法国	加拿大	日本	中国	印度	德国	英国
2005	2.4	2.6	1.7	2.6	1.5	5.7	6.9	0.5	2.4
2006	2.1	2.1	1.5	3.2	1	8.2	6.8	1.6	1.1

续表

年份	瑞典	美国	法国	加拿大	日本	中国	印度	德国	英国
2007	3.0	1.3	1.9	3.2	0.8	9.9	7.7	0.1	2.2
2008	-0.5	-1.3	-0.1	1.8	-1.0	7.7	5.7	0.8	-1.5
2009	-0.5	-2.5	-0.3	-0.8	-0.7	8.9	5.9	0.4	-3.9
2010	3.0	1.1	1.3	2.2	2.8	7.7	7.2	0.5	-0.8
2011	1.1	1.5	0	1.3	0.5	10.5	7.8	1.3	-0.7
2012	0	0.7	-0.7	0.7	2.5	7.9	4.2	2.7	1.1
2013	1.0	0.9	-0.1	1.3	2.3	7.0	4.9	0.4	1.2
2014	1.3	1.1	0.2	1.6	2.4	8.6	5.0	0.6	2.0

数据来源：世界银行网站。

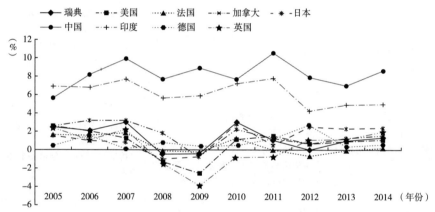

图 5-1　2005~2014 年部分国家居民人均最终消费支出年增长率
数据来源：世界银行网站。

由图 5-1 可知，这些国家金融危机前后居民人均最终消费支出年增长率从宏观上描绘的图形看基本呈"之"字形。相较于 2008 年，2009 年很多国家居民人均最终消费支出年增长率急剧下降，形成了一个新的消费低谷区。2009 年后美国居民人均最终消费支出年增长率围绕某一数值上下波动且波动幅度较小。印度、日本居民人均最终消费支出增长率波动较大但始终排名靠前。

金融危机对中国居民人均最终消费支出年增长率造成了影响，且在一定程度上对消费产生了较为长远的影响。因此，国家和政府应采取相应的宏观调控政策，促进居民消费。

2. 金融危机背景下典型国家消费行为模式的比较

表5-5反映了金融危机背景下典型国家消费行为模式情况。在与典型国家消费行为模式进行比较后，我国可从中获得启示，从而促进中国特色社会主义性质的消费行为的发展。

表5-5 金融危机背景下典型国家消费行为模式的对比

国家	消费行为模式	特征	评价
美国	超前消费行为	高收入、高消费 个人储蓄率连年为负，居民严重依靠次级贷款 恩格尔系数低，医疗保障支出较高	奢侈型消费 存在金融风险
瑞典	福利型消费行为	高消费、低储蓄 社会保障制度健全，拥有优越的社会保险	国家将大量的财富投入在公共开支上，一定程度上刺激了经济增长，但这并不是长久之计导致通货膨胀，工人失业成为社会普遍现象
日本	节约型消费行为	总消费占其GDP比重大，与发达国家差距较小 杜绝超前消费，强调绿色理性消费 生活用品消费为一般水平；奢侈品消费较高；教育消费基本为零	消费行为受到东方传统文化和自身条件限制 可持续发展的绿色消费行为模式
印度	享受型与温饱型共存的二元消费模式	信贷市场前景广阔，信用卡发展较快，广泛的营销网络系统 贫富差距较大、消费需求低迷，且消费行为两极化严重 消费市场狭小，种类贫瘠	经济快速发展、消费行为多样 二元经济模式
非洲国家	生存型消费模式	国民经济发展落后，消费需求难以得到满足 以保障生存为重	是一种典型的落后国家的消费模式 恩格尔系数高

数据来源：世界各国消费模式比较。

由表5-5对其他国家的消费行为模式的分析可知，我国居民消费应吸收可持续发展的绿色消费行为模式和适当超前消费的模式，借由这些模式发展有中国特色的消费行为。

3. 居民消费处于中低水平，金融危机对住房消费影响最大

本部分将对 2005~2014 年我国城镇居民住房消费和其他类别消费情况进行对比。这有利于为下文的理论提供有力的论证依据。

表 5-6 显示了 2005~2014 年我国居民部分类别消费增长率数据。金融危机前文化娱乐消费和通信消费较少，其他消费较大；2008 年金融危机导致建筑消费大量减少；金融危机后，房地产市场出现井喷发展态势。出现上述现象的主要原因是，金融危机后国家采取积极的宏观调控手段，为消费注入了一支强心剂。表 5-6 还反映出生活必需品等低档商品的增长率基本处于相对稳定的状态。

表 5-6 2005~2014 年我国居民部分类别消费增长率

单位：%

年份	2005	2006	2007	2008	2009	2010	2011	2012	2013	2014
服装消费	19.61	19.20	28.70	25.90	20.84	25.80	25.10	17.70	22.13	13.97
社会零售总额	12.23	13.73	16.80	21.64	15.50	18.33	11.60	12.14	11.68	12.14
住房消费	15.71	13.10	16.94	20.30	43.90	19.92	3.90	2.00	10.40	7.70
建筑消费	22.10	24.00	43.60	12.13	26.63	32.30	30.14	24.60	13.98	11.11
汽车消费	16.61	26.31	36.90	25.30	32.30	34.81	14.61	7.33	11.80	11.60
通信消费	19.95	22.30	8.80	1.41	-1.32	21.80	27.50	28.90	26.33	18.44
电器消费	14.87	19.23	23.40	14.25	12.36	27.70	21.64	7.21	11.67	10.90
粮油消费	13.60	15.54	38.30	22.73	13.00	27.94	29.10	19.90	20.41	32.74
文化娱乐消费	11.43	14.54	22.11	17.90	6.73	23.50	27.60	17.75	14.50	9.10

说明：表中的社会零售总额增长率是指社会消费品零售总额扣除价格因素后的同比增长率。

数据来源：国家统计局数据。

金融危机发生前实体经济发展较好，金融危机后相比建筑消费，汽车消费增长较快；而后几年粮油、服装、通信的消费增长较快。由此可推断在消费结构的调整下我国经济发展形势也出现了变化；同时也反映出我国居民收入有限，消费仍处于中低端水平。

由表 5-6 可知金融危机对住房消费的影响最大；我国居民消费始终处在中低水平；金融危机对社会消费品零售总额有一定程度的影响。因此，我们必须发展经济，提高居民收入，改善居民生活质量，提高居民的幸福指数。

三 我国城镇居民消费行为的影响机制分析

消费行为涉及多个学科，如管理学、经济学和消费心理学等，其研究方法也有很多。但现有消费行为研究的同一目标都是发展以客户为主导的消费模式，掌握客户心理，满足客户需求，进而达到企业的规划目标。

本部分将从经济学相关理论出发阐述金融危机背景下我国居民消费行为的影响因素。

（一）货币投机示范效应

凯恩斯认为投机需求量由利率决定，且二者呈反比关系。人们认为利率越高，将钱存入银行越能获得更多收益，因此储蓄增加，货币需求减少；利率越低，将钱存入银行越不能得到额外收益，因此储蓄减少，货币需求增加。但当利率趋近于 0，人们预计利率不可能再降低只会升高，而证券的价格不会升高只会降低时，就会将拥有的所有证券都换成货币。金融危机使人们产生了不安的情绪，尽管利率低下人们仍将钱囤积在银行，因为这能使人们得到心灵上的安慰。这也是我国连年储蓄量高的原因。

表 5-7 反映了 2004~2014 年我国居民储蓄情况。2004~2014 年我国居民储蓄额不断上升，金融危机后我国居民储蓄额快速增长，呈现高储蓄、低消费的畸形经济发展形态。尤为突出的是，我国居民储蓄额在 2007~2014 年增加了 2.54 倍。但需要注意的是，储蓄规模必须控制在适当范围内。

表 5-7 2004~2014 年我国居民储蓄情况

年份	国内生产总值（亿元）	储蓄额（亿元）	储蓄率（％）
2004	159878.3	68090.1	42.59
2005	184937.4	75370.8	40.75
2006	216314.4	86555.9	40.01
2007	249529.9	137010.3	54.91

续表

年份	国内生产总值（亿元）	储蓄额（亿元）	储蓄率（％）
2008	300670.0	165605.0	55.08
2009	340506.9	173207.7	50.87
2010	401202.0	208398.7	51.94
2011	472881.6	238033.9	50.34
2012	518942.1	264868.0	51.04
2013	588018.8	447601.6	76.12
2014	635910.0	485261.3	76.31

数据来源：历年《中国统计年鉴》、资金流量表（实物交易）。

　　表5-8体现了2004～2014年我国居民消费情况，从中可见金融危机对我国居民消费行为的具体影响。另外，图5-2反映了2004～2014年中国居民储蓄率与消费率对比情况。我国居民最终消费额不断上升，但金融危机后居民储蓄率高于消费率。

表5-8　2004～2014年我国居民消费情况

年份	国内生产总值（亿元）	最终消费额（亿元）	消费率（％）
2004	159878.3	87552.6	54.76
2005	184937.4	99357.5	53.72
2006	216314.4	113103.9	52.29
2007	249529.9	132232.9	52.99
2008	300670.0	153422.5	51.03
2009	340506.9	169274.8	49.71
2010	401202.0	194115.0	48.38
2011	472881.6	232111.5	49.08
2012	518942.1	243902.8	47.00
2013	588019.0	250244.3	42.56
2014	635910.0	255249.2	40.14

数据来源：历年《中国统计年鉴》、资金流量表（实物交易）。

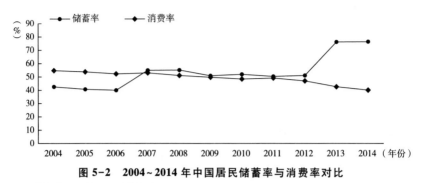

图 5-2　2004~2014 年中国居民储蓄率与消费率对比
数据来源：中国经济数据中心。

高储蓄、低消费是我国经济首先需要解决的问题。高储蓄率导致国内消费动力不足、不利于经济发展。因此政府必须想办法合理降低储蓄率，改善消费环境，促进储蓄向消费转化，转变消费结构；提高居民可支配收入，让人们主动消费，以消费促进中国经济平稳较快增长，成功实现经济结构转型。

（二）预期影响效应

张亚明（2010）、娄国豪（2007）提出若未来商品价值量呈上升发展趋势，消费者为节省开销，将减少该时期的储蓄，提高该时期消费，同时对该时期的收入期望也会有所增加；反之则会降低该时期消费，将钱币存至银行。微观经济理论学说指出消费受居民收入和商品价格的影响，即当居民收入提高或商品价格下降时，消费者的消费欲望增加，消费增加。

普遍情况下，衡量消费者对未来经济的预期常用消费者预期指数和消费者信心指数这两个指标。消费者预期指数常反映普通消费者对收入、就业和储蓄等指标及对房地产形势和股市波动等指标的预期。如果消费者看好未来经济形势，他们就会增加消费，从而增加社会总需求，刺激经济增长。消费者信心指数（在一定时期内）受消费者对当前经济发展、收入等情况的预计和消费者消费心理变化趋势的影响，是经济走势、消费倾向的先行指标，是测定经济周期不可或缺的重要组成部分。

金融危机使我国居民消费心理受挫，消费者信心指数呈下降趋势。如图 5-3 所示，2008 年 7~12 月我国消费者信心指数分别为 94.5、93.7、

93.4、92.4、90.2、87.3，明显受到了金融危机的负面影响。由此，消费对 GDP 的贡献率和拉动作用在预期效应的作用下均会下降。

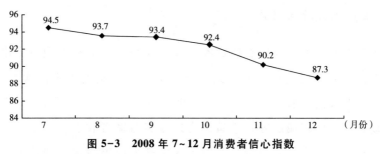

图 5-3　2008 年 7~12 月消费者信心指数

数据来源：国家统计局。

（三）从众效应

陈四辉（2007）指出从众效应是在他人的影响下做出与他人相似的举措的效应。这种效应在金融危机下的房地产市场中尤为凸显。利用从众效应在互联网信息平台上促进房产消费的现象已不足为奇。

商家通过腾讯、新浪等有一定影响力的网络媒体为自己加强宣传，确实在很大程度上对商品房销售造成了影响。相关研究表明，2015 年第三季度房地产行业网络营销规模已达 24.1 亿元，图 5-4 显示了 2015 年第三季度中国新房品牌网络营销投放媒介分布情况。

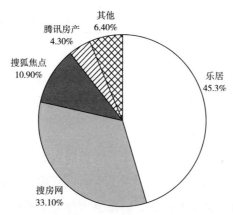

图 5-4　2015 年第三季度中国新房品牌网络营销投放媒介分布

数据来源：易观国际-易观智库。

从众效应主要基于消费者跟风心理和"群居"心理产生，如某公司附近楼盘必定聚集了该公司大量员工。

（四）永久收入效应

米尔顿·弗里德曼指出消费者永久收入是影响消费者消费支出的关键因素，而上文提到的收入预期则是影响消费者消费支出的次要因素。金融危机下人们会适当减少消费，以确保消费与收入呈平衡的理性状态。同时政府会推出积极的宏观政策，合理提高劳动者收入。由于我国收入水平低于发达国家，消费者永久收入效应理念使得我国消费处于相对稳定的状态，这种理论为解释金融危机下我国居民消费水平低下提供了理论依据。

表5-9显示了2007~2015年我国城镇居民人均可支配收入情况，从中可看出金融危机背景下我国居民人均可支配收入增长不快。金融危机前后我国城镇居民人均可支配收入的平均增长率在8%~18%的范围内上下波动。但2013年增长率达到26.18%，2014年和2015年大幅下降，消费增长率亦呈下降走势。

表5-9 2007~2015年我国城镇居民人均可支配收入及其增长率

年份	2007	2008	2009	2010	2011	2012	2013	2014	2015
收入（元）	13786.1	15780.8	17174.7	19109.4	21809.8	24564.7	18133.1	20167.1	21996.2
增长率（%）	17.23	14.47	8.83	11.26	14.13	12.63	26.18	11.22	9.07

数据来源：历年《中国统计年鉴》。

现阶段我国消费对GDP的贡献率较低。消费在国内生产总值中占有较大比重，是拉动经济增长的"三驾马车"之一。因此以消费拉动GDP增长是发展经济的重要任务之一。

通过前文对数据的分析发现，我国居民倾向于满足基本生活需求的消费。主要原因是金融危机背景下，我国居民可支配收入较少，消费者心理受挫，导致我国出现消费率降低、储蓄率大幅度上升的情况。为提高居民消费水平，缩小与发达国家的差距，我国应采取相应的积极措施。

四 金融危机背景下我国居民消费对房价的影响机制分析

（一）金融危机背景下我国居民消费行为的新发展

在不同的经济背景下，我国居民消费行为有着不同的变化趋势。金融危机影响下我国居民消费行为有什么新变化呢？下文有针对性地分析了金融危机后四种消费行为的变化情况。

1. 金融危机后粮食消费的变化

随着科学技术的进步，第一产业飞速发展，农业生产的机械化带来了粮食产量的增加以及粮食消费量的增加。

（1）金融危机后我国粮食消费情况

金融危机后，我国努力促进经济转型升级，并取得了一定的成果。这种现象在粮油的深加工行业和饲料行业尤为凸显。根据国家统计局统计科学研究所发布的《我国粮食供求及"十三五"时期趋势预测》数据，2015 年我国粮食消费总量为 6.6153 亿吨，谷物消费总量为 5.4663 亿吨，口粮消费总量为 2.5964 亿吨，饲料用粮消费总量为 1.5410 亿吨，工业用粮消费量为 1.2189 亿吨。2016 年我国粮食消费总量随着人口数量的增加、人民生活水平的不断提高和城镇人口比例的持续上升而增加。

（2）金融危机后我国粮食消费结构的变化

从消费结构来看，口粮消费量在金融危机后略有增长。2015 年口粮消费总量为 2.5964 亿吨，按全国总人口 13.75 亿人计算，人均口粮消费 188.83 千克。从消费形势来看，在城镇化背景下，我国城镇口粮消费量逐渐上涨，而农村口粮消费量不断减少。

从食品消费种类来看，消费量略有增加的是小麦、稻谷，消费量相比往年增加得更多的是大豆、玉米。淀粉、饲料的生产对玉米的消费有拉动作用；食用油、豆粕的生产有利于拉动大豆的消费；此外，中晚籼稻深受大众喜爱。但与 2014 年相比，2015 年早籼稻和粳稻的消费量略有上升。

2. 金融危机后服装消费行为的变化

相关数据显示，2015 年我国年销售总额在 500 万元以上且年末从业人员在 60 人以上的服装企业的零售额为 8179.80 亿元。2016 年 1~2 月全国重点大型零售企业服装零售额同比下降 5.5%。2015 年我国限额以上企业服装零售额为 6641.2 亿元，与 2014 年相比增长了 9.7%。

消费能力的提升和消费观念的改变跟收入水平的整体提高、城镇化率的上升息息相关。我国居民在近几年对品牌服装更加青睐。调查显示，近年来服装行业的消费者年轻化趋势愈加显著，2015 年第三季度末 19~22 岁消费者占比超过 1/5。此外，进阶消费者在服装行业的消费者中约占八成，基础与高档消费者占比则是一增一减。服装行业各地区的消费者占比相对稳定，三、四线城市消费者占比略有增加。

3. 在金融危机的影响下通信消费的变化

通信业是一种前景较好的行业。中国的通信市场兴起较晚，仍处于成长阶段，金融危机后中国迎来了第三次通信消费的巅峰期。2015 年我国 4G 网络建设投资金额已超过 4300 亿元，2016~2017 年我国 4G 网络建设累计投资金额超过 7000 亿元。从中可看出，中国通信行业具有拥有广阔的市场前景。

结合中国通信行业发展的实际状况，可看出在短期内我国通信行业受全球金融危机的影响较小。中国在制造业出口方面仍占优势，这一优势能减小出口阻碍，增加中国消费总额。在金融危机前期我国处于通货膨胀状态，金融危机后受国家宏观政策调整的影响转为通货紧缩状态。同时我国中小企业融资困难，在一定程度上影响了通信设备需求；家庭用户消费对通信产品通货膨胀有抑制作用，且在短期内金融海啸对产品价格及居民消费能力没有直接影响。金融危机对于家庭用户的购买力没有直接影响，但对于因金融海啸失业的人而言，其消费能力将大大降低。总体而言，金融危机对我国经济虽具有一定的影响，但更主要的是其引发了消费者忧虑恐慌的消极心理，这种消极心理在一定程度上会影响我国居民消费行为。

4. 金融危机后娱乐消费凸显"口红效应"

"口红效应"是在金融危机背景下出现的一个热点词。口红在生活中并非必需品，但具有价格低廉的特点和粉饰作用，达到了消费者在经济不景气时的消费要求，同时满足了消费者的消费欲望。由此"口红效应"可引申为消费者购买预期下降，但某种商品却供不应求。

"口红效应"在文化消费中十分显著，表现为金融危机后文化消费逆势而上。金融危机为以新技术、性价比较高的文化消费为基础推动文化产业繁荣提供了一个巧妙机会。

（二）替代效应与收入效应模型具体内涵

在对环境进行综合评价后，我国居民根据自己的喜好选择居住地，同时对商品组合进行规划，实现总效益最大化。若以住房和一般消费品为商品向量 X 的两种类型，可得 $X = X（x_i, x_j）$。假设在一个模型内有 I 个地区，N 个消费者，且 i 地区（$i \in [1, I]$）有能满足消费者 j（$j \in [1, n]$，且 $\sum_{i=1}^{I} n_i = N$）住房消费和一般消费品消费的年平均收入。从一定程度上讲，解决住房问题的方法有两种，一是消费者买房，二是租房。假设消费者都以买房的方式来缓解住房压力，并且：（1）对一般消费品计价，可得该类商品价格及房价；（2）存在住房供大于求的问题；（3）抛开房屋的维修和房屋的折旧问题；（4）居民在 i 地区范围内可自由流动。基于以上假设可得，在 i 地区中代表性消费者 j 的最大化效益为：

$$Max u(x) = V(p, m)$$
$$s.t. \ px \leqslant m* \tag{式5.1}$$

该问题中 $V（p, \omega）$ 为代表性消费者的间接效用函数。令 x^* 为该问题的最优值，并令 $u^* = u（x^*）$，在购买预期的约束条件下，得：

$$e(p, u) = \min px$$
$$s.t. \ u(x) \geqslant u \tag{式5.2}$$

由间接效用函数和支出函数的性质，得：

（1）$e[p, v(p, m)] = m$，m 为实现效用 $v(p, m)$ 的最小支出值；

（2）$v[p, e(p, u)] = u$，u 为收入 $e(p, u)$ 的最大效用值；

（3）$x_i(p,m)=h_i[p,v(p,m)]$，收入 m 下的马歇尔需求函数等于效用水平 $v(p,m)$ 下的希克斯需求函数；

（4）$h_i(p,u)=x_i[p,e(p,u)]$，在效用水平 u 下的希克斯需求与在收入水平 $e(p,u)$ 下的马歇尔需求相等。

本部分求证的问题：金融危机背景下，消费者在最大化效益下，房价波动受一般消费品消费的影响，即

$$Y=\frac{\partial x_j(p,m)}{\partial p_i} \tag{式5.3}$$

由第四个性质，有：

$$h_i(p,u*)=x_j[p,e(p,u^*)] \tag{式5.4}$$

对式5.4求导，并对导函数求偏导数，得：

$$\frac{\partial h_j(p^*,u^*)}{\partial p_i}=\frac{\partial x_j(p^*,m^*)}{\partial p_i}+\frac{\partial x_j(p^*,m^*)}{\partial m}\frac{\partial e(p^*,u^*)}{\partial p_i} \tag{式5.5}$$

因为 $$\frac{\partial e(p^*,u^*)}{\partial p_i}=x_i^*$$

所以式5.5可替换为：

$$\frac{\partial x_j(p^*,m^*)}{\partial p_i}=\frac{\partial h_j(p^*,u^*)}{\partial p_i}-\frac{\partial x_j(p^*,m^*)}{\partial m}x_i^* \tag{式5.6}$$

式5.6是在消费行为影响下房价波动的斯勒茨基方程。从此方程可看出：消费品需求变动的替代效应与收入效应是一般消费品的需求变动对于房价波动的两种影响途径。根据微观经济学理论对一般需求品的分类，得到图5-5、图5-6。

图5-5表明在替代效应的作用下，①正常物品消费增加，住房消费减少；②在供给条件相同的情况下，正常物品消费增加，住房价格下降。在收入效应的作用下，①居民收入增加正常物品消费增加；②住房消费减少，住房价格下降。即替代效应和收入效应在一定条件下都会制约住房价格，这为解释随着食品消费增加而房价下跌的现象提供了理论论证。

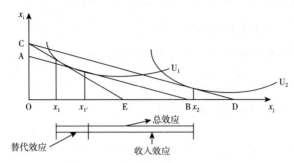

图 5-5　正常物品与住房之间的替代效应、收入效应的关系

由图 5-5 可得结论 1：当一般消费品是正常物品时，总效应为负，房价下降。

图 5-6 表明，一方面，在替代效应的作用下，低档物品的消费变多，住房消费变少，住房的价格向下浮动；另一方面，在收入效应的作用下，居民收入变多，使低档物品的消费变少，刺激住房消费，此时若住房供给不发生变化，住房价格上浮。由理论知识可知，总效应等于收入效应减去替代效应，对低档物品而言也是如此。因此，加大低档物品的消费量会提升住房价格。

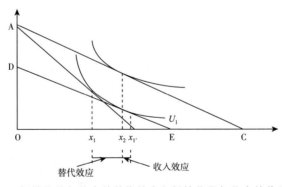

图 5-6　低档物品与住房的替代效应和低档物品与住房的收入效应

由图 5-6 可得结论 2：若一般消费品为低档物品，收入效应为正，替代效应为负，总效应（收入效应减去替代效应）是正的。其中，低档物品消费包括其他服务和交通通信消费。综上所述，低档物品消费即第三产业消费增加会提高房屋价格。

小结：结合数理经济学和微观经济学理论模型，得出如下结论：若一般消费品为包括粮食在内的生活必需品，在替代效应与收入效应的负向作用下，需求增加使房屋价格下降；若一般消费品为低档物品，其消费需求增加会使房屋价格上升。

（三）一般均衡市场理论解释

前文叙述了在金融危机发生的情况下居民的消费情况，接下来，本部分以住房消费与非住房消费之间的关系为依托，借鉴一般均衡市场理论来分析非住房消费对住房消费所产生的作用。具体来说，在金融危机背景下，与房地产相关的消费与食品消费互为替代，同时与服务业消费互为补充。

由图 5-7 可知，当金融危机出现时，若住房供给以及食品供给在短期内不发生变化，食品消费的需求量就会从 Q_1 变化成 Q_2，价格就会从 P_1 变化到 P_2，由以上住房消费与食品消费互为替代的假设可得，住房消费需求从 Q_1 变化成 Q_2，价格就会从 P_1 变化到 P_2。这可能是因为，金融危机过去之后，许多回到乡下的农民工又再次回到城市里打工，使城市中粮食的消费量增加，由此可以得出，粮食消费的变动与房地产价格的变动方向相反。

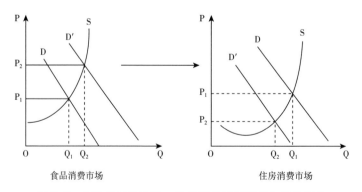

图 5-7 金融危机发生时，食品消费对房地产市场的影响

由图 5-8 可知，当金融危机出现时，若住房供给以及服务供给在短期不发生变化，服务消费的需求量就会从 Q_1 变化成 Q_2，价格就会从 P_1 变化

到 P_2，由以上住房消费与服务消费互为补充的假设可得，住房消费需求从 Q_1 变化成 Q_2，价格就会从 P_1 变化到 P_2。这是因为随着交通通信行业和文化娱乐行业的发展，城市经济状况好转，服务消费行为与房价波动之间为正相关关系。

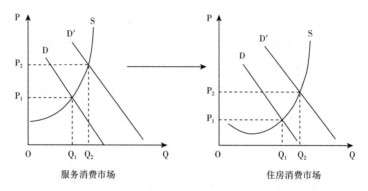

图 5-8　金融危机发生时，服务消费对房地产市场的影响

五　金融危机背景下城镇居民消费行为对房价波动影响的全国性检验

（一）数据及变量说明

1. 数据来源

本部分所用的数据取自具有代表性的设计科学的中国统计年鉴数据库，样本周期为 2002~2012 年。中国统计年鉴数据库是目前消费者行为研究领域最重要的数据库。本部分同时在个人和家庭两个层面进行多阶段的增群随机抽样，包括金融危机发生前和发生后两个阶段除港澳台地区外 31 个省（自治区、直辖市）的数据。

具体地，本部分研究样本为 31 个省（自治区、直辖市）的面板数据，被解释变量为用商品房平均销售价格表示的各地区商品房价格（pr），解释变量分别为粮食消费（fo）、储蓄（sa）、服装消费（cl）、交通通信消费（$r0$）、服务消费（se）五大类，控制变量分别为收入（for）、婚姻状况（m）和受教育程度（Ed）。

另外，本部分选取 23~60 岁的成年人口作为特征变量 X 进行分析，这与国际上通常选取 15~64 岁的人口作为特征变量稍有不同，这是因为房地产市场的消费人群多为完成教育阶段的成年劳动力，基本年龄在 23 岁以上。

2. 变量说明

消费行为变量。消费行为大体可以区分成衣、食、住、行四个部分，由于被解释变量为住房，本部分另外选择了五个变量来作为消费行为的代理变量，分别是粮食消费、服装消费、交通通信消费、储蓄、服务消费，并剔除非平稳变量。本部分研究的粮食主要包括水稻、玉米和小麦等谷物。储蓄：消费者通过分析其一生将要拥有的资源总量来使其一生的消费在整体上趋于平衡，也就是说，收入的变化不会使储蓄出现大幅度变化。服装的概念是广泛的，不仅指穿在身上的衣服和鞋，还有制作服装的材料、加工过程中产生的服务费用等，这些都包含在服装消费的概念中。代理变量中还考虑了除以上变量之外的其他与社会经济状况即人们基本生活情况相关的变量，其中有最高学历为大专以上的人数（表示受教育程度）、人口数量、是否有配偶（表示婚姻状况）等。

（二）数据描述

在之前的论述中，我们已经用较大篇幅揭示了我国居民在金融危机发生时的消费行为，因此，此处不再重复阐述，本部分侧重于描述房屋价格相关数据。

房地产市场中有多重因素影响着房价，包括售房的房地产开发商、购房的消费者和中间的政府部门，它们与整个国民经济发展状况同样密切相关。贺建清（2009）在研究中得出，金融危机使房地产开发商和购房者的行为发生变化，并使房地产开发商之间因为购房者的行为变化而进行博弈。金融危机延长了住房建设时间，张海蔚（2009）指出，时间使供求双方的信息传达不到位的问题加重，导致房价在短时间内出现波动。杜江（2010）则探究了其他导致房价上升的直接因素，包括地价上涨、房地产开发商超额利润缩水和楼盘管理成本、税费升高等。表 5-10 是金融危机发生前后全国商品房均价。

表 5-10　2004~2012 年全国商品房均价

单位：元/米²

年份	全国商品房均价	年份	全国商品房均价
2004	2778.00	2009	4681.00
2005	3167.66	2010	5032.00
2006	3366.79	2011	5357.10
2007	3863.90	2012	5790.99
2008	3800.00	平均值	4204.16

　　由图 5-9 可知，全球金融危机还未发生时，我国房地产市场的平均价格不断上升；2008 年，受全球金融危机和紧缩性宏观调控政策的影响，我国房地产市场的平均价格呈现出下跌趋势；全球金融危机发生后，随着中央政府的"四万亿"刺激计划的推进实施以及一系列扩张性房地产政策的出台，我国房地产市场的平均价格出现了井喷式上涨。由上述分析可初步判断全球金融危机对我国房价未形成显著的负面影响。

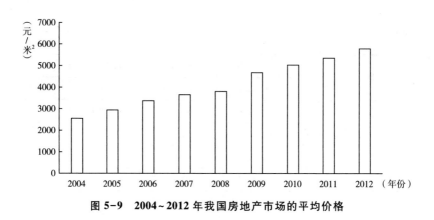

图 5-9　2004~2012 年我国房地产市场的平均价格

（三）实证结果与分析

1. 单位根检验

　　估计模型的合理性以及回归结果的准确性十分重要，依据现有计量理论，单位根检验可以检验出序列中是否存在单位根，如果存在单位根，则说明变量为非平稳序列。我们将数据取对数，并使用最常用的 ADF 单位根检验方法得到如表 5-11 所示的结果。*lnpr*、*lnm*、*lnEd*、*lnfo*、*lncl*、*lnfor*、*lnsa*、*lnr0*、*lnse* 存在单位根，序列不平稳，$\Delta lnfo$、$\Delta lncl$、$\Delta lnsa$、$\Delta lnr0$、$\Delta lnse$、$\Delta lnpr$、$\Delta lnfor$、Δlnm、$\Delta lned$ 是平稳序列。

表 5-11　序列平稳性 ADF 单位根检验

变量		检验类型	ADF 值	Prob.	结论
粮食消费	*lnfo*	$(c, t, 0)$	241.858	1.0000	
	$\Delta lnfo$	$(c, t, 1)$	465.123	0.0000	*是
服装消费	*lncl*	$(c, t, 0)$	96.4903	0.0020	
	$\Delta lncl$	$(c, t, 1)$	132.935	0.0000	*是
受教育程度	*lnEd*	$(c, t, 0)$	121.768	1.0000	
	$\Delta lnEd$	$(c, t, 1)$	192.564	0.0000	*是
储蓄	*lnsa*	$(c, t, 0)$	71.1288	0.1541	
	$\Delta lnsa$	$(c, t, 1)$	186.920	0.0000	*是
交通通信消费	*lnr0*	$(c, t, 0)$	73.7465	0.1094	
	$\Delta lnr0$	$(c, t, 1)$	160.777	0.0000	*是
服务消费	*lnse*	$(c, t, 0)$	111.047	1.0000	
	$\Delta lnse$	$(c, t, 1)$	160.940	0.0000	*是
房地产价格	*lnpr*	$(c, t, 0)$	68.6817	0.2068	
	$\Delta lnpr$	$(c, t, 1)$	108.605	0.0001	*是
收入	*lnfor*	$(c, t, 0)$	82.3362	0.0294	
	$\Delta lnfor$	$(c, t, 1)$	113.638	0.0000	*是
婚姻状况	*lnm*	$(c, t, 0)$	115.695	1.0000	
	Δlnm	$(c, t, 1)$	189.198	0.0000	*是

说明：①检验类型 (c, t, m) 中的 c、t、m 分别表示 ADF 单位根检验中包含的常数项、趋势项、滞后阶数，m 根据 AIC 值和 SC 值最小原则确定。②＊表示在 1%的水平上是显著的，拒绝单位根检验的原假设，无"＊"标志说明检验结果不显著，接受单位根检验的原假设。③表 5-13 同。

综上所述，*lnpr*、*lnm*、*lnEd*、*lnfo*、*lncl*、*lnfor*、*lnsa*、*lnr0*、*lnse* 为同阶单整序列，都为 I (1)，可能存在协整关系。

2. 协整关系检验

通过观察表 5-11 中的结果，我们发现一阶单整的不仅有房地产价格、粮食和服装方面的消费的对数，同时也包括所受教育程度、婚姻状况、收入的对数，另外，居民储蓄以及在交通通信和服务方面所做出的消费的对数也是一阶单整的，平稳的线性组合可以在以上所提到的变量之间形成。总的来说，$lnpr$、lnm、$lnEd$、$lnfo$、$lncl$、$lnfor$、$lnsa$、$lnr0$、$lnse$ 之间存在长期稳定关系。由 OLS 回归分析可得：

$$lnpr_{i,t} = -0.0077lnfo - 0.4584lncl + 0.0558lnsa + 0.4186lnr0$$
$$+ 0.1606lnse - 0.0721lnm + 0.7691lnfor + 0.0361lnEd$$

（式 5.7）

（其中 $R^2 = 0.8894$，D-W 值为 0.5909）

进一步地，残差序列单位根检验结果如表 5-12 所示。

表 5-12　残差序列单位根检验结果

Method	Statistic	Prob.	Cross-sections	Obs
Null：Unit root（assumes common unit root process)				
Levin，Lin & Chu t	-8.56849	0.0000	31	302
Null：Unit root（assumes individual unit root process)				
Im，Pesaran and Shin W-stat	-4.81234	0.0000	31	302
ADF-Fisher Chi-square	124.849	0.0000	31	302
PP-Fisher Chi-square	165.495	0.0000	31	308

根据表 5-12 可得，式 5.7 的残差序列是一阶单整的，序列平稳，这说明房价与粮食消费、服装消费、储蓄、交通通信消费、服务消费之间的协整关系真实存在，也就是说，房地产价格变化和这些因素之间存在长期稳定的关系。由式 5.7 可知，储蓄每增加 1%，房价会提高 0.0558%；交通通信方面多消费 1%，房价会提高 0.4186%；服务方面多消费 1%，房价会提高 0.1606%；服装方面多消费 1%，房价会减少 0.4584%；粮食方面多消费 1%，房价会减少 0.0077%。

3. 金融危机前后城镇居民消费行为对房价波动的影响对比

本部分以 2008 年为界，将数据划分为金融危机前和金融危机后两组（胡求光、李洪英，2010），并对两组数据进行计量回归，对比分析不同组别的估计结果。估计结果如表 5-13 所示。

表 5-13　金融危机发生前后序列单位根检验结果

	变量	检验类型	ADF 值	Prob.	结论
系统 1	*lnfo*	$(c, t, 0)$	531.847	1.0000	
	$\Delta lnfo$	$(c, t, 1)$	487.022	0.0000	*是
	lncl	$(c, t, 0)$	45.5194	0.9168	
	$\Delta lncl$	$(c, t, 1)$	77.5261	0.0335	*是
	lnEd	$(c, t, 0)$	28.7872	0.9998	
	$\Delta lnEd$	$(c, t, 1)$	57.5184	0.0012	*是
	lnsa	$(c, t, 0)$	18.3582	1.0000	
	$\Delta lnsa$	$(c, t, 1)$	13.7671	0.0000	*是
	lnr0	$(c, t, 0)$	67.7137	0.2308	
	$\Delta lnr0$	$(c, t, 1)$	83.2680	0.0251	*是
	lnse	$(c, t, 0)$	78.3369	0.0561	
	$\Delta lnse$	$(c, t, 1)$	101.056	0.0007	*是
	lnpr	$(c, t, 0)$	64.9349	0.3088	
	$\Delta lnpr$	$(c, t, 1)$	93.8657	0.0034	*是
	lnfor	$(c, t, 0)$	26.1230	1.0000	
	$\Delta lnfor$	$(c, t, 1)$	67.6296	0.0000	*是
	lnm	$(c, t, 0)$	27.9047	0.9999	
	Δlnm	$(c, t, 1)$	54.8333	0.0061	*是
系统 2	*lnfo*	$(c, t, 0)$	36.9361	0.6090	
	$\Delta lnfo$	$(c, t, 1)$	81.4597	0.0001	*是
	lncl	$(c, t, 0)$	50.2754	0.1279	
	$\Delta lncl$	$(c, t, 1)$	87.8281	0.0000	*是
	lnEd	$(c, t, 0)$	52.5469	0.0883	
	$\Delta lnEd$	$(c, t, 1)$	39.6937	0.0000	*是
	lnsa	$(c, t, 0)$	60.3560	0.0203	
	$\Delta lnsa$	$(c, t, 1)$	48.2605	0.0000	*是
	lnr0	$(c, t, 0)$	67.2103	0.0045	
	$\Delta lnr0$	$(c, t, 1)$	93.8413	0.0000	*是
	lnse	$(c, t, 0)$	73.8749	1.0000	
	$\Delta lnse$	$(c, t, 1)$	87.2157	0.0000	*是

	变量	检验类型	ADF 值	Prob.	结论
系统 2	lnpr	(c, t, 0)	34.4406	0.7182	
	Δlnpr	(c, t, 1)	56.7791	0.0413	*是
	lnfor	(c, t, 0)	31.1392	0.8411	
	Δlnfor	(c, t, 1)	51.9147	0.0000	*是
	lnm	(c, t, 0)	46.7951	0.2136	
	Δlnm	(c, t, 1)	44.7463	0.0000	*是

根据表 5-13，系统 1 的检验结果显示各变量为一阶单整序列，系统 2 也是如此，这说明两系统均存在稳定关系。另外，依据两组数据计量回归结果可以估计出如下方程：

$$1 组: lnpr_{i,t} = 0.0125 lnfo - 0.3197 lncl + 0.01839 lnsa + 0.3718 lnr0 \\ + 0.1526 lnse - 0.1984 lnm + 0.7461 lnfor + 0.183664 lnEd \qquad (式 5.8)$$

（其中 $R^2 = 0.8786$，D-W 值为 0.5950）

$$2 组: lnpr_{i,t} = -0.1231 lnfo - 0.5357 lncl + 0.2225 lnsa + 0.2583 lnr0 \\ + 0.1710 lnse - 0.1625 lnm + 1.0667 lnfor - 0.1124 lnEd \qquad (式 5.9)$$

（其中 $R^2 = 0.8480$，D-W 值为 2.0610）

综上可知，在金融危机发生之前，粮食消费每上升 1%，房价上涨 0.0125%，金融危机过后，粮食消费每上升 1%，房价减少 0.1231%。金融危机过后，储蓄、服务方面的消费对房价上涨的促进作用更大，这表明经济形势好转后，人们加大了在服务方面的消费，间接促使房地产价格上升。

六　金融危机背景下居民消费行为对房价波动影响的区域性检验

金融危机的具体严重程度和消费行为均具有区域差异性，本部分把数据根据地区进行分组，分为东部地区、中部地区和西部地区三组，分区域回归结果如表 5-14、表 5-15、表 5-16 所示。

（一）东部地区回归结果

由表 5-14 可知，东部地区粮食和服装消费与房地产价格变动方向相反，储蓄、交通通信和服务消费与房地产价格变动方向相同，只有储蓄回归结果是显著的，这与生活在我国东部地区的城镇居民储蓄的真实情况相符。观察回归结果，收入对房地产价格的影响最大，同时其结果也是显著的。受教育程度这一因素与房地产价格的变动方向相同，并且影响较大，我国东部地区教育事业发展相对更好，这一点在此也得以证实。故东部地区应防止储蓄率过高的情况，增加居民整体的消费量。

表 5-14　东部地区居民消费行为对房价的影响

变量	房价（$lnpr$）				
常数项（c）	-0.5709* (0.0177)	-1.0262* (0.0274)	-0.2104 (0.1890)	-0.4293 (0.1173)	-0.3417 (0.2049)
粮食消费（$lnfo$）	-0.2534 (0.4039)				
服装消费（$lncl$）		-0.3318 (0.1695)			
储蓄（$lnsa$）			0.1186* (0.0000)		
交通通信消费（$lnr0$）				0.1763 (0.1746)	
服务消费（$lnse$）					0.1532 (0.0903)
收入（$lnfor$）	1.1380* (0.0000)	1.2772* (0.0000)	0.7633* (0.0000)	0.7583* (0.0000)	0.8081* (0.0000)
婚姻状况（lnm）	0.0137 (0.4303)	0.0079 (0.6434)	0.0076 (0.4441)	0.0152 (0.3779)	0.0017 (0.9208)
受教育程度（$lnEd$）	0.0954* (0.0004)	0.0880* (0.0026)	0.0591* (0.0101)	0.08514* (0.0010)	0.0831* (0.0005)
R^2	0.99	0.99	0.99	0.99	0.99

续表

变量	房价（*lnpr*）				
调整后的 R²	0.99	0.98	0.99	0.99	0.99
F 统计量	494.6691 （0.0000）	296.0920 （0.0000）	600.2830 （0.0000）	532.0312 （0.0000）	652.6415 （0.0000）
D-W 值	2.2643	2.2479	1.6147	1.9870	2.3663

说明：（1）括号内为 P 值；（2）＊表示在 5% 的水平上显著。

（二）中部地区回归结果

由表 5-15 可知，中部地区储蓄、交通通信消费与房地产价格变动方向相同，并且其回归结果是显著的。粮食消费与房地产价格变动方向相反且回归结果显著。服装消费与房地产价格呈正相关但回归结果不显著。服务消费与房价负相关但回归结果不显著，这可能是因为中部地区服务业发展较晚，居民在日常生活中服务消费意识不强，对房地产价格的推升作用不明显。由此可得，中部地区应加强对服务行业发展的支持，发挥其对房地产市场的促进作用。

表 5-15　中部地区居民消费行为对房价的影响

变量	房价（*lnpr*）				
常数项（*c*）	-1.6072＊ （0.0000）	-1.0794＊ （0.0000）	-0.8058＊ （0.0000）	-0.7550＊ （0.0033）	-1.2857＊ （0.0000）
粮食消费（*lnfo*）	-0.6300＊ （0.0008）				
服装消费（*lncl*）		0.1116 （0.4969）			
储蓄（*lnsa*）			0.0799＊ （0.0000）		
交通通信消费（*lnr0*）				0.2652＊ （0.0021）	
服务消费（*lnse*）					-0.0511 （0.4541）

续表

变量	房价（lnpr）				
收入（lnfor）	1.7265* （0.0000）	1.0011* （0.0000）	0.9408* （0.0000）	0.7623* （0.0000）	1.1553* （0.0000）
婚姻状况（lnm）	0.0022 （0.9032）	−0.0124 （0.5700）	−0.0074 （0.6462）	0.0132 （0.5064）	−0.0125 （0.5982）
受教育程度（lnEd）	0.0417 （0.1751）	0.0290 （0.4351）	0.0300 （0.2273）	0.0553 （0.0864）	0.0346 （0.0388）
R^2	0.99	0.97	0.98	0.97	0.96
调整后的 R^2	0.97	0.96	0.97	0.96	0.95
F 统计量	169.8419 （0.0000）	101.7522 （0.0000）	160.4568 （0.0000）	109.5701 （0.0000）	86.4697 （0.0000）
D-W 值	1.7916	1.9924	1.6005	1.7565	2.0853

说明：（1）括号内为 P 值；（2）*表示在 5%的水平上显著。

（三）西部地区回归结果

由表 5-16 可知，西部地区粮食消费、服务消费与房地产价格变化方向相反，服装消费、储蓄、交通通信消费与房地产价格变化方向相同。在控制变量中收入与房地产价格呈正相关，婚姻状况、受教育程度与房地产价格负相关，这可能是因为西部地区与东部、中部地区相比生活水平较低，教育产业不发达，人口密度也不大。由此可得，西部地区应适度加大教育投入，提高居民的受教育程度。

表 5-16　西部地区居民消费行为对房价的影响

变量	房价（lnpr）				
常数项（c）	−1.2422* （0.0000）	−1.2506* （0.0037）	−1.0131* （0.0009）	−1.0375* （0.0046）	−1.2928* （0.0000）
粮食消费（lnfo）	−0.0889 （0.7310）				
服装消费（lncl）		0.0191 （0.9403）			

续表

变量	房价（lnpr）				
储蓄（lnsa）			0.0578* （0.0379）		
交通通信消费（lnr0）				0.1736 （0.2428）	
服务消费（lnse）					−0.0083 （0.8964）
收入（lnfor）	1.0802* （0.0001）	1.1455* （0.0001）	1.0525* （0.0000）	0.9727* （0.0000）	1.1754* （0.0000）
婚姻状况（lnm）	0.0152 （0.4147）	−0.0150 （0.4250）	−0.0104 （0.5541）	−0.0080 （0.6801）	−0.0159 （0.4242）
受教育程度（lnEd）	−0.0029 （0.8778）	−0.0034 （0.8551）	0.0039 （0.8272）	0.0032 （0.8571）	0.0040 （0.8333）
R^2	0.95	0.95	0.96	0.96	0.95
调整后的 R^2	0.94	0.94	0.95	0.94	0.94
F 统计量	62.5325 （0.0000）	62.4542 （0.0000）	74.2089 （0.0000）	65.6526 （0.0000）	62.1966 （0.0000）
D−W 值	1.8246	1.7662	1.6299	1.7797	1.7962

说明：（1）括号内为 P 值；（2）*表示在 5% 的水平上显著。

　　根据区域划分的分组回归结果，东部地区应控制储蓄率，增加居民整体的消费量；中部地区服务业发展较晚，居民在日常生活中服务消费意识不强，对房地产市场的拉动作用不明显，应加强对服务行业发展的支持，发挥其对房地产市场的促进作用；西部地区与东部、中部地区相比生活水平较低，教育产业不发达，人口密度也不大，应加大投入，提高居民的受教育程度。

七　主要结论和政策建议

（一）主要结论

本章将居民储蓄、粮食消费、服装消费、服务消费、交通通信消费等加入原有的替代效应与收入效应模型、一般均衡市场理论模型中，推导得出结论。根据此模型，我们可以得出金融危机前后城镇居民消费行为变化与房地产价格变化之间的关系。本章从多个角度对两者之间的相互影响进行解释，既从全国层面进行考察，也根据区域差异将整体划分为东部、中部、西部地区三组进行分析。

研究结果显示：①金融危机后，固有的消费习惯和居民对收入的敏感性较大程度地影响着我国居民的消费行为；②在金融危机背景下，从全国即整体角度观察可知，居民储蓄和在交通通信、服务方面的消费与房地产价格的变动方向相同，在服装、粮食方面的消费与房地产价格变动方向相反；在控制变量方面，收入、受教育程度对房地产价格变化有正的影响，婚姻状况对房地产价格的变动有负向作用；③将数据根据地区进行划分，居民的消费行为对房地产价格变化的作用有区域差异，且差异较为明显。在东部地区，交通通信消费、储蓄、服务消费与房地产价格波动正相关，粮食、服装消费与房地产价格波动负相关；在中部地区，服装消费、储蓄、交通通信消费和房地产价格变化方向相同，粮食消费、服务消费和房地产价格变化方向相反；在西部地区，服装消费、储蓄、交通通信消费与房地产价格波动正相关，服务消费与房地产价格波动负相关。④由区域层面的分析得出，东部地区应防止储蓄率过高的情况，增加居民整体的消费量；中部地区服务业发展较晚，居民在日常生活中服务消费意识不强，对房地产价格变动的作用不明显，中部地区应加强对服务行业发展的支持，发挥其对房地产市场的促进作用；西部地区与东部、中部地区相比生活水平较低，教育产业不发达，人口密度也不大，应加大投入，提高居民的受教育程度。

(二) 政策建议

1. 因地制宜，注重发展不同区域的消费行为模式，发挥第三产业对房地产市场的传导作用

观察回归结果，同时参考现实依据，我们不难分析得出，东部地区应继续推动经济发展，带动西部和中部地区的经济向前迈进。同时，东部地区的住房市场比西部地区和中部地区更为发达，这使得居民的各项消费变化对房地产价格变化的作用更加明显。服务型产业在中部地区应该比在东西部地区更受到重视，居民的受教育程度在西部地区应该比在中、东部地区更受到关注，因为这与居民收入有重要联系。众所周知，促进第三产业的发展是目前较落后的中部地区缩小与东部地区经济发展水平差距的必经之路，同时第三产业也是促进整个国家居民生活快速改善的重要支柱。第三产业的发展，对中部地区来说，既是机遇也是挑战，中部地区应因地制宜，深入探索市场需求，使各产业的分布更符合整体发展的需要，尤其要对服务型产业的深层次结构加以探索，对最基础最必要的设施加以完善，鼓励发展技术，全方位发展第三产业。西部地区政府应对居民教育予以重视，营造良好的人文和教育环境，贯彻落实教育相关政策，并制定适应本地区教育发展实际的相关规章制度。

2. 调整收入分配，集中提高我国居民可支配收入，降低储蓄率，提高我国居民消费信心指数

有数据显示，在过去五年里我国居民可支配收入只增加了 27% 左右，与同期呈上升趋势的储蓄率相比，仍有不小的差距。居民在做出消费决定时会受到预期效应的影响，永久收入效应同时也影响着居民的消费行为。金融危机发生时，居民消费水平偏低，因而出现了低迷的消费拉低 GNP 的现象。为缩小我国消费贡献率与其他国家的差距，应坚持刺激消费经济政策不放松，并应制定收入分配调整相关政策加以辅助，以加强消费对国内生产总值的拉动作用。从经济学角度考虑，较多的消费活动能够带动较多的生产活动，使资金加速流动，而生产、消费、投资三个环节相互关联、相互作用，形成了国民经济中的循环链。在乘数效应影响下，消费增加，使资金得以更快地流通，生产环节更为活跃，财政收入增加，社会中的就业机会增多，最终形成良性循环，提高居民生活水平。

金融危机期间，中国居民消费情况与房地产市场价格变化密切相关，存在消费影响房地产价格的传导机制，但不同消费行为的影响有所不同。具体而言，包括粮食消费在内的正常物品消费增加会使房地产价格下降，也就是说，居民将资金投入粮食消费时，居民购房能力降低从而房地产价格下降。第三产业消费增加会使房地产价格增加，也就是说，居民将资金投入提高生活质量的消费时，居民的整体消费能力提高，并使房地产价格上升。因此国家应加强第三产业发展以增加居民在该领域的消费。

3. 扩大财政资金投入、建立健全养老保险制度，建设人文关怀型社会

我国居民预防性动机和投机性动机较强，倾向于增加储蓄，针对这种现状，政府应在养老保险、医疗保障等福利制度上加大资金投入力度，使居民敢花钱，家庭能消费，进而刺激国内第三产业消费。只有做到这一点，才能降低储蓄率、提高消费倾向。从经济学角度来讲，这是扩大内需、刺激消费的第一要务，从国家层面考虑，这对民主文明和谐的社会主义现代化国家的建设、人文关怀型社会的建设具有深远意义。本章进行消费行为与房地产价格影响机制研究的根本目的就是为现实提供依据，促进房地产市场的稳定健康发展，为构建社会主义和谐社会添砖加瓦。

第六章　商品房空置率对房价波动影响的研究

一　住房空置率内涵

（一）住房空置率的定义

住房空置率是一个可以帮助房地产市场参与者做出决策、反映市场现状的指标。联合国对空置住房做出如下定义：在调研的时间节点上，所调查的房屋无人入住。《国外住房空置率统计方法》课题组（2011）调查了世界上主要国家（地区）的住房空置率情况。在实际情况中，各国家（地区）定义住房空置、统计空置住房的方法各有不同。

1. 国外对住房空置率的定义

美国在联合国对住房空置的定义基础上强调，房屋所有者暂时离开的，不能定义为住房空置，但居住于该房屋的人口已在他处登记常用居住地址的，可定义为住房空置。在加拿大，一些可出租住房若在考察的时间内无人入住，则被视为空置。欧盟的各成员国在住房空置的规定上也有所不同，但只要是无人居住的房屋就都会被记录为空置；在丹麦、芬兰、意大利和立陶宛等国家，一个房屋没有永久性居住的主人，或居住者没有合法居住，都被视为空置；意大利、丹麦、波兰、奥地利、塞浦路斯、斯洛伐克等大多数欧盟成员国，将第二套房、度假房、周末房定义为空置，德国、西班牙等个别国家则将其视为非空置。新加坡在开展空置率调查时，将住房具体划分为独立房、半独立房、连排房、公寓和复式公寓，与联合国定义相同，无人居住则为空置。在日本，除了未建成的住房被视为空置外，一些临时居住的房屋，如包括别墅等在内的第二套房、待售待租房等同样也被视为空置。

虽然各国家（地区）在住房空置定义上各有不同，但衡量住房空置率的公式大致相同，即住房空置率=住房空置量/总存量×100%，该公式的含义为：在展开调查的那一时间节点上，该国家（地区）住房空置的单位在整体住房单位中所占的比例，各国家（地区）定义的住房单位大致相同。国际上普遍认可住房空置率的合理区间为5%～10%；若超过10%不到20%表示处在住房空置率的危险区，此时该国家（地区）应做出相关措施阻止住房市场向更坏的方向发展；若住房空置率在20%以上，则问题更加严重，表示出现了严重的住房积压。

2. 中国①对住房空置率的定义

我国对于住房空置率的具体计算没有明确的规定，空置率的计算并非易事，空置房屋涉及面甚广，不易规范。住房和城乡建设部、国家发改委和国家统计局发布官方解释，以住房空置时间作为划分标准，空置时间短于一年的定义为代销住房，空置时间多于一年少于三年的定义为滞销住房，空置时间多于三年的为积压住房。

我国对空置住房的定义与"空置的可售或可租房屋"的定义完全不同，主要是指建成后还未出售的房屋，住房空置率具体指建成一年以内未卖出的房屋面积占三年内竣工房屋面积的比例。我国在住房空置率的定义上与其他国家不一样，这是因为我国房地产业正处在发展阶段，还未完成城镇化进程，每年的商品房增量巨大，几乎等同于西方几个国家增量的总和。空置住房有两种情形：一种是新建后的空置，即已建成可出售或出租但未能出售或出租的空置住房；另一种是存量中的空置，也就是已经被房地产开发商销售出去，但没有人使用或居住的空置住房。在这个基础上，考虑到国家的基本现状，我国在住房空置率的定义上，仅考虑第一种空置房屋，对存量中的空置住房不做分析，虽不能完全反映住房市场的空置实际情况，但对房地产市场吸纳新增住房的程度具有实际研究意义。本章利用该定义对住房空置率进行分析。

---

① 此外仅指中国内地。中国香港因装修中的房子无人居住而将其定义为空置，于每年年底全面普查住房空置情况；中国台湾同样定义了一个普查标准时刻，于此刻无人居住的住房即为空置住房。

（二）住房空置率的影响因素

能够对住房空置率产生作用的变量多种多样，关键有如下几个。

（1）房价。购房者的需求受房价直接影响，高额的房价会使购房者负担繁重从而减少对新建住房的购买需求，最终使大量住房空置；相反，房价降低会刺激购房者需求，减少住房空置率。由此看来，房价波动影响着住房空置率的变化。

（2）居民收入。收入是购买力的象征，当购房者收入减少时，其购买住房的压力增大，相对而言，消费者对于住房的实际购买力下降，从而使住房空置率上升；反之，收入增加，住房空置率下降。

（3）开发商的有效供给。房地产企业在追求利润的同时，如果忽略有效供给，盲目投资超出购房者能力的别墅和高档房，就会使房屋无法售出而空置。开发商在房地产市场需求的引导下，对购房者所需的中低档住房、经济适用房、保障房等住房加以投资建设，并适量供给，能够在一定程度上控制住房空置率。

（4）住房质量。房屋的质量水平会直接影响使用者的生活水平。如今购房者越来越看重商品房的质量，不仅对商品房的户型结构做出选择，而且对采光、日照等也会有所要求，商品房所处位置、周边交通设施等因素同样也是购房者所考虑的因素。某些不合理因素的出现使住房难以满足购房者的要求，也会导致空置。

（5）利率。由宏观经济学知识可知，收入用于消费和储蓄两个方面。当利率增加时，居民为追求更高的利息水平而增加储蓄，使购房需求减少，住房投资减少，从而出现更严重的住房空置现象。

（6）宏观经济政策。房地产市场容易受购房者预期影响，购房者预期则受国家相关房地产市场政策影响。宽松的房地产市场政策能够减少购房者观望态度，刺激购房需求，减少住房空置率。

二　商品房合理空置理论基础

改革开放 40 多年来，由于住房市场不断发展与完善，国内房地产市场日趋成熟。房地产市场实现了从无到有、从复苏到繁荣。土地与住房陆续进入房地产交易市场，房地产一、二级市场日益完善，三级市场也已跟着发展起来。在市场主导下，房地产和普通商品相似，只有在买卖之间存在一些库存的条件下，市场买卖交易才能正常运行。与此同时，房地产也具有一些特殊性，如生产周期长，必须存在一定的空置率，以满足人们源源不断的住房需求。因此必须存在一定的商品房空置率，用以保证房地产市场交易顺利进行。以下从不同方面分析导致空置房存在的因素。

（一）商品房供求理论

经济学主要研究供给与需求，在现阶段市场经济大环境下，不同资源的配置主要由供给与需求决定，商品的价格取决于供给与需求。商品供给大于需求时，商品价格下降，需求增加；商品供给小于需求时，商品出现供不应求的情况，价格随之上涨，需求也会随之降低；当商品供求相等时，市场才能达到出清状态，此时商品价格为均衡价格。瓦尔拉斯认为市场最后会处于稳定均衡状态，而马歇尔却认为稳定只是暂时的，价格通常是不断变化的。商品房供求曲线如图6-1所示。

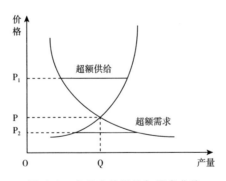

图6-1 商品房的供给与需求曲线

住房市场供给与需求相等的时候，市场最终达到稳定状态，商品价格为P，商品成交量为Q。当市场供过于求时，则会存在一定范围的超额供给，商品价格下跌，同时商品成交量即为需求量；当市场供不应求时，存在一定范围的超额需求，商品价格上升，商品成交量即为供给量。

在商品房的销售市场上，商品房也具有一般商品属性。商品房供给小于需求会导致房价上涨，从而出现住房资源供给的短缺；商品房供大于求会导致房价下跌，此时出现闲置住房资源，即商品房空置；只有商品房的供需相等时，市场才处于均衡状态，商品房价格稳定。但在现实经济中，商品房的供求受到各种因素影响，其价格一般是处于不稳定状态。

（二）房地产开发周期理论

房地产开发指在一定技术水平下，通过投入一部分资本、土地、劳动及其他生产资料，来建设能满足现代居民居住要求的商品房，并将其出售或出租，以此获取一定的经济收益。一般情况下，房地产项目的开发与市场、政治、金融、经济和社会等因素紧密相关，开发程序可以分为投资立项、前期工作、施工准备、工程管理、房屋销售和售后服务等几个阶段。房屋销售方式分为现房销售和预销售。国务院相关规定表明，房地产开发商预售商品房必须准备以下五种证件：商品房销售许可证、国有土地使用证、建设用地规划许可证、施工许可证和建设工程规划许可证。房地产开发商销售现房，除了必须具备以上五种证件以外，还必须经过竣工验收合格。房地产开发具有一定的特殊性，生产周期较长，一般为 2~3 年不等，从确定项目投资、具体施工、工程竣工验收到房屋销售，整个过程具有不确定性并且相对复杂，任何一个环节衔接不到位或是出现差错，都可能会导致商品房空置，故存在一定数量的空置商品房是正常的现象。

图 6-2　房地产项目的开发程序

（三）商品房库存原理

马克思的资本循环理论表明，每种商品都会在市场上经历生产、分配、交换到消费的过程，在不同阶段依次实现其价值。市场经济大环境下，大多数商品不会直接用于消费，而是会在经历库存和销售两个阶段后，再到达最终消费者。经济社会瞬息万变，决策者必须时刻予以统筹规划。经济发展较快时，商品面临较大需求，必须有一定生产能力或是一定量的库存来满足消费者日益增长的消费需求；经济发展速度放缓时，生产成本偏低，则可以将生产产品作为库存以满足以后的消费需求。

商品房属于商品的一种，即商品房具有一般商品属性，也会经历生产、分配、交换、消费的过程，最终实现价值和使用价值。此外，商品房也具有特殊性，商品房具有早期生产投资数额较大、建设工程复杂且生产周期长等特点，因此商品房供给缺乏弹性，与此不同的是，居民对商品房需求有一定弹性，不仅有刚性的需求，也有部分投资投机性需求。故此，房地产商有时会考虑保留一定数量的商品房用以满足人们对商品房的弹性需求，就这个方面而言，商品房的空置也具有一定的必要性。

（四）房地产虚拟性原理

市场经济进一步发展，促进了金融市场的繁荣，使得大量商品能运用金融工具进行交易。商品房供给缺乏弹性，价格具有波动性，随着房地产业的市场化改革，人们对商品房的刚性需求增加，房产升值空间较大。当前中国经济环境下，居民普遍存在通货膨胀预期，大宗商品、货币贬值，不动产成了投资的主要领域。通常房地产市场化受到市场经济发展的直接影响，美国资产抵押证券化市场比较完善，房地美和房利美使美国绝大多数居民实现住房证券化，并通过将住房证券出售给个体或投资机构，使所有的居民都能享有居住房屋。

1998 年房改之后，中国逐渐放开住房市场，从政府主导逐渐向市场主导转型，越来越多的房地产开发商进入房地产市场，住房供给越来越充足，在不断满足居民居住多样化要求之外，也逐渐建立起住房二级交易市场。住房二级交易市场与经济进一步发展满足了一部分投资者的房产需求，这部分投资者通过在一级房地产市场上购房，在二级交易市场上进行交易，使其财产保值增值。特别是在金融危机之后，货币贬值，经济下滑，政府采取积极货币政策，由于住房的特有属性，人们投资的热点也逐渐转向房地产业。全世界经济下滑致使欧美等发达国家及其他国家和地区实行宽松货币政策，如美国前后进行 4 轮量化宽松的货币政策，为世界经济加入大量流动性。改革开放推动中国经济迅速发展，整个经济基本面运行良好，除此之外，我国极具特色的外汇管理制度也带来了大量外币流入，这些外币中有一部分投资于中国的楼市与股市，中国房地产市场逐渐成为国外投资者和国内投资者实现货币保值增值及创造财富的胜地。在这样的市场条件下，存在适当的空置商品房能够满足投资者的合理需求。

不论从理论上来说，还是在具体现实的经济环境中，保存一定数量的空置商品房都是合理的。否则，没有一定数量的空置商品房留存，房地产市场势必不能正常运行，也无法满足人们的多样化住房需求，这就偏离了经济发展的根本出发点。

三　房价波动和商品房空置率的关联机制分析

商品房空置率可以通过作用于宏观经济运行以及供给、预期和需求对房价产生一定程度的影响。商品房空置率改变居民经济行为是通过影响预期来实现的，并最终改变房价；商品房空置率影响房价也可以通过作用于供给与需求的途径来实现；商品房空置率在大部分时间内会直接影响经济整体的运行并相应地把相关情况反馈给房价。这里从三方面来进行具体分析。

（一）通过预期途径影响房价

预期即人们通过过去对事物发展状况的了解，对事物未来发展过程与结果所进行的一种展望，一般情况下带有一定的主观性。预期在经济运行过程中发挥着举足轻重的作用。多数参与人在经济整体中会自发形成同种预期，在未来该预期也将会变成经济现实的一部分，即预期自我实现。人们无法用具体的数字或者变量来量化预期对经济的影响，预期给经济带来的影响一般大于经济实际变量带来的影响，往往能使经济大起大跌。预期在经济学中又分为理性预期与适应性预期。适应性预期指的是个体根据现实经济环境的变化对自己的判断不断进行修正，使预期尽可能地符合事物未来发展方向；理性预期指个体根据一切可以获得的信息对未来做出合乎一致的判断，对未来事物发展方向能予以完全准确地把握。显然，理性预期只存在于经济学完美假设条件下，现实的经济世界中个人或者其他经济活动参与者都不具备完全理性预期，人们只能根据现实变化发展对未来的情况进行判断，即根据适应性预期调整自己的决策行为，以达到自身经济利益最大化。房地产市场参与者的选择也是基于类似的原理，即通过预期的变化来改变投资行为，以实现利益最大化。

商品房空置率通过人们对未来房价的预期来实现其对房价的影响。一方面，2003年以来，中国加快城镇化进程，导致大多数城市商品房销售价格飞速增长，在此过程中，新入城居民对商品房需求增加，同时也加剧了房地产市场资产泡沫，拉高商品房资产回报率，客观上使人们对商品房销售价格上涨形成相应预期。另一方面，近年来银行个人信贷业务迅猛发展，与此同时，我国流通中货币的增速远超过国内生产总值增速，货币总量也远超国内生产总值，这加剧了国内通货膨胀，同时也使得储蓄、债券及股票等投资方式的回报率下跌，使房地产市场成为投资主要流向地，最终加剧了国内各大城市商品房价格的上涨。2008年欧洲债务危机以及美国次贷危机，致使发达经济体陷入经济衰退。危机爆发之后中国实行积极的财政政策与扩张的货币政策，推动经济逆势而上，经济飞速增长，大量外国直接投资和游资接踵而至，大量外资进入我国的资本市场，尤其是房地产市场，外资对商品房的投资需求导致商品房供求市场的缺口扩大，进一步刺激房价上涨。具体而言，我们可从供需两方面探讨商品房空置率对房价的传导机制。

1. 房地产开发商预期

商品房市场上的两大主体为购房者与房地产开发商，他们的行为对房地产市场运行产生了较大的影响。商品房空置率对房地产开发商预测未来房地产市场走向影响很大。

存量商品房空置率日益升高，这说明居民对商品房的需求量增大，对未来房价走势上涨的预期导致房地产开发商不急于出售手头房源。此时，商品房供小于求，间接导致房地产市场增量商品房空置率日益升高。增量商品房空置在一般情况下存在持有成本，因此，过量的商品房空置会导致资源浪费，房地产开发商为了进一步抬高房价会将其空置成本转移至购房者。由此，商品房空置率影响着房地产开发商对未来房价的预期，进而影响着房价的水平。

2. 购房者预期

商品房空置率会影响购房者对未来房价的预期。房地产开发商采取各类营销方式，使市场上形成一种住房价格看涨预期，同时在报纸、网络、杂志等媒体的渲染下，从众效应进一步放大。房价上涨速度远远快于公众预期，商品房投资逐渐成为公众财富增值的最佳途径。房地产市场逐渐出现抢购现象，造成了城市房屋空置率的攀升。商品房销售价格的升高致使一部分股民将投资转向房地产市场，在信息溢出作用下，城市房屋空置数量进一步增多。同时，居民形成房价上涨的预期，进一步刺激居民增加对房地产市场的投资，带动房价进一步上涨，投资者通过房产交易差价实现自身财富的增值。

（二）通过商品房供求关系影响房价

除国家统计局定义的空置住房所包括的范围外，在现实生活中，空置住房还包括投机者或者消费者购买但并未用于居住的那一部分房屋，因此也包括存量房市场上空置的住房。根据常规商品供求定理可得，商品供求失衡会形成价格的波动，接着，价格波动会改变供求关系，商品市场的供需双方在此类博弈中逐步接近市场均衡的状态。事实上，由局部均衡原理可知，房地产市场并不存在严格意义上的均衡状态，即便出现了市场供求相等的情况，也只是偶然的、短暂的一种现象。商品房也具有商品属性，供求关系从根本上影响着房价水平。

1. 增量房市场

增量房市场上空置的商品房是本书所讨论的空置商品房，即由房地产开发商建成但未销售的新建商品房，也指首次进入房地产市场交易的住房。空置的新建商品房实际上仍处于待售的状态，也称为住房供给。增量房市场上的商品房空置率提高，同时商品房的供给也增加，所以，在需求稳定前提下，房价在一定程度上会降低。否则，增量房市场上的空置商品房减少，房地产市场的实际商品房供给也随之减少，房价自然就随之上涨。

另外，市场出现大量投机购房，房地产开发商大力投入资本，增加商品房供给，从而导致增量房市场上的商品房空置率提高，不断上涨的房价促使房地产开发商为获取更大额度的利润，大面积囤房，捂盘惜售，进而导致增量房市场出现大量的空置商品房，但仍有许多购房者难以购得房屋。我国推动城镇化进程以来，居民对住房的刚性需求逐步增加，房价大幅度抬高，甚至某些地区的房价已超出普通居民承受范围，房地产市场泡沫大面积出现。

总而言之，增量房市场上的商品房空置率是通过对商品房市场上的供给产生作用来改变房价的，但是，具体的影响方式与作用则要看房地产市场运行最终结果，后文将对此进行实证检验。

2. 存量房市场

存量房市场上的空置商品房是已被购买但无人居住的那一部分房屋，这一部分房屋是由于部分投资者投机或是为了资产保值增值而购买的房屋。中国的房地产市场泡沫很大程度上是这些房屋购买者的投机行为导致的。正是因为住房供给有限，而人们对住房的刚性需求一直有增无减，所以在能够预期到的未来，房价必然呈上涨的趋势，这样也会加大投机者的羊群效应。

由于这部分投机购房者需求在现实中并不能实现与房屋相匹配的使用价值，房屋长期空置，待房价上涨到一个新水平时，他们才会出售未售的商品房。这部分商品房解决不了房地产市场上普通消费者的居住问题，因为他们承担不起高昂的房价。存量房市场上的空置商品房也通过作用于商品房供给影响整个房地产市场的价格。存量房市场上的空置房面积大，则在房地产交易市场上的房屋有效供给面积就会减少，在住房需求不变的情况下，房价会在一定范围内上涨；存量房市场上空置房面积小，房地产交易市场上的房屋有效供给面积会增加，供求定理表明，此时房价将会下跌。

空置商品房是通过供求定理来对一部分商品房价格产生影响，在该过程中必须分别考虑存量房市场上的空置商品房和增量房市场上的空置商品房，二者对房价的作用机制正好相反，但是具体是哪方面的作用效果占主导地位，需要比较二者的影响程度，以及二者对房地产市场的影响。

（三）通过经济运行途径影响房价

房地产业的链条长且各环节关联度大，能间接或直接地影响很多产业的发展。房地产业与第二、三产业中的大部分行业紧密相连，其中与金融业关系尤为密切，房地产业的发展离不开金融业的支持，房地产业对大量间接融资资金的需求也会促进金融业发展。2011 年底，我国人民币贷款总余额 54.8 万亿元，其中个人购房贷款余额将近 7.1 万亿元，房地产开发贷款余额将近 3.5 万亿元，合计占人民币贷款总余额的 19.3%。房地产贷款占商业贷款的比例逐步提高，住房消费贷款成为质量最高且增长速度最快的贷款品种之一。房地产业税收逐年增长，在地方税收中的占比已超过 1/3。因此，房地产市场运行很好地促进了经济金融的飞速发展。

随着经济的快速发展和中国居民家庭收入的逐年增加，房屋价值也实现较快增长，住房资产逐渐成为城镇居民家庭财产的重要组成部分。随着房地产业成为国民经济支柱产业，其产值占国民生产总值比例达到 5% 以上。由于房地产业影响与之相关联的绝大多数产业的发展，从而直接影响经济基本面的运行，因此房地产业的良好运行可以很好地促进整个经济体的健康发展。

当房地产市场出现大面积泡沫时，经济的基本运行将会受到影响。这种现象在我国房地产发展过程中曾经出现过。1992~1993 年，北海市与海南省房地产市场泡沫的破灭也正是因为房地产业会影响实体经济发展，而阻碍了两个地区整个经济的正常运行。房地产市场泡沫情况严重导致两个地区房地产市场衰落，经济也随之出现衰退现象。北海市与海南省投资热过后，又出现大批空置房，市场经济由短缺经济转变成过剩经济，供大于求，大量房屋变成烂尾楼或仅仅成为一堆水泥，这造成了整个地区经济的衰退，同时房价也出现大幅波动。内蒙古鄂尔多斯"康巴"鬼城的出现，是由于部分房地产开发商不断炒作，并力求在住房需求缺失的康巴建立一座新型草原城市，草原城市投资建成后，由于缺少实际消费需求，投机者美梦破灭，紧接着便是房地产业经济下滑，整个城市经济跌入谷底。

以中国大量事实为例，我们可以知道，房地产市场影响宏观经济的运行，商品房空置会对整个经济运行产生影响并以此反作用于房价，形成一个恶性的循环。商品房空置率水平若过高，会导致房地产市场泡沫，泡沫破裂则会使宏观经济陷入泥沼，商品房失去其价值。故此，商品房空置率可以通过影响宏观经济运行来影响房价。

图 6-3 体现了空置商品房对房价波动的三种传导机制。基于这些传导路径，空置商品房确实能影响房价。空置商品房影响房地产市场的发展，同时也影响整个宏观经济的运行，空置商品房改变人们对经济运行的预期，改变房地产供给与需求，从而影响整个宏观经济的发展，最终影响房价的波动。

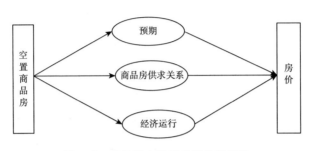

图 6-3　商品房空置影响房价的机理

四　对我国商品房空置问题的分析

中国房地产发展起步于 1978 年改革开放，市场经济发展拉动了房地产市场的繁荣。改革开放 40 多年来，房地产市场经历了初步形成时期、非理性繁荣与泡沫破裂时期、市场调整时期及调控时期。由于两大制度改革——住房制度改革和土地使用制度改革，中国房地产业日益壮大。两大制度改革以后，房产逐渐成为家庭财产不可或缺的一部分，并且具有商品和资产双重性质。

（一）中国商品房市场及行业发展背景

1. 初步形成时期（1978~1991 年）

邓小平于 1978 年提出房地产市场改革，他认为住房也可以由政府划地私人修建，或者是政府和私人一起建设，允许私人参与房地产市场。国务院于 1982 年在郑州、沙市、常州和四平试运行公有住房补贴制度，此制度提出个人、单位及政府各自负担全部房款的 1/3。1984 年，我国开始在重庆、广东两地向使用人征收土地使用费，这成为土地使用向市场化过渡的里程碑。1987~1991 年，房地产成为新兴产业并不断发展，过半城市建立起房地产二级交易市场，与此同时，政府也出台了相关政策措施。上海市政府于 20 世纪 90 年代开始借鉴新加坡经验，实施住房公积金制度。1991年下半年伊始，房地产市场出现过热迹象，大量房地产企业如雨后春笋般涌现，投入房地产市场的资金急剧增加。

2. 非理性繁荣及泡沫破裂时期（1992~1993 年）

1992 年，中国房地产市场开始出现转折，全国开始普遍推广实施住房公积金制度。1992 年上半年，房地产过热导致越来越多人将资金投入房地产市场，脱离实体经济的房地产市场泡沫愈加严重。紧接着，海南省与北海市的房地产市场泡沫破裂，以至于整个市场经济出现下滑。1993 年，政府对房地产市场进行进一步调整，之后，中国房地产市场鲜有较大的泡沫，房地产业也一直处于比较稳定的状态。

3. 市场调整时期（1994~1998 年）

1994 年 7 月，《关于深化城镇住房制度改革的决定》创新性地提出建设具有社会保障性质的经济适用房体系，同时提出实施住房公积金制度，建立比较完善的住房信贷体系。保障性安居工程于 1995 年开始实施，这对日后房地产市场调控以及经济运行都起到不可或缺的作用。房地产市场于1995 年开始相对稳定地发展，房地产业逐渐复苏。1998 年实行的住房制度改革成为我国房地产市场发展的又一个新的里程碑，由于按揭贷款政策的实施，以及住房实物分配制度的取消，中国房地产市场迈向平稳健康的发展道路。

4. 调控时期（1998 年至今）

1998 年住房制度改革以后，我国房地产市场发展一直较为平稳，房价逐年升高。直至 2003 年，由于我国房价较高，商品房资源配置不合理、供给结构不合理，房地产市场慢慢成为人们所关注的焦点。中央政府加紧调控土地与信贷，以便进一步调控房地产市场。政府通过减少信贷和土地供给来减少非理性房地产的开发，促使房地产市场价格回归理性水平。经过2008 年的金融危机，国内房价有所下降，但此后几年，在刚性需求增加和通货膨胀的共同作用下，房价不断上涨，房地产市场存在较大的泡沫。2013 年初颁布的"新国五条"旨在进一步调控房价，提高房地产二级市场的交易成本，抑制投机性投资需求，以维持房地产市场可持续发展的状态。2015年初，房地产利好政策频频出台，如"330房贷新政"、"二套房首付降至四成"、"营业税免征期限由5年改为2年"及"公积金新政"等。政府不断出台政策刺激房地产业，以促进房地产市场复苏。

图6-4展示了我国商品房平均销售价格与人均国内生产总值（GDP）的变化走势。人均GDP呈直线上升趋势，2004年出现一个较大增幅，2011年中国人均GDP高至33556元，比1998年增加26760元，同时也是1998年的4.94倍。人均GDP日益增加，在改革开放之后的40多年里，我国经济急速发展，多年年均GDP增长率超过8%，既提高了人们的生活水平，又改善了居民居住条件，使更多人有能力购买住房。

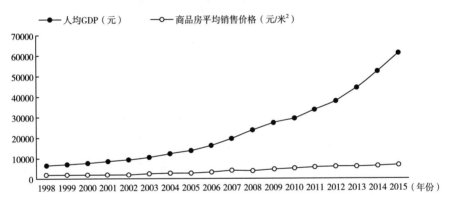

图6-4　1998~2015年我国商品房平均销售价格与人均GDP的变化趋势
数据来源：历年《中国统计年鉴》。

图6-5表明，1998年开始，房价呈上升趋势，尤其在2003年以后，房价有了较为明显的增加。但在房价上涨大趋势下，也存在一些小幅度的波动。2007年下半年美国次贷危机爆发明显导致我国房地产市场受挫，房地产经济由短缺经济转向过剩经济，与此同时，投资者与消费者都持观望态度。2008年房价低于2007年房价，由2007年的每平方米3863.9元下跌至2008年的3800元。2003年房地产市场改革之后，房地产经济一直处于平稳健康发展的状态，2008年房价经历小幅下跌之后，2009年，房价再次迅速抬高，2009年、2010年、2011年，全国商品房平均销售价格分别为4681元/米^2、5032元/米^2、5357.1元/米^2，增速比较快。

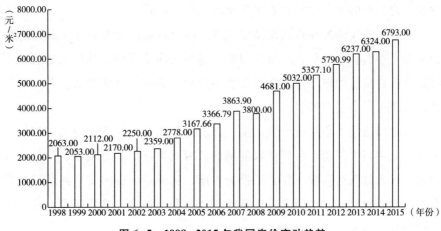

图 6-5　1998~2015 年我国房价变动趋势

数据来源：历年《中国房地产统计年鉴》。

结合图形分析发现，2012 年房价依旧处于上升状态，成交量随之增加，各地频频出现"地王"，各种炒房团队抬高本来就已经高涨的房价，掀起了新一轮的房地产投资热潮，房价大幅度抬高。中国房地产市场房价飞速上涨，促使政府在 2013 年初出台了调控房地产市场的"新国五条"，包含加强房地产市场各个环节的监管、增加普通商品住房的供给、完善稳定房价工作责任制，同时抑制投机和投资性住房需求，相应地加快保障性安居工程建设以及增加对普通商品住房用地的供给。

（二）我国商品房的空置现状

1. 商品房空置的分类

（1）正常空置。合理空置与自然空置属于正常空置。商品房的供给与需求相对均衡，房地产价格处于长期均衡状态时的空置就是通常所说的正常空置。这部分空置通常是由房地产资金回收慢、建设周期长、投资额大引起的。商品房的正常空置能够调节商品房供给，抑制房产价格非理性增长，从某种程度上来说，能够促进房地产市场的健康发展。

（2）非正常空置。商品房的非正常空置指制度原因或者经济原因导致房屋供大于求，进而房屋空置的情况。商品房的非正常空置不仅会浪费一部分社会资源，还会在一定程度上使房价扭曲，阻碍房地产市场健康稳定发展。商品房的非正常空置主要涉及以下几个方面。

一是功能性缺失导致的商品房空置。部分房地产开发商不能从方方面面完全把握消费者动态，开发出的部分房屋功能不完整，社区交通设施不够完善或者房屋朝向不好、服务态度不周到，无法满足消费者正常购房需求，致使部分房屋空置。

二是结构性的商品房空置。由于开发高档别墅与住宅获取的利润远超过开发低中档次的商品房所获取的利润，因此为获取高额利润，房地产开发商会加大对高档别墅与住宅的投资力度，从而造成保障房与经济适用房有效供给的缺失。过半消费者买不起高档别墅与住宅，造成了商品房空置面积的进一步扩大。

三是房地产开发商主动行为造成的商品房空置。在房地产市场上，房地产开发商一味追求自身利润的最大化，会利用各种手段抬高房产价格。比如，"捂盘惜售"行为就是房地产开发商为了伪造一种房地产市场需求旺盛、供不应求的现象而做出的行为，这种行为会造成商品房的空置，同时进一步抬高房价。

四是投机型空置。中国投资渠道过窄，大部分资金被投入房地产行业与股票市场中。金融危机爆发后，股价大跌造成大量资金投入房地产行业，这些投资性的需求在某种程度上推高了房价。商品房的投机者并不是以居住为目的而购买商品房，一般是房价上涨便抛价售房，这部分投机性的需求导致商品房空置数量激增。

2. 中国商品房的空置情况分析

2003 年起，房地产业逐渐成为我国国民经济的支柱性产业，产值占国内生产总值的比重高于 5%，关联着许多行业的发展，如装修、钢筋、家具与水泥等。与此同时，房价非理性上涨伴随着商品房供给结构的不合理。

在我国，房地产市场繁荣稳定发展也伴随着商品房的空置面积进一步扩大。一方面，存在大量的空置住房，致使资源浪费愈加严重；另一方面，中国人口众多，居民对商品房的需求比较旺盛。因而中国房地产市场存在高空置高房价并存的怪圈。

房地产业联系着虚拟经济和实体经济，人们对住房的投机性需求日益增加，出现各种"房叔""房嫂""房姐"等，在一定程度上致使商品房空置率过高。浙江宁波房地产业的瞬间倒塌、鄂尔多斯出现的康巴"鬼城"，都是投机目的造成的非正常房屋空置的结果。一定数量空置房的存在是合理的，但一旦超过了警戒线（按国际惯例为 10%），就会阻碍房地产市场正常运转，致使价格扭曲以及资源浪费，最严重的是会导致社会矛盾激化。

2008 年后中国商品房空置面积进一步扩大，2010 年，中国商品房空置总面积达到 10002 万平方米，新增商品房空置面积 5576.5 万平方米，占商品房空置总面积的 55.8%。北京联合大学应用文理学院城市科学系的孟斌等（2009）带领课题组对北京 50 多个 2004~2006 年出售入住的小区的用电情况进行调研发现，电表几近停滞的比例高至 27.16%，而且还在以一定速度持续升高。2010 年，中国电网公司在全国范围内对 660 个城市的调查表明，连续 6 个月电表读数为零的住宅达到了 6540 万套，可供 2 亿人居住。

基于数据可得性，本章选取全国 35 个大中型城市作为代表，表 6-1 显示了这些城市的商品房空置率情况。过半城市在大部分年份的商品房空置率低于 10%，仍有部分城市商品房空置率偏高，经济发达的一线城市和位于西部内陆的城市商品房空置率较高。2005 年与 2006 年，乌鲁木齐与银川的商品房空置率甚至高于 20%，在一定程度上说明商品房空置率与城市经济发展是相关联的。就 35 个城市商品房年平均空置率来看，除 2007 年为 8.61% 以外，自 2004 年至 2009 年，其余年份商品房空置率都超过 10%，直至 2010 年才小幅度下降为 9.37%。2010 年以后，商品房空置率水平又有所上升，因为经济回暖，人们对未来较好的预期引发新一轮房地产投资热潮。随着 2015 年起去库存政策实施，商品房空置率大幅降低。中国商品房空置率与空置总面积的变化走势较为明显。

表 6-1　全国 35 个城市商品房空置率情况

单位：%

年份	2004	2005	2006	2007	2008	2009	2010
北京	12.98	14.57	10.36	11.53	16.64	16.62	19.45
天津	5.95	5.66	4.33	2.96	5.59	3.18	2.87

续表

年份	2004	2005	2006	2007	2008	2009	2010
石家庄	5.36	4.77	6.19	4.12	14.40	4.91	4.15
太原	9.93	12.05	12.19	11.56	10.36	18.85	10.78
呼和浩特	8.39	16.94	14.25	19.26	28.59	23.20	28.49
沈阳	25.46	19.94	15.13	12.85	14.35	15.90	14.39
大连	20.72	18.86	18.05	14.29	15.09	11.83	12.55
长春	33.81	28.70	29.09	22.13	20.05	21.52	13.80
哈尔滨	30.39	27.29	25.38	25.39	26.53	25.29	2.56
上海	4.54	5.93	8.01	7.54	12.42	14.26	17.83
南京	3.26	2.43	3.52	1.94	3.81	3.47	3.65
杭州	2.88	3.72	4.07	3.50	4.96	5.18	5.31
宁波	2.50	6.41	7.37	6.64	6.67	6.45	6.61
合肥	7.09	6.83	9.08	6.04	5.44	7.22	6.38
福州	6.34	7.00	4.25	2.64	5.05	7.41	6.32
厦门	10.78	6.39	4.64	3.75	5.49	8.59	9.81
南昌	2.84	2.84	2.67	1.02	1.92	3.74	5.57
济南	8.39	6.62	6.50	6.20	6.66	6.70	5.23
青岛	8.02	5.39	42.8	5.08	7.91	10.23	7.59
郑州	9.48	5.43	6.25	4.47	6.58	6.48	6.67
武汉	6.03	7.36	7.54	4.69	8.05	7.79	10.53
长沙	6.10	3.31	4.96	3.63	5.57	6.65	9.24
广州	19.10	17.04	15.11	13.36	13.87	11.64	10.60
深圳	8.16	7.23	7.49	6.27	10.95	8.51	9.76
南宁	7.11	7.28	6.61	5.26	7.16	5.98	4.67
海口	31.42	13.18	24.11	11.31	5.57	6.78	9.51
重庆	12.33	10.74	10.27	8.24	8.87	8.80	10.17
成都	5.43	5.82	5.62	5.63	7.26	9.74	7.54
贵阳	13.16	10.54	6.76	5.11	5.73	7.62	5.32
昆明	4.23	8.36	7.19	4.19	5.22	3.21	3.86
西安	5.98	12.41	11.74	3.69	4.18	2.77	2.37
兰州	27.90	23.66	18.73	13.71	12.00	19.93	14.19

续表

年份	2004	2005	2006	2007	2008	2009	2010
西宁	4.35	9.33	10.22	7.01	5.27	11.96	12.00
银川	18.63	25.05	25.04	24.03	26.42	18.64	15.27
乌鲁木齐	25.57	25.78	24.66	12.20	16.41	14.33	13.05
年平均空置率	11.85	11.28	10.90	8.61	10.31	10.44	9.37

数据来源：中国房地产信息网。

接着，本节研究我国房地产市场 4 个具有一定代表性的城市：北京、深圳、上海和广州。从表 6-2 可知，2004 年北京的商品房空置率达到 12.98%，深圳和广州分别为 8.16% 与 19.10%，上海的商品房空置率只有 4.54%。2005 年，北京的商品房空置率达到 14.57%，2006 年又降至新低，仅为 10.36%，2007 年之后，呈上涨的趋势，2008 年，出现了大幅度上涨，2010 年，北京的商品房空置率已经达到了 19.45%，达到新的历史高度。上海的商品房空置率则除了 2007 年有小幅下降外，其余年份一直处于上升阶段，由 2004 年的 4.54% 上涨至 2010 年的 17.83%，接近北京的商品房空置率水平。

表 6-2　2004~2010 年北、上、广、深四市的商品房空置率对比

单位：%

年份	2004	2005	2006	2007	2008	2009	2010
北京	12.98	14.57	10.36	11.53	16.64	16.62	19.45
上海	4.54	5.93	8.01	7.54	12.42	14.26	17.83
广州	19.10	17.04	15.11	13.36	13.87	11.64	10.60
深圳	8.16	7.23	7.49	6.27	10.95	8.51	9.76

数据来源：中国房地产信息网。

2004 年，广州的商品房空置率水平高至 19.10%，即表明，在广州近 1/5 的商品房是空置状态，之后，商品房空置率呈下降趋势，2008 年有轻微增幅，2010 年回落至 10.60% 的水平。而 2004 年到 2010 年，深圳的商品房空置率水平处于相对较稳定状态，2008 年达到峰值 10.95%。

图 6-6 能更直观清晰地反映出 2004~2010 年北京、深圳、上海与广州

四个城市的商品房空置率的整体走势。广州的商品房空置率水平呈下降的趋势，北京的商品房空置率呈现波浪式上升态势，总体上而言，空置率水平相对较高。上海的商品房空置率在四个城市中是上升速度最快的，2010年，逼近北京商品房空置率水平。深圳的商品房空置率处于相对稳定状态，较其他三个城市而言略低，住房市场的发展运行状态良好。

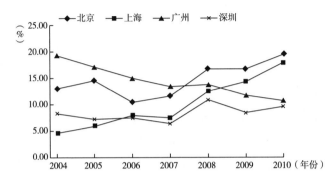

图 6-6　2004～2010 年北、上、广、深四市商品房空置率走势
数据来源：中国房地产信息网。

（三）中国空置商品房增长的原因分析

1. 供给状况对商品房空置的影响

（1）商品房超额供给，房地产行业过度投资。房地产市场发展速度过快，利润激增，大量房地产开发商投入巨额资金进行楼盘开发。国家统计局相关数据表明，1998～2012 年，房地产业增加值由 435.86 亿元上涨到 13537.49 亿元，使得房地产市场商品房供给数量远超房屋有效需求量，导致大量房屋空置，严重浪费了社会资源。

（2）房地产开发商的"捂盘惜售"行为。当前中国房地产市场透明度较低，而一部分房地产开发商为追求超额利润，选择保留部分库存商品房，造成房地产市场供不应求的虚假现象，从而提高商品房售价。房地产开发商囤房囤地、捂盘惜售行为导致大量房屋空置。

（3）房地产市场供给结构缺乏合理性。房地产开发商为追求高额利润而建设大量大户型、高档的商品房，造成中小户型、低档商品房开发比例太低，致使中国房地产市场供需结构失衡。当前，中国空置商品房大多数为高档住房，致使一部分资源浪费。中低档住房与多数居民支付能力相匹配，较少出现空置现象。高档住房利润远超中低档住房利润，在这种高额利润的驱使下，我国出现经济适用房与中小户型商品房供给不足，而高档住房则供应过剩的结构性矛盾。1998~2014 年各类房屋占地面积如表 6-3 所示。

表 6-3　1998~2014 年各类房屋占地面积

单位：万平方米

年份	新开工面积	住宅	别墅、高档公寓	办公楼	商业用房	其他
1998	20387.90	16637.50	638.60	871.50	1938.65	940.25
1999	22579.41	18797.94	594.06	690.29	2198.56	892.62
2000	29582.64	24401.15	1169.09	898.81	3034.77	1247.91
2001	37394.18	30532.72	1456.69	1072.98	4105.40	1683.08
2002	42800.52	34719.35	2278.17	1254.24	4926.48	1900.45
2003	54707.53	43853.88	2349.29	1466.89	6706.80	2679.96
2004	60413.86	47949.01	2975.69	1704.19	7790.81	2969.85
2005	68064.44	55185.07	2834.97	1671.10	7675.47	3532.79
2006	79252.83	64403.80	4058.32	2134.94	8473.23	4240.86
2007	95401.53	78795.51	4914.41	2141.44	9093.89	5370.70
2008	102553.37	83642.12	4336.97	2471.95	10040.69	6398.62
2009	116422.05	93298.41	3649.80	2860.76	12415.03	7847.84
2010	163646.87	129359.30	5080.05	3668.07	17472.58	13146.91
2011	191236.87	147163.11	5653.01	5399.20	20730.78	17943.77
2012	177333.62	130695.42	4228.31	5986.46	22006.85	18644.89
2013	201207.84	145844.80	4454.59	6887.24	25902.00	22573.80
2014	179592.49	124877.00	4275.01	7349.10	25047.73	22318.66

2. 消费者需求对商品房空置的影响

（1）投机需求增加。房地产是一种特殊的商品，具有消费与投资的双重属性。房屋本身具有耐用性和固定性的特征，属于一种很重要的投资工具。中国房价持续高涨，国内投资渠道甚为狭窄，使得大量资金被投入房地产行业，这造成了房价的非理性上涨。"房价持续走高"的心理预期，造成了大量投机性购房需求，同时也在一定程度上推升了房价，挤出了一部分合理住房需求。

（2）消费者有效需求不足。中国房价不断走高，超出了一部分居民的支付能力，房地产市场无法满足部分具有合理性的自主需求，致使部分商品房处于非正常空置状态。造成商品房有效需求不足的原因可归结为以下两点：一是居民收入水平偏低，二是商品房价格畸高。在改革开放后，房地产业的繁荣发展伴随着中国商品房价格持续上涨的现实。1983～2012年，中国商品房的平均销售价格从每平方米 408 元上涨至每平方米 5000 多元，部分经济高速发展的大都市的房地产价格上涨情况更甚，比如，位于北京市中心的商品房价格已飙升到每平方米 100000 元以上。

相比之下，中国城镇居民可支配收入却一直稳定在一个较低的水平。收入与房价之比达 1∶10 左右。在现阶段，高昂的房价远超绝大多数消费者的实际购买能力，同时也限制了商品房有效需求的增加。

3. 房地产宏观调控政策对商品房空置率的影响

（1）过松的金融信贷政策。房地产开发需要大量资金投入，而房地产开发商自有资本欠缺，一般情况下需要向外界进行借贷。房地产行业的主要资金来源是银行，银行贷款一般占房地产企业投资总额的 70% 以上。房地产行业利润较高促使大部分银行将大量资金投入商品房市场，进而使得房地产企业无计划地扩大房地产市场供给，当房地产市场上的商品房供给量大于需求量的时候，就产生了大面积的空置商品房。因此，对房地产行业的过度的金融信贷支持政策导致了商品房高空置率的出现。

（2）土地政策影响商品房空置。我国对土地使用制度于 20 世纪 80 年代末期进行了改革，使得无期限的无偿使用土地转变为有期限的有偿使用土地。改革后期，土地出让带来大笔财政收入，同时也使得地方政府财政支出增加。部分地方政府由于缺少相应约束和监督，通过超额划拨土地获得高额收益，形成所谓的"土地财政"。这也促使近年来商品房空置面积不断扩大。

（3）税费问题。中国房地产市场发展起步较晚，税制的设计不甚成熟，这是房价高涨和商品房空置问题的部分成因。中国房地产流转环节需要缴纳的税种较多，缴税负担较重，这在一定程度上抑制了房地产市场上的投机性需求，但是与此同时，中国尚未开征住房保有期间的相关税种，致使部分投机者持有多套住房的总成本偏低，对投机性需求的打击力度不足，从而导致了商品房空置问题加重。

（四）商品房空置率过高带来的危害

（1）银行信贷资金流通减缓，加大信贷风险。房地产开发企业缺少自有资金，而银行信贷为房地产开发商的最大资金来源。房地产的投资建设使用周期长、投入资金大。空置商品房的出现，致使房地产企业的银行信贷占用资金回笼缓慢。如果企业出现烂尾楼、资金链断裂等情况，则会增加银行信贷资金回收难度，同时也威胁着金融系统的安全。

（2）无法满足人民群众对住宅的迫切需求。在中国 20 世纪 80 年代"婴儿潮"时期出生的那批人已到了成家立业的年龄，对住房产生大量刚性需求。但此时，房价稳定升高，远高于绝大多数消费者的购房支付能力。一方面是较低的收入水平，另一方面则是房地产市场高空置的现象，这阻碍了我国人民群众的生活水平提高。

（3）影响国民经济正常运行。一方面，商品房空置率高和居民住宅需求不匹配的矛盾，违背了中国人民的"居者有其屋"的传统观念，不利于和谐社会的建设以及人民群众的安稳生活；另一方面，投机导致的商品房空置会造成市场需求过剩的假象，误导房地产开发商进行盲目投资，导致房地产市场过热。

（4）对社会资源造成严重浪费。房地产市场资金回收周期长且投入大。大量空置商品房占用了大量土地资源以及资金，机会成本较高。房地产投资属于固定资产投资，资金变现需要一段很长的时间。如果商品房长时间空置，则资金不能得到有效运用，就造成了大量社会资源的浪费。

五　我国商品房空置率对房价影响的实证分析

学术界越来越关注商品房空置率对房价造成的影响，部分学者在理论方面对其进行了研究，通常认为商品房空置率对房价在一定范围内存在一定程度的影响，但是对其影响的具体方向与大小都没有得到一致结论。

数据研究结果表明，房价和商品房空置率存在高度负相关的关系。本部分运用中国的 35 个大中型城市的面板数据，结合最大似然估计法、随机效应模型以及固定效应模型进行分析，同时就房价与商品房空置率的相关关系进行格兰杰因果关系检验，最后对商品房空置率对房价的影响进行定量分析，以期得到比较可靠的结论。

（一）模型的设定

本部分主要解释变量为商品房空置率，将土地价格以及人均可支配收入当作控制变量放入模型中。本部分建立以下对数模型用以研究商品房空置率和房价的关系（排除计量单位不相同对回归结果的影响）：

$$\ln HP_{it} = a_0 + a_1 \ln HVP_{it} + a_2 \ln LP_{it} + a_3 \ln PCDI_{it} + e_{it} \qquad （式 6.1）$$

其中，HP_{it}、$PCDI_{it}$、LP_{it} 以及 HVP_{it}，分别为 i 市 t 期商品房销售均价（即房价）、人均可支配收入、土地出让均价以及商品房空置率。

（二）数据的来源以及变量说明

相关文献通常从通货膨胀、房地产周期以及货币政策等方面来研究房价波动，却较少从商品房空置率的角度对其进行解释说明。中国省市较多并且国土面积较大，为了增加说服力以及代表性，本部分选取国内的 26 个省会城市和自治区首府（不包括拉萨）、4 个直辖市以及房地产市场发达且具有一定代表性的城市——大连、青岛、厦门、深圳以及宁波共 35 个大中城市为分析样本，研究变量包括商品房销售均价、土地出让均价、人均可支配收入以及商品房空置率。考虑到数据的可得性，本部分运用了 2004~2010 年的房地产市场相关数据。竣工房屋面积、房价以及商品房空置面积数据都来自 2005~2011 年《中国房地产统计年鉴》，土地出让均价的数据来自中国房地产信息网（http：//www. realestate. cei. gov. cn/），人均可支配收入数据来自各地 2005~2011 年统计年鉴。

根据国家统计局统计口径可知，商品房空置率 = 商品房空置面积/近三年累计竣工房屋面积×100%。为排除通货膨胀对房价的影响，以 2003 年为基期，将各市人均可支配收入和土地出让均价根据 CPI 平减成实际值。

（三）实证分析

1. 描述性研究分析

本部分通过对原始数据进行分析整理，得到了计量模型各个变量的描述性统计。表 6-4 列出了中国 35 个城市各变量的描述性统计。

表 6-4 各变量的描述性统计

变量	观测值	平均值	最小值	最大值	标准差
HP	245	4729	1547	19170	2876
HVP	245	10.40	1.02	33.81	7.07
LP	245	4729	46	9534	1210
PCDI	245	15728	7429	32272	5750

从平均值来看，大中城市房价 2004～2010 年平均值为 4729，但人均可支配收入平均值仅为 15728，说明了中国房价收入比较高。二者标准差都偏大，表明中国大中型城市人均可支配收入与房价差距较大。房价的最大值是房价最小值的 12 倍，人均可支配收入的最小值却不及人均可支配收入最大值的 1/4。与此同时，土地出让均价的最大值达到了 9534，而最小值仅为 46，标准差为 1210，土地出让均价的平均值也达到了 4729，说明土地出让均价在不同的城市间有着较大的差异，同时不同年份的土地出让均价增幅也存在着比较大的差异。商品房空置率平均值达到了 10.4，显然高于国际警戒线。

2. 单位根的检验

下文将使用 Eviews 软件进行实证回归分析，相关实证思路与实证方法参考高铁梅主编《计量经济分析方法与建模——EViews 应用及实例（第二版）》。

首先对模型变量进行协整检验与单位根检验。单位根检验即检验序列中是否存在着单位根，如若存在单位根，则为非平稳序列，导致出现伪回归现象。经典计量经济学理论都是在数据序列平稳的基础上建立的，并且假设变量间的相关系数是服从正态分布的。现代计量经济学的研究表明，过半经济变量并不平稳。若用非平稳的变量进行回归分析，在较高单整阶数与大样本情况下，结论都是变量间存在着相关关系，而将实际上不相关的两个不平稳变量进行回归分析，属于一种虚假回归，也叫做伪回归。所以，使用非平稳变量进行回归分析，应该事先检验与考虑变量之间的平稳性。本部分运用 ADF、LLC、PP 和 IPS 四种方法进行单位根的检验。

本部分利用 ADF、LLC、PP 和 IPS 四种检验方法检验各变量的平稳性，其结果如表 6-5 所示。土地出让均价（$lnLP$）只通过了 LLC 检验，人均可支配收入（$lnPCDI$）通过 LLC 以及 PP 检验，商品房空置率（$lnHVP$）通过了各项平稳性检验，除上述以外其余检验结果的 P 值都远远大于 0.05，因此，可以看成变量具有单位根，仍然要对数据进行一阶差分序列的单位根检验。

表 6-5　序列的水平单位根检验结果

检验方法	$lnHP$		$lnHVP$		$lnLP$		$lnPCDI$	
	t 值	P 值	t 值	P 值	t 值	P 值	t 值	P 值
LLC	0.39083	0.6520	-16.7153	0.0000	-4.16863	0.0000	-8.34343	0.0000
IPS	5.23218	1.0000	-2.06348	0.0195	1.99086	0.9768	1.45888	0.9277
ADF	22.5382	1.0000	93.1172	0.0233	50.5683	0.9438	48.6290	0.9635
PP	53.1785	0.9064	110.170	0.0009	53.5854	0.8993	123.237	0.0000

表 6-6 展示了一阶差分序列的单位根检验结果，LLC、PP、IPS 和 ADF 检验中 $\Delta lnHP$、$\Delta lnPCDI$、$\Delta lnHPV$ 和 $\Delta lnLP$ 的 P 值都远远小于 0.05，说明这四个变量都通过了平稳性检验，因为其一阶差分序列较为平稳，所以可以认为所有变量都是一阶单整的。

表 6-6　一阶差分序列的单位根检验结果

检验方法	$\Delta lnHP$		$\Delta lnHVP$		$\Delta lnLP$		$\Delta lnPCDI$	
	t 值	P 值	t 值	P 值	t 值	P 值	t 值	P 值
LLC	-14.8242	0.0000	-18.7285	0.0000	-19.5177	0.0000	-15.7867	0.0000
IPS	-3.61412	0.0002	-5.92568	0.0000	-6.13935	0.0000	-4.95416	0.0000
ADF	126.367	0.0000	163.171	0.0000	171.423	0.0000	145.815	0.0000
PP	152.025	0.0000	237.836	0.0000	248.835	0.0000	198.323	0.0000

3. 协整检验

1987 年，Granger 与 Engle 提出协整检验方法及理论，他们认为部分经济变量本身为非平稳序列，但其线性组合有属于平稳序列的可能性。这种平稳线性组合称为协整方程，即变量之间存在长期而又稳定的均衡关系。

单位根检验结果说明了 $\Delta lnHP$、$\Delta lnHVP$、$\Delta lnPCDI$ 和 $\Delta lnLP$ 都是一阶单整，符合协整检验条件。所以，我们运用 Pedroni 方法进行协整检验，其中组内统计量包含 Panel ADF、Panel V、Panel PP 以及 Panel ρ，其中 Panel V 属于右尾检测，Panel ρ、Panel ADF 以及 Panel PP 则属于左尾检验；Group ρ、Group ADF 以及 Group PP 都属于组间统计量。若是各个统计量都显著，均拒绝不存在协整关系的原假设，则非平稳序列之间则存在着协整关系。

表 6-7 的结果说明，除了 Group ρ 与 Panel ρ 检验方法的 P 值都为 1 外，其余检验方法的 P 值全小于 0.05，也就是拒绝原假设，即 $\Delta lnHP$、$\Delta lnPCDI$、$\Delta lnLP$ 以及 $\Delta lnHVP$ 之间存在着协整关系，也就能进行下一步实证分析。

表 6-7　协整检验结果

检验方法	t 值	P 值	检验方法	t 值	P 值
Panel V	−1.091279	0.0424			
Panel ρ	4.190526	1.0000	Group ρ	6.969559	1.0000
Panel PP	−4.785726	0.0000	Group PP	−11.46527	0.0000
Panel ADF	−1.534830	0.0424	Group ADF	−12.78633	0.0000

4. 实证分析

本部分的实证分析基于上述的单位根检验与面板数据协整检验开展。本部分运用 Stata12 软件处理相应的计量数据，以得出关于商品房空置率对房价波动影响的较为合理的结果。回归分析采用的模型包括：异方差检验模型、固定效应模型、随机效应模型，数据来源于相关统计年鉴，以分析商品房空置率与房价的计量关系。

（1）固定效应模型与随机效应模型解析

固定效应模型和随机效应模型，是处理面板数据比较常用的模型。固定效应模型的运用前提就是，各独立研究结果趋近，在一致性检验中的差异不显著，也就是假设研究结果的效应规模和方向基本一致。所以，该模型常用于差异不显著情况的研究。

表6-8 固定效应模型和随机效应模型结果

变量	固定效应		随机效应	
	系数	t值	系数	z值
$\Delta lnHVP$	0.05067	2.34	0.0332	1.5
$\Delta lnLP$	0.15793	6.31	0.1287	5.3
$\Delta lnPCDI$	1.1457	18.86	1.040	18.2
C	-3.5819	-7.00	-2.422	-5.4
R^2		0.75		0.75
F值		245		
观测值		243		243

说明：P值均很小，未逐个列出。

固定效应模型中的实验结果不会推论到同一自变项未包含在内的其他类目或类别的设计，而随机效应模型则由经典线性模型衍生而来，即将原本的回归系数视作随机变量，基本将其假设为来源于正态分布。

下一步进行 Hausman 检验，以确认随机效应和固定效应模型的相对合理性。该检验来源于麻省理工学院知名学者 Jerry Hausman 的理论。检验原理是，若 P 值小于 0.05，则适用固定效应模型。表6-9列出了 Hausman 检验结果，其中，P 值显示为 0.0004，远低于 0.05。由此推论采用固定效应模型更佳。

表6-9 Hausman 检验情况

变量	固定效应	随机效应	差值	标准误
$\Delta lnHVP$	0.0506	0.0332	0.0174	0.0030
$\Delta lnLP$	0.1579	0.1287	0.0292	0.0060
$\Delta lnPCDI$	1.1457	1.040	0.1052	0.0211
P 值	0.0004			

表 6-8 中的计量结果对应的回归方程:

$$lnHP = -3.6 + 0.05lnHVP + 0.16lnLP + 1.15lnPCDI$$

$$(-7.0) \quad (2.3) \quad (6.3) \quad (18.9) \qquad (式6.2)$$

$$R^2 = 0.760$$

由数据结果可知,各变量对应的 p 值全部低于 0.05,且拟合优度 R^2 为 0.760。由此可知,解释变量可以解释被解释变量的大部分变化。人均可支配收入、商品房空置率、土地出让均价能较好地解释房价波动。商品房空置率每提高 1%,房价上升 0.05%。土地出让均价提高 1%,房价上升 0.16%,而人均可支配收入 1% 的涨幅则带来 1.15% 的房价上升。因而,商品房空置率对房价波动产生的影响较弱,不及另外两个变量的影响大。

(2) 最大似然估计法

最大似然估计法的基本思想为,最佳的估计量应当对应着抽取各组样本观测值的概率最大化,这与最小二乘估计法的目标——最好地拟合样本中的参数的估计量,有所不同。该方法由知名统计学家罗纳德·费雪首创。下文将运用该方法估计变量之间的关系,并验证变量之间的定量关系。最大似然估计结果如表 6-10 所示。

表 6-10 最大似然估计模型结果

变量	系数	标准误	z 值	P 值
$\Delta lnHVP$	0.0444	0.0217	2.1	均很小
$\Delta lnLP$	0.1462	0.0251	5.8	
$\Delta lnPCDI$	1.1053	0.0623	17.7	
C	-3.1328	0.5374	-5.8	
LR chi2 (3)	354		Prob>chi2	

表 6-10 中的计量结果对应的回归方程:

$$lnHP = -3.13 + 0.04lnHVP + 0.15lnLP + 1.11lnPCDI$$

$$(-5.8) \quad (2.1) \quad (5.81) \quad (17.7) \qquad (式6.3)$$

$$R^2 = 0.82$$

从结果看，R² 为 0.82，体现了良好的解释力。各变量在置信水平设定为 5%时，判定显著。通过方程可观察到对于房价波动人均可支配收入具有较大作用，空置率具有微弱作用。房价提升对应商品房空置率的变化弹性为 0.04，对应土地出让均价的变化弹性为 0.15。变化弹性最大的是人均可支配收入，数值大于 1。从总的趋势来看，三者与房价波动都呈现出正相关关系。

（3）异方差修正模型

本部分采用异方差修正模型，对面板数据进行分析，以进一步地研究各个变量之间的相关程度。异方差修正模型估计结果如表 6-11 所示。

表 6-11   异方差修正模型估计结果

变量	系数	标准误	z 值	P 值
$\Delta lnHVP$	0.0354	0.0207	1.7	均很小
$\Delta lnLP$	0.1210	0.0231	5.2	
$\Delta lnPCDI$	1.0492	0.0519	20.2	
C	−2.4419	0.4069	−6.0	
Wald chi2（3）	1118		Prob>chi2	

表 6-11 中的计量结果对应的回归方程：

$$lnHP = -2.44 + 0.04lnHVP + 0.12lnLP + 1.05lnPCDI$$

$$(-6.0) \qquad (1.7) \qquad (5.2) \qquad (20.2) \qquad （式6.4）$$

由数据可判定模型的显著性。其中，商品房空置率和其他解释变量均在 1%的水平上显著。房价上升对应的商品房空置率的变化弹性为 0.035，土地出让均价的变化弹性是 0.12，人均可支配收入的变化弹性超过了 1。

综上所述，本部分研究思路为：先对基于 35 个代表性城市的数个变量的面板数据进行协整检验与单位根检验。然后，采用异方差修正模型、随机效应模型、固定效应模型、最大似然估计法等分析方法，将变量之间的定量关系予以检验。得出的研究结论为：人均可支配收入、商品房空置率、土地出让均价这三个因素与房价的波动有正相关的关系，其作用大小各有不同。其中，房价上升对应的人均可支配收入的变化弹性较大。

（四）　实证结果

由实证研究可知，人均可支配收入能较为显著地对房价产生影响，其增加可带来较大幅度的正向作用。相比之下，商品房空置率、土地出让均价对房价变化也有影响，但影响不及前者。具体而言，实证结论如下。

首先，前文的研究表明三个变量（商品房空置率、土地出让均价、人均可支配收入）均对房价有显著的计量影响，其拟合优度较高，能较好地解释房价波动情况，也证明了这三个变量的数值增加将推动房价上升。其次，商品房空置率与房价上升呈正相关的关系，但影响程度不大。因而，它并非造成房价波动的主因。再次，土地出让价格在房价中占有较大份额，因而在相当大程度上造成了房价波动，能推动房价攀升。这也可以由现实数据予以支持。最后，人均可支配收入是影响房价波动的最主要因素，房价对其十分敏感，房价涨幅甚至大于人均可支配收入本身的增幅。所以从本部分所考虑的三个变量因素来看，人均可支配收入上升是推动房价上涨的最关键因素。

六　主要结论与政策建议

（一）　主要结论

自1988年福利分房制度停止以来，在房地产市场发展过程中，浮现出一些现实问题。

本章的研究从商品房空置率切入，研究其作用机制和影响效果，发挥其现实意义。数据来源于全国范围内的35个大中型城市，具有较强代表性。这些数据支持了商品房空置率对房价影响效果的实证分析，其作用方向与强度也得到了验证，本章主要结论如下。

住房空置率的定义是，建成一年以内，未销售出去的房屋面积与三年内竣工房屋面积之比。该定义来自国家统计局，它并未考虑存量空置房，因而数据偏低，不能全面反映空置现状。虽然国内经济仍处于快速发展阶段，但股市自2008年以来的低迷表现，使得楼市日益得到人们的关注。房产被用于投资而非居住，造成大量住房空置现象。而该部分空置面积尚未被统计，使得国家统计局的数据相比实际偏低。

人们对商品房的投机性需求随着房价上升而日益旺盛，商品房空置率增加是房价上升的推手。要抑制房价过快增长，就要从平抑投资性房产交易入手，提高住房供给以维持供需平衡。前文提到，商品房空置率、土地出让价格、人均可支配收入三个因素与房价显著正相关，其中以人均可支配收入为最大影响因素。要从根源上解决问题，就需要政府从供需关系入手，着力点就在于缩小收入分配差距，使之处于合理范围内。此外，政府还应管控土地出让价格，降低地方财政的土地依赖性，并实施更完善的税制，多方面降低土地出让价格，进而降低房价和商品房空置率。

（二）政策建议

1. 抑制房地产市场投机行为，控制商品房空置率

在股市进入低迷时期，期货市场等投资对象尚未完善的情况下，居民缺乏有效的投资渠道。在此情况下，一部分拥有高消费能力的居民通过投机行为抬高房价，而后引发羊群效应。政府的限购政策只能处于被动地位。投资品价格大幅涨跌现象的背后，是非理性因素的推动和跟风效应。如今，巨额外资流入国内市场，当然也包括房地产市场，这是房价升高的外来因素。国内房地产开发商的囤积行为，配合饥饿营销手段，会进一步恶化供求关系，使得房价进入不合理区间，房地产市场沦为投机者套利的场所，房产的真实价值被扭曲，助长了空置现象。

征收房产税是政府平抑投机行为的一种方法。但目前我国仅在某些省市试点开征房产税，尚未在国家层面宏观地对房产税的用途与归属做出法律规定。从国情来看，各地经济发展水平各异，给房产税政策制定和实施带来广阔空间。征税可以增加投机成本，有利于保证居民购房刚需，降低投机行为造成的空置比例。

2. 完善政府针对房地产市场实施的宏观调控政策

目前，我国的地方政府政绩考核仍侧重于经济产出，且在地区经济发展指标中，房价权重较大，房地产业还是推动地方经济发展不可替代的力量，加重了地方政府与中央政府之间博弈的现象，地方政府的实际执行情况往往会削弱中央政策的调控预期。"国十条"和"国五条"属于全国性

的行政命令，其精细化实施的重任落在地方政府手中。除了限购政策外，提高银行放贷利率和首付比例以及二套房首付比例与强化家庭可拥有房产数量限制，虽有一定成效，但不能从根本上解决不断恶化的房地产市场泡沫问题。解决过高房价问题，只有从供需角度发力才能从根本上起效，而关键就在于保障供给。在保证正常商品房供给的同时，要照顾低收入者的住房刚需，加快保障住房建设。

3. 规范地方政府的调控职能

投机心理的盛行在房地产市场上的反映就是高空置率。市场普遍预期看涨，而地方政府过度依赖土地财政收入，也乐见房价上升，以寻求更大的经济租金。"运动员"和"裁判员"角色都集中在地方政府身上，使得地方政府没有动力去真正实施好调控政策。只有以实业为基础支撑地方财政和税收，让地方政府从以往的土地财政依赖中解脱出来，才能不遗余力地发挥其调控作用。让房地产市场回归正常状态，需逐步剔除投机成分，并且规避寻租行为，避免公权力滥用。要将政府职能回归到保障公平竞争和市场秩序上，建设服务型政府，警惕政府失灵现象。

4. 购房者对房价回归理性预期

在城镇化进程中，新增加的城市居民的住房需求必须得到保证。在双轨供给制度下，应对商品房市场信息应及时予以发布和更新，力争实现主要城市信息联网。销售过程中的三公原则也应予以贯彻。保障性住房应优先满足低收入群体的需求，以体现其根本保障作用，决不能成为某些单位的隐形福利而发放给工作人员。短期供给不足会造成居民对房价的非理性预期，在从众心理的助推下，使需求量猛增。只有改善供给侧才能平抑需求的结构性错位，使民众的预期回归正常区间，避免盲目购买。

综上所述，单单抑制住房需求，不能从根本上解决供需难题和跳出高房价困局。要从供给侧角度予以改善，通过多途径扩大供给，尤其是保障住房的供给。市场参与主体，不仅包括政府和房地产开发商，还有居民自身都要保持理性。

第七章　房地产市场宏观政策调控：金融政策

一　中国房地产金融政策与房地产周期概述

（一）房地产金融政策的概念范畴

随着我国房地产市场逐渐成熟，金融支持对产业的重要性不断上升，房地产业的正常运转与资金支持密不可分。金融政策在平抑波动和调控政策实施过程中，扮演了重要角色。

土地政策、金融政策、税收政策三大政策构成了房地产宏观调控政策的主体。政府运用金融手段和工具，调节流入房地产市场的资金规模，从而干预市场运行的宏观调控政策就是金融政策。金融政策具有见效快、作用显著的特点，因而得到大部分国家政府的运用。究其原因，资金密度高是房地产行业的一大特点，房地产市场运行和运转需要大量资金投入。金融政策能调节资金流量，所以能在较大程度上影响房地产市场发展，金融政策主要包括以下几方面。

1. 货币供应政策

货币供应变动直接或间接地引发市场波动。

从直接角度看，货币供应必须满足房地产市场参与者对货币的需求。供应量的增加能给房地产业投资开发与消费带来雄厚资金。若货币供应增长并超出市场需求，在初期并不会产生重大影响，但当持续增长一段时间后，居民将货币转化为实物的心理将进一步增强，引致房地产需求增加。而供给在一定时间内是刚性的，需求增长导致供给相对不足，进而导致房价和成交量双涨。

从间接角度看，货币供应变化导致收益率、利率等指标也产生相应变化，这些指标的变化，对货币供需会产生反馈效应，并影响扩散至房地产行业甚至整个宏观经济，带来行业和宏观经济波动。这就是货币供应变动影响房地产市场波动的间接途径。

2. 货币调控政策

所有引发货币有效供给变化的宏观调控政策，都可称为货币调控政策。货币调控属于央行的一般职能，在央行的主要业务中得以实现。其作用机制为，改变商业银行准备金率和存款，调节贷款输出，从源头上控制房地产开发和贷款的规模。房地产市场的发展与贷款的可得性有密切联系。比如，采取扩张性货币政策时，银行和其他金融机构的放贷能力将得到提升，资金的流入将增加需求，促进房地产市场繁荣。

3. 利率政策

资金的比较价值在利率中得到体现，土地还原利率和房产投资收益率均有较好的可比性。该政策的主体内容有：基准利率、存贷款利率上限与下限规定、开发与放贷利率等。

该政策产生的影响涉及房地产投资和消费双方：（1）房地产投资方。前期开发投资必须以充足的资金流作为保障，在投资与置业过程中，银行与其他金融机构的贷款在资金中占有较大比例。利率与资金使用成本紧密联系，很大程度上决定了开发投资的积极性。（2）房地产消费方。贷款利率决定利息额，关乎购房者的还贷压力，因而影响购房者的购买决定。对于购房者而言，利率的变动将通过多种因素产生放大的效应。不同利率范围内的调整将产生不同的弹性影响。

4. 货币当局针对各个金融机构的管理措施

管理措施的主要内容有：通过变更存贷款政策显著干预房地产业的周期波动，该项政策能直接调整市场资金流量，影响市场运行；如果以相对宽松的政策进行监管，则会使得资金进入更加容易，促进产业扩张发展。

5. 商业银行信贷政策

商业银行在信贷资金优化配置和结构调整中具有重要作用，能通过贷款还款政策制定和首付比例划定对投资和消费两方面产生重要影响。宽松的信贷政策使大量资金流入房地产市场，活跃消费和投资，繁荣市场。

类似于货币供应政策，信贷政策也会对房地产业的周期波动产生影响，因其调控资金的直接性，商业银行信贷政策的制定与实施有较大的定向性和引导性，能精细化到具体行业。我国各大银行目前的放贷政策，旨在影响投资和消费总额，同时影响投资消费的结构引导与合理建设。

（二）衡量金融政策调控效果的主要参数

政府在一定时期，通过金融政策对房地产市场实施干预，其效果可通过如下指标的变化反映出来，数值变动与干预强度正相关。

1. 利率

政府扩张房地产市场的动向可通过利率降低呈现出来，央行下调利率降低了投资与消费的成本，提升了市场和消费者的信心。而利率上扬则意味着货币当局收缩市场的政策倾向，投资和消费被抑制，市场收缩。但这种趋势并非绝对，上调利率并不一定能遏制高涨的房市，比如在市场相当活跃的阶段，会出现房地产市场价格与利率同时走高的现象。表 7-1 列出了 2006 年 4 月至 2015 年 5 月国内金融机构人民币贷款基准利率数据。

表 7-1　2006 年 4 月至 2015 年 5 月国内金融机构人民币贷款基准利率调整情况

单位：%

时间	六个月以内	六个月至一年	一至三年	三至五年	五年以上
2006 年 4 月	5.4	5.9	6.0	6.1	6.4
2007 年 3 月	5.7	6.4	6.6	6.8	7.1
2007 年 12 月	6.6	7.5	7.6	7.7	7.8
2008 年 9 月	6.2	7.2	7.3	7.6	7.7
2008 年 12 月	4.9	5.3	5.4	5.8	5.9
2010 年 10 月	5.1	5.6	5.6	5.9	6.1
2010 年 12 月	5.4	5.8	5.9	6.2	6.4
2011 年 2 月	5.6	6.1	6.1	6.5	6.6
2012 年 4 月	5.9	6.3	6.4	6.7	6.8
2012 年 7 月	5.6	6.0	6.2	6.4	6.6
2014 年 11 月	5.6	5.6	6.0	6.0	6.2
2015 年 3 月	5.4	5.4	5.8	5.8	5.9
2015 年 5 月	5.1	5.1	5.5	5.5	5.7

数据来源：中国人民银行官网。

2. 货币供应量

货币供应量主要涉及存款与现金两种形式的货币。中央银行管控货币供应量将直接导致资金流的规模发生变化。一般情况下，货币供应增加有利于市场良性运行，但它事关宏观经济，政府很少会单独因为特定市场来进行货币供应量调整。我国 2012 年 12 月至 2016 年 6 月的货币供应量情况如图 7-1 所示。

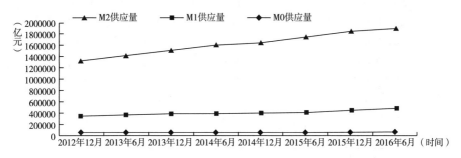

图 7-1　2012 年 12 月至 2016 年 6 月国内货币供应变化趋势
数据来源：东方财富网。

3. 存款准备金率

中央银行对货币量的调控手段还包括对存款准备金率的调整。该方法可以反映出央行甚至是中央政府对宏观经济或者具体行业的政策方向和调控思路。

存款准备金率提高可以对各级金融机构的可贷资金产生明显的压缩效应，高度依赖贷款资金的房地产业也会因此出现一系列后续反馈调整，缩小规模。笔者对 2006 年 8 月至 2016 年 3 月我国存款准备金率的调整情况进行取样，如表 7-2 所示，发现个别年份有一定的波动情况。

表 7-2　2006 年 8 月至 2016 年 3 月我国存款准备金率调整情况

单位：%

调整时间	调整前	调整后
2006 年 8 月	8.0	8.5
2006 年 11 月	8.5	9.0
2007 年 9 月	12.0	12.5

续表

调整时间	调整前	调整后
2007 年 10 月	12.5	13.0
2008 年 1 月	14.5	15.0
2008 年 3 月	15.0	15.5
2008 年 9 月	17.5	17.5
2008 年 12 月	16.0	15.5
2010 年 11 月	17.5	18.0
2010 年 12 月	18.0	18.5
2011 年 6 月	21.0	21.5
2011 年 12 月	21.5	21.0
2012 年 2 月	21.0	20.5
2012 年 5 月	20.5	20.0
2015 年 9 月	18.0	17.5
2015 年 10 月	17.5	17.0
2016 年 3 月	17.0	16.5

数据来源：人民网。

4. 房地产开发项目的最低资本金比例

信贷是房地产金融调控的有力工具。房地产开发项目要求最低资本金比例与企业自筹资金比例大致对等。房地产信贷监管政策的松紧与侧重点能够体现在最低资本金比例上，比如，降低该比例将盘活企业资本，改善供求状况，平抑房地产价格。

此外，汇率等其他变量也将通过外汇市场对海外资金的投机行为与投资决定产生影响，间接影响国内房地产市场的周期性波动。但目前，政府制定的汇率制度并不直接影响房地产市场，而是借由其他环节对房地产市场产生间接效应，所以只能当作补充参考的变量。

（三）房地产周期分类及衡量指标

金融政策的调整与房地产周期波动之间是相互促进、相互影响的关系，具体来说：宏观金融政策的调整会对房地产市场的发展起到促进或抑制的作用，而房地产市场会因金融政策的调整而产生高涨或冷却的势头。比如伴随着 2011 年 1 月 26 日"新国八条"和相关执行细则的出台和实施，众多城市的商品房交易量急剧下跌，房地产市场迅速冷却。然而，在房地产市场萧条时期有部分城市的房价仍旧呈上涨的态势，房地产开发商也并未因为需求的急剧下跌而立即降低房价。当前我国房地产市场所处的发展周期及其波动规律仍是我们需要进行深度研究和分析的重要问题。

1. 关于我国房地产周期划分的不同观点

我国相关学者关于房地产周期划分有多种观点。张晓晶和孙涛（2006）根据房地产投资增速与固定资产投资增速变化情况，将我国20世纪70年代以来的房地产周期划分为三个阶段。第一阶段：1978～1991年，真正的房地产业起步阶段；第二阶段：1992～1997年，房地产业的调整阶段；第三阶段：1998年至今，房地产市场进入了新一轮的复苏回升阶段（见图7-2）。

郁文达（2003）根据房地产年销售面积增长率变化情况，将我国的房地产周期划分为三个阶段：第一阶段为1996年以前具有鲜明的计划经济特征的房地产低谷期；第二阶段为1996～1998年，房地产业受单位投资建房和集团消费影响实现迅速发展；第三阶段为1998年至今，个人购房消费因货币政策的放松和金融贷款体系的完善实现了快速上涨。

谭刚（2001）以多项指标合成方法对我国的房地产周期进行了划分：第一阶段为1978～1986年，住房商品化促进了房地产业的起步并推动房地产业逐步实现发展；第二阶段为1987～1991年，由于宏观政策法规不完善，房地产业进入拉锯式发展阶段；第三阶段为1992～1994年，房地产市场在实现短暂繁荣之后又迅速回落；第四阶段为1995年至今，房地产业进入相对稳定的发展阶段。

此外，还有学者以产业经济环境，如以产业政策调整和产业体制改革特征为标准，对我国转轨时期的房地产周期进行划分。第一阶段：1978～1986年。1978年以来，随着社会主义市场经济体制改革的不断推进，非公有制经济得到了迅速发展，为住房商品化创造了可能性。我国的房地产业进入理论准备和出售公房的试点阶段。全价售房试点、"三三制"试点改革，逐渐引发了理论界和实务部门对住房问题的重视。这是我国房地产业在发展过程中极其重要的起步和摸索阶段。此时房地产市场固然还不成熟，交易规模也不大，但为此后的住房制度改革打下了基础。第二阶段：1987～1991年。在这一时期，我国加强整顿管理，推进土地使用制度改革，同时，深化住房制度改革，逐步将公房的福利性实物分配制度转变为货币工资分配制度，为加快房地产业的发展提供了动力。由于存在政策法规不健全、市场运行机制单一等问题，房地产市场虽然交易规模有所扩大，但仍未发育成熟，而且从这一时期开始出现区域房地产市场发展不平衡问题。第三阶段：1992~1994年。伴随着社会主义市场经济体制改革的推进，国家不断下放权力，扩大市场调控的领域，为房地产业创造了迅猛成长的契机。这一时期的房地产业实现了前期的短暂繁荣，具体表现为：投资规模飞涨，推动了房地产价格急剧上涨，涌现了一大批房地产商，房地产业进入了短暂繁荣期。然而，由于房地产业的迅速扩张，我国出现了市场投机过盛、投资结构不合理、政府监管不到位等一系列问题，部分地区产生了房地产泡沫。因此，为了实现房地产市场的健康发展，政府采取了"软着陆"的宏观调控政策，加强对房地产市场的整顿与管理，使得房地产市场在短暂扩张之后，转向冷却、缓慢的发展阶段。第四阶段：1995年及以后。政府对房地产市场加大了宏观调控力度，以此引导房地产市场规范健康成长。政府采取了土地、财政和货币政策等对房地产市场进行调控和引导，使其实现了相对平稳的发展。1995~2014年我国固定资产投资和房地产开发投资增长速度如图7-2所示。

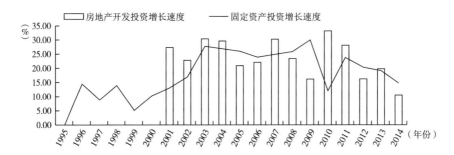

图7-2 1995~2014年我国固定资产投资和房地产开发投资增长速度对比
数据来源：历年《中国统计年鉴》。

2. 我国房地产周期波动的单指标分析

我们选择单指标分析法，以商品房销售面积增长率为对象对我国房地产周期波动情况加以研究。在相关研究中，各学者由于思维方式和着重点的差异，选取了不同的衡量指标和分析方法对房地产周期波动情况进行了分析。然而，一般来说，由于商品房销售面积增长率指标具有所需数据易获取、可比性较强、整体拟合性良好等优点，本部分我们选择先用这一指标对房地产周期波动情况加以描述。

由图 7-3 可知，商品房销售面积增长率在 1993 年达到了历史最高值，然而随后急剧下降，在 1996 年甚至转为负值。1997 年，房地产市场开始逐渐复苏，进入新一轮扩张期，在 1998 年商品房销售面积增长率实现了新一期峰值。在 1998 年之后，在多种相关因素的综合作用下，商品房销售面积实现了较为平稳的增长，在小幅区间内上下波动。2008 年，在金融危机等外部环境的冲击下，商品房销售面积再次出现了负增长，然而从 2009 年起，商品房销售面积增长率又开始大幅度回升。

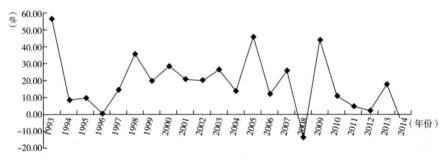

图 7-3　1993~2014 年我国房地产周期波动的单指标（商品房销售面积增长率）分析
数据来源：国家统计局。

3. 我国房地产周期波动的多指标分析

虽然单指标分析具有一系列优点，但是由于选取的样本数据比较单一，其对房地产周期波动情况的描述准确度不高。为了对我国房地产的周期波动情况进行准确全面地描述，我们将进一步以多指标分析法来加以分析。

我们利用 1993~2014 年的年度数据，并选取了以下指标：商品房销售面积、商品房平均销售价格、房地产开发投资额、房地产企业经营总收入、房地产企业平均从业人数。首先对每一指标计算同比增长率，然后对各指标的同比增长率求算术平均值。为防止未知的不规则因素影响其准确度，再分别求出各项指标三年期的移动平均值（各指标增长率计算结果如表 7-3 所示，各指标同比增长率的算术平均值和三年期移动平均值如图 7-4 所示）。

表 7-3   1993~2014 年房地产相关指标的增长率情况

单位：%

年份	商品房销售面积	房地产开发投资额	房地产企业平均从业人数	房地产企业经营总收入	商品房平均销售价格	算术平均值	移动平均值
1993	55.94	164.98		114.91		111.94	
1994	8.11	31.82		13.41		17.78	
1995	9.34	23.29		34.43		22.35	50.69
1996	-0.06	2.14		13.69		5.26	15.13
1997	14.05	-1.18		12.68		8.52	12.04
1998	35.24	13.71		33.03	3.30	21.32	11.70
1999	19.46	13.53	6.50	2.53	-0.48	8.31	12.72
2000	28.03	21.47	10.42	49.23	2.87	22.40	17.34
2001	20.25	27.29	9.30	21.17	2.75	16.15	15.62
2002	19.62	22.81	6.75	29.35	3.69	16.44	18.33
2003	25.77	30.33	6.29	29.10	4.84	19.27	17.29
2004	13.39	29.59	31.53	45.72	17.76	27.60	21.10
2005	45.13	20.91	-4.37	10.93	14.03	17.32	21.40
2006	11.48	22.09	5.59	22.19	6.29	13.53	19.48
2007	25.05	30.20	7.42	29.65	14.77	21.42	17.42
2008	-14.72	23.39	22.14	14.10	-1.65	8.65	14.53
2009	43.63	16.15	-7.19	29.63	23.18	21.08	17.05
2010	10.56	33.16	7.28	24.24	7.50	16.55	15.43
2011	4.39	28.05	7.93	3.48	6.46	10.06	15.90
2012	1.77	16.19	5.75	14.69	8.10	9.30	11.97
2013	17.29	19.79	8.59	38.56	7.70	18.39	12.58
2014	-7.58	10.49	6.49	-6.00	1.39	0.96	9.55

数据来源：国家统计局。

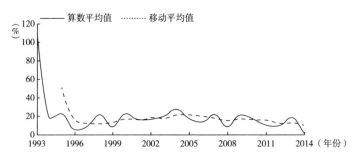

图 7-4   1993~2014 年我国房地产周期波动的多指标分析

由表 7-3 和图 7-4 可知，1993 年底，我国房地产市场出现了大幅度下滑，于 1994 年到达谷底。1994 年之后，房地产市场虽然仍然存在一定幅度的波动，但波动并不剧烈，保持着较为平稳的发展。此外，与之前相比，2000 年后房地产市场的波动相对平缓。经过移动平均后的相关指标在一段较长时间内保持稳定。

4. 我国房地产周期划分

改革开放之前我国的房地产市场及体系并不完善，因此从严格意义上来说，关于房地产周期波动的研究是从 1978 年开始的。然而，1987 年之前的数据的搜集和获取较为困难。因此，关于 1987 年以前的房地产波动特征，我们选择参考借鉴相关文献。在此，我们根据对上述数据和图表的相关分析，把我国房地产周期划分为以下几个阶段。

第一阶段，即 1978~1986 年，房地产发展的起步阶段。这一时期的房地产交易规模较小，波动幅度较小且不明显。第二阶段，即 1987~1991 年，房地产平稳发展阶段。房地产交易规模和投资规模均有较大幅度的上涨，房地产市场发展不断完善。第三阶段，即 1992~1994 年，房地产剧烈波动时期。在这一时期，由于国家宏观调控政策等因素影响，房地产业在急剧增长后进入迅速回落阶段。第四阶段，即 1995~1997 年，房地产短暂下滑时期。由表 7-3 可知，房地产周期波动的相关衡量指标的增长速度呈下降趋势，房地产市场进入短暂下滑收缩阶段。第五阶段，即 1998~2003 年，房地产相对平稳发展时期。由图 7-4 可知：这一阶段个别时间段波动较为剧烈，然而，从整体来看，波动趋势比较平缓，房地产市场处于温和成长时期。第六阶段，即 2004 年以后，新一轮的繁荣调整期。这一时期新的波动峰值出现在 2004 年。我们通过将这一时期的数据进行移动平均使得房地产市场的波动较为平缓。然而实际上，这一时期房地产业区域不平衡发展愈演愈烈，部分地区的住房价格剧烈上涨，并严重超出了居民家庭的住房支付能力，"购房恐慌"现象屡见不鲜，严重影响了社会的安定和经济的平稳发展。

二　金融政策与房地产周期波动关系的理论基础

本节主要对金融政策在房地产周期波动中起到的作用进行讨论，主要内容包括：我国房地产周期波动形态描述；基于实施效果分析金融政策在房地产周期波动中起到的作用；把控未来两者的变化趋势。合理的金融政策有利于金融系统内部稳定，规避剧烈波动。

第一，合理的金融政策，可助力行业可持续发展。国内金融体系尚不成熟，信贷管理和风险监控机制并不完善，各商业银行为了维护其市场地位，在信贷管控时不够理性。结果就是，过量资金涌入房地产市场，引发市场膨胀。国内曾经出现的两次房地产市场局部过热现象都与巨资流入密切相关，而这些资金基本上都是来自金融机构的放款。为了防止此类现象再次发生，信贷门槛的把控、监督机制的完善和风险评估体系的建立是必不可少的。这样既能强化风险管理，又能控制资金的合理流向，避免对房地产周期波动产生推波助澜的冲击效果。近年来，国内的政策制定已经倾向于预防性措施的制定。

第二，实施金融政策，平抑房地产周期内的剧烈波动。信贷政策与利率政策在平抑市场波动中具有显著作用，是常用的金融政策。二者相比而言，信贷政策在房地产周期波动中的作用更大。因为国内的房地产市场属于投资推动型，信贷政策能从根源上控制信贷规模，相机处置市场过热或低迷的情况，从根源上影响周期波动。当房地产市场步入低迷状态、影响宏观经济运行时，对应的宽松信贷政策具有放松银根、拉动经济增长的作用，对扩大内需、维持经济社会稳定起着重大作用。相对于信贷政策的直接迅速，利率政策的调控作用较为平和，存在一定的反应时滞，但依然能产生重要影响。其作用机制在于：通过利率调整，影响投资成本和消费成本，进一步调整贷款数量和供需结构。在历史上的高利率时期，比如1998年，五年期贷款利率一度超过 10.35%，消磨了居民的贷款购房意愿，不利于当时的住房改制。央行为了刺激内需，于1998年下半年两次调低利率，并于次年继续下调，带来新一轮的消费复兴。

(一) 四象限模型——利率与房价的关系

1. 四象限模型概述

房地产价格由供求关系决定。在资产市场范围内，房地产价格与开发规模有密切联系。而在使用市场范围内，租金水平也是由供求关系决定的。供给一定时，物业需求增加，导致租金上升，反之则租金下降。房地产资产市场和使用市场，正是通过新建量与租金水平这两个指标进行衔接的。资产市场的建设量转化为使用市场的新供给，而使用市场的租金则是资产市场上投资决策的参照物。

在四象限模型中，第一、四象限描述使用市场，第二、三象限描述资产市场。第一象限的下倾斜线反映了物业存量与租金水平在一般情况下呈现负相关关系（见图7-5）。而使用市场的物业来源是资产市场的建设量。要维持使用市场的供需平衡，必须有合理的租金区间。国家宏观经济发生变化时，对应着直线的位移，经济增长对应直线向上的移动，代表需求增加，经济衰落则对应直线向下移动。第二象限的作用在于描述租金价格比，用以衡量资产持有的预期收益率，第四象限代表了长期以来的存量。利用四象限模型，可依次确定适宜的租金水平，再经过资本化率换算，可确定资产价格水平。房地产开发商可依据现时房地产价格来确定本年度新开发项目的规模，建设完毕的项目成为市场上新进存量。唯有使用市场上的存量供给的初始和结束水平一致，两个市场才能达到均衡。

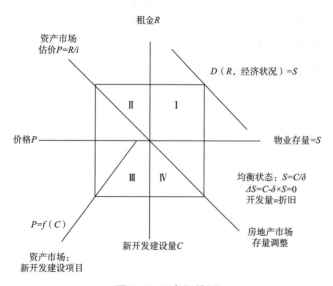

图7-5　四象限模型

2. 四象限模型下利率水平对房地产价格的影响研究

我们在四象限模型下，从短期和中长期两个角度对利率与房地产价格的关系进行分析。一方面，短期利率的波动首先对房地产资产市场上新开发建设项目的开发成本产生影响，从而进一步影响使用市场上的存量供给；另一方面，长期利率的波动将导致资产市场上需求的波动。因此，短期利率和长期利率的波动，将从两个不同的方面对房地产价格产生影响。

关于短期利率对房地产价格的影响，首先，对短期利率的波动如何对房地产资产市场上新开发建设项目的开发成本产生影响，进而影响使用市场上的存量供给这一传导过程进行分析。当短期利率上升时，房地产开发商的建设投入成本将增加，位于第三象限内的成本曲线左移，房地产开发商在相同的房地产资产价格水平下，会降低新开发建设量，导致位于第四象限内的存量供给曲线向左移动，并进一步导致使用市场上的物业供不应求，促进租金上涨，进而推动房地产资产市场价格水平上涨。这一过程将不断循环下去直至市场实现新的出清状态，即房地产资产市场的初始价格等于结束价格。由此可知，短期利率的上涨，会导致房地产开发商的新开发建设量和物业存量供给下降，同时租金水平和资产价格则会相应上涨。反之，短期利率的下降，将会导致物业供给的增加，同时租金水平和资产价格水平则会相应地下跌。由此可知，短期利率的波动与房地产资产价格变动之间呈正相关关系。

然后，我们对长期利率的波动如何通过影响房地产领域的获利能力，即收益率或资本化率，促进房地产价格调整进行分析。具体来说，当长期利率上涨时，资产市场上的收益率将会下跌，而长期利率的下跌将导致房地产投资的资本化率上涨。中长期利率的降低，会使得投资者降低对资产的预期收益要求，在物业市场的租金水平保持不变时，当前房地产收益率将会降低，相应的资产价格水平将会上涨，进而引起位于第三象限的成本曲线右移，使得房地产开发商新开发建设量增加。这一传导机制又使得位于第四象限的存量供给曲线右移，供给增加，房地产租金水平相应下降。这一过程将会不断地循环下去，直至房地产市场实现新的出清状态，即房地产使用市场的初始租金水平等于结束租金水平。然而，新的房地产市场均衡矩形所处的位置要比初始均衡矩形靠下，同时新的均衡矩形也比初始均衡矩形更大。相反，中长期利率的上涨，将会导致位于第二象限的资本收益率的曲线顺时针旋转，最终使得房地产资产价格水平下降和租金水平上涨。中长期利率的下降，将会导致房地产资产价格水平的上涨和租金水平的相应下跌。总之，中长期利率的波动对房地产资产价格水平具有负向影响。

作为内生经济变量，价格和租金水平受到房地产市场的供求状况的影响。在房地产建筑物的所有者不将其留作自用时，我们是应该将其视为使用空间还是视为资产来加以衡量？这二者之间存在着异常明显的差异：物业市场上的租金水平由承租人的租房需求与房地产使用市场有能力供给的建筑物的种类和品质共同决定。与此同时，房地产投资者之间也可能存在着建筑物的交易活动，而物业市场上的资产价格水平就是由发生在资产市场上的这些交易（买卖或交换）活动所决定的。作为外部影响因素的利率波动，对房地产市场存在着比较复杂的影响。我们先将房地产市场划分为资产市场和使用市场两个市场，再在这两个市场的基础上划分出四个象限，通过将资产市场与使用市场的差别加以明确的区分，我们就可以充分地理解内生经济变量怎样在外部因素的影响下，对房地产业产生进一步的影响。这种模型所构建的简单架构关系，能够清晰地阐明外部环境变化对市场均衡的影响。然而这种分析方法存在着一个重大缺陷：在分析市场实现新的均衡状态的动态过程中，要想对其中间步骤的变动进行追踪是非常困难的。因此，若想要对市场的中间调节过程加以分析描述，还需要运用到系统动力学的理论知识。

（二）银行信贷下的房地产价格波动模型

相当多学者认为可以将 Carey（1990）的土地价格模型应用于房地产领域来解释和分析房地产价格的波动。

这里有三个基本的前提假设。（1）固定的房地产短期供给，为 S。（2）存在着 W 个期望同质但对市场保留价值（P）存在不同看法的住房投资者，假定他们关于市场保留价值 P 的分布函数为 $F（P）$，并且该函数服从均值为基准价格（P^*）的均匀分布。令 g 为 P 与 P^* 的离差，那么市场保留价值 P 服从 $F（P^*-g，P^*+g）$ 的均匀分布。因此，住房投资者将会在市场保留价值 P 高于 P^* 时选择购买该房地产，进而愿意支付 P 的投资者所占比例将决定着基准价格。（3）L 为每位投资者可以获得的资源（能够得到的银行贷款），因此得出总市场需求价值为 $W［1-F（P）］L$。

假设在短期内房地产供给固定不变，其价格水平给定为 P，则可得市场总供给价值为 PS。由此求出供需平衡的均衡价格：

$$P = W[1-F(P)]L/S \qquad (式\ 7.1)$$

由假定（2）可知 P 服从 $F(P^*-g, P^*+g)$ 的均匀分布，可得：

$$1-F(P) = (P^*+g-P)/2g$$

将其代入式 7.1，即得均衡的房地产市场价格：

$$P = (P^*+g)WL/(2gS+WL) \qquad (式\ 7.2)$$

由式 7.2 可知：在上述假定下，投资者人数 W、基准价格 P^*、投资者可获得的资源量 L 和投资者的市场保留价值与基准价格的离差 g 共同决定着均衡价格 P。对式 7.2 中的 L 求偏导，得：

$$\partial P/\partial L = 2gSW(P^*+g)/(2gS+WL)^2 \qquad (式\ 7.3)$$

因为数值 g、S、W、P^*、L 均大于 0，所以式 7.3 计算结果大于 0，因此 P 与 L 之间存在着正相关关系，即如果投资者可获得资源量 L 增加，那么房地产价格 P 也会随之增加；对投资者数量、基准价格和 S 求一阶偏导可得：房地产价格 P 与投资者数量 W、基准价格 P^* 呈正相关关系，而与 S 呈负相关关系。

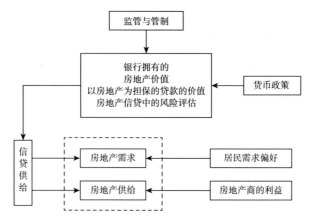

图 7-6 银行住房信贷与房地产业之间的关系

（三）金融调控政策对房地产价格波动的影响

与其他产业相似，房地产业在发展的过程中存在着明显的周期波动性，然而与其他产业不同的是，外部宏观经济政策的调整更易对房地产业产生冲击。房地产开发投资因1993年《关于加强固定资产投资宏观调控具体措施》的出台而被划入固定资产投资计划，这是金融政策在我国房地产领域应用的开端。在此后的时期，金融政策一直影响着我国房地产的周期波动。

（四）我国房地产金融政策的历史回顾及绩效分析

我们依据上文对房地产周期的划分，对从1993年起我国主要房地产金融政策的出台情况进行了回顾，并分析其对房地产业产生的绩效（由于银行利率和存款准备金率的调整过于频繁，因此并未逐年指出）。

1. 1992~1994年：房地产剧烈波动时期

1991年，我国开始在全国广泛推行住房制度改革，促进了房地产业的快速进步和全面发展，房地产市场出现了较大幅度的上涨。1992年、1993年商品房销售面积增长率分别达到了41.76%、55.94%，房价迅速攀升。

（1）房地产金融政策的内容

面对房地产市场的异常热化，1993年我国出台了《关于加强房地产市场宏观管理，促进房地产业健康持续发展的意见》，首先加强对房地产市场的宏观管理与调控，促进房地产业的规范健康发展。《关于加强固定资产投资宏观调控具体措施》的出台标志着我国历史上首次在房地产领域进行金融政策调控。1994年，又出台了《关于深化城镇住房制度改革的决定》，该政策是对上述金融政策的进一步延续，进一步规范了房地产市场。

（2）房地产金融政策的绩效分析

这次紧缩的货币金融政策在抑制我国1992~1993年房地产市场过热方面发挥了重要作用。《关于开展房地产开发经营机构全面检查的通知》的实施规范了房企的投资规模，整顿了我国的金融秩序，使我国房地产业进入规范发展轨道。1994年房地产市场开始迅速冷缩，商品房销售面积增长率急剧跌落至8.11%，商品房销售额增长率也由1993年的102.5%回落到1994年的17.9%，几乎下跌了5倍。并且这些金融政策的实施影响较为深远，甚至对下一个周期的房地产业也产生了影响。

2. 1995~1997 年：房地产短暂下滑时期

受上一周期相关政策的影响，我国房地产业进入了短暂收缩期：1995
年房地产开发投资额增长率急速回落，较 1994 年回落 19.9 个百分点；商
品房销售面积增长率在 1996 年为负值。我国房地产市场步入一个暂时性的
低谷发展期。

（1）房地产金融政策的内容

在这一时期，为了进一步加强对房地产市场的宏观调控，实现房地产
业的健康发展，我国相继实施了《城市房地产管理法》等相关法律法规。
整顿金融秩序，限制住房贷款行为，对房地产企业的开发投资行为和居民
个人的住房消费信贷行为进行了进一步规范，同时安居工程的实施，也进一
步规范了房地产市场。1996 年住房公积金制度的广泛推行，政策性贷款制度
的建立以及公有住房出售和租金改革的不断发展，在中国房地产业发展史上
影响深远。为了加快住宅建设，适应住房制度改革，更好满足城镇居民的购
房需要，1997 年我国出台了《个人住房担保贷款管理试行办法》，对使用住
房公积金建造普通自用住宅的担保贷款条件进行了适当放宽。

（2）房地产金融政策的绩效分析

在上述相关政策的综合作用下，上一周期房地产市场暴涨暴跌的混乱
局面得到了有效的改善：房地产开发投资额的增长速度开始缓慢下降，房
地产开发投资的信贷资金增速逐年下降，由 1992 年和 1993 年的 1.24%、
1.67% 回落至 1995~1997 年的 0.18%、 -0.01%、 0.13%[①]。然而，与此同
时，受上一周期宏观调控政策的滞后作用和 1995 年调控政策的双重影响，
短暂收缩的房地产市场又产生了新的问题，即商品房空置率迅速攀升。从
1995 年到 1997 年全国商品房空置率逐年急剧攀升，1997 年商品房空置面
积高达 7083 万平方米。房地产金融政策的实施产生了一定的负面影响。

3. 1998~2003 年房地产相对平稳发展期

在一连串政策影响下，我国宏观经济发展进入调整期，经济发展形势
不容乐观。1996 年实施的宽松货币政策也未能达到有效刺激宏观经济发展

---

① 《中国金融年鉴（1998）》。

的重大目标。1998 年以后，在亚洲金融危机等外部因素的冲击下，我国面临着通货紧缩、经济增长速度整体下滑的困境。为了抵御危机，搞活国民经济，实现稳定发展，我国积极促进产业结构优化升级，以扩大国内实际需求为策略，努力确保经济的平稳发展。由于国家高度重视和积极扶持房地产业发展，房地产业取得了大量资金支持。1999 年，国家继续对房地产业采取积极扶持的态度，并且支持力度明显增大。制度层面，深化住房制度改革，取消住房实物配给，鼓励逐步实现住房分配的货币化；政策层面，规范房地产投资结构和资金开发结构，积极发展房地产金融等政策。这些政策的实施极大地促进了我国房地产市场的回暖和稳步发展。

（1）房地产金融政策的内容

1998 年，政府加大对住房信贷的支持力度，鼓励住房建设投资和住房消费，逐步以住房分配货币化取代住房分配实物制。同时，推行房改制度，发展经济适用房，建立健全规范合理的住房供给体系。

2001 年，政府采取了减免房地产契税等多种税费优惠政策，以促进住房消费，化解较高的库存压力，促进房地产市场的稳步发展。

2002 年，政府采取了降低住房公积金存、贷款利率等措施；整顿金融秩序，促进房地产市场规范发展。

2003 年，央行为加强对房地产信贷的管理，对高档住宅和商业用房的住房信贷进行了严格的贷款限制。

（2）房地产金融政策的绩效分析

从 1998 年推行房改制度开始，房地产业的健康发展与金融政策的调整关系日益紧密。金融政策主要是从投资和消费两个方面严重影响着房地产市场的规范发展。

伴随着住房双轨制改革的不断深化和宏观经济政策的不断调整，1999~2003 年，我国房地产市场进入了相对稳定发展时期。商品房销售面积和房地产开发投资额均保持增长态势，同时商品房平均销售价格增长平稳，在较小的幅度内上下波动。

在需求方面，需求市场与供给市场一样，也会受到宏观金融政策的重要影响。房地产业在政府政策的扶持下取得了巨大的发展绩效，商品房的供求基本保持平衡。在这里，我们选取了总量指标——房地产业的绝对增加值和相对增长率,来对房地产市场的周期性波动情况加以衡量,由表7-4可知:房地产业增加值稳步上升,并且其增长率明显高于 GDP 增长率,房地产市场保持着稳定的增长态势;房地产增加值在 GDP 中所占比重不断上涨,房地产业对经济增长发挥着越来越大的推动作用。

表 7-4 1998~2003 年我国房地产业增加值及其与 GDP 的比较

单位:亿元,%

年份	GDP		房地产业增加值		
	总额	增长率	总额	占 GDP 比重	增长率
1998	84402.3	6.87	3434.5	4.07	17.58
1999	89677.1	6.25	3681.8	4.11	7.20
2000	99214.6	10.64	4149.1	4.18	12.69
2001	109655.2	10.52	4715.1	4.30	13.64
2002	120332.7	9.74	5346.4	4.44	13.39
2003	135822.8	12.87	6172.7	4.54	15.46

数据来源:国家统计局。

在供给方面,由表7-5可知,房地产开发投资额以较快的速度增长,投资规模不断扩大。与前期相比,2003 年房地产开发投资额增幅较大。从整体来看,投资结构存在一定程度的改善,具体表现为:从 1998 年开始,住宅开发投资额持续上涨,在房地产开发投资额中所占的比重不断上升,2002 年甚至达到 67.1%。然而,经济适用房投资额在住宅开发投资额中所占比例增幅并不显著。

表 7-5 1998~2003 年我国房地产供给市场相关数据

单位:亿元,万平方米

年份	房地产开发投资额	新开工房屋面积	施工房屋面积	竣工房屋面积
1998	3614.23	20387.90	50770.10	17566.60
1999	4103.20	22579.41	56857.63	21410.83
2000	4984.05	29582.64	65896.92	25104.86
2001	6344.11	37394.18	79411.68	29867.36
2002	7790.92	42800.52	94104.01	34975.75
2003	10153.80	54707.53	117525.99	41464.06

数据来源:国家统计局。

在住房消费方面，个人在申请住房信贷时，政府适当放宽相关的限制条件，这些政策的实施使得普通住房消费领域也可以享受住房消费信贷政策优惠，对促进个人住房消费市场的发展与繁荣发挥了重要的作用。

居民对商品房的有效需求不断上涨，商品房的销售总额和销售面积持续增加。住房需求的增加进一步促使房价上升，商品房平均销售价格在五年的时间内持续上涨。个人住房消费在居民消费中所占比重迅速增加，居民个人在住宅消费中发挥着越来越重要的作用。

4. 2004 年以后：新一轮的繁荣调整期

在这一时期，我国进一步规范了土地市场，建立健全房地产金融政策体系，在充分发挥市场机制作用的基础上，对房地产市场进行适当的调控与整顿，促进其健康规范发展，发挥其推动经济发展的作用。在这一时期，房地产市场除 2008 年受金融危机的严重影响急剧滑坡外，基余年份基本保持着较为平缓的波动态势。然而也同样存在投资投机过热、房价居高不下、库存积压严重、房价的地区性差异较大等问题，这也严重影响了房地产市场的安全和宏观经济的稳定。

（1）房地产金融政策的内容

这一时期的房地产金融政策主要以抑制房价过快上涨、降低库存压力、促进房地产市场健康规范发展为目标。

2004 年 4 月和 10 月我国分别上调存款准备金率和金融机构的贷款利率，这是央行 1993 年后首次上调存贷款利率。

2005 年政府出台了打击投机炒地、规范房市的"国八条"。

2006 年，面对城市房地产市场依然存在的投资规模过大、房价异常飞涨等问题，政府相继颁布了一系列文件，如"国六条""国十五条"等，加大调控力度，通过上调银行贷款利率等紧缩的货币政策抑制银行资金的流动，并加强对外商投资企业房地产开发经营、境外机构和个人购房的管理。与此同时，政府也注重对小户型经济适用房和廉租房发展的扶持。

2007 年 8 月，政府改变政策调控思路，向建设健全保障性住房制度方向转变，出台了相关政策文件。同时，央行六次上调贷款利率和存款利率，以严厉打击炒房投机行为。

2008 年上半年，实施持续收紧的货币政策，五次上调存款准备金率。

而下半年，为了应对金融危机等外部经济环境的严重冲击，实施以保增长为目的的适度宽松的货币政策，多次下调存、贷款利率；不断提高低收入群体的生活水平，加大投入力度，加快保障性安居工程的建设，进一步扩大内需，促进经济回暖和居民生活的安定。

2009 年，政府加大对自住型和改善型住房消费的信贷支持力度，对已购买一套住房的居民，为改善居住条件，再次贷款购买第二套住房的，比照执行首次贷款购买普通住宅的优惠政策。5 月，颁布《国务院关于调整固定资产投资项目资本金比例的通知》，下调固定资产投资项目资本金比例，预示着持续了数年的紧缩的货币政策开始逐步走向宽松。6 月，查处违法用地、违法修建行为。7 月，出台了《固定资产贷款管理暂行办法》与《项目融资业务指引》，加强金融监管，防范银行金融风险。

2010 年 1 月，国务院颁布"国十一条"，明确规定二套房贷款首付比例不得低于 40%；有效增加一般性商品房和保障性廉租房的供给力度，抑制不合理的投机性需求等。随后又出台了一系列严厉的房地产调控政策，如暂停发放居民家庭购买第三套及以上住宅贷款，对于房价疯长、住房存量不足的城市在一定时间内可以限制居民家庭的购房套数，进一步加快房产税改革并逐步向全国推广，对有违法违规行为的房企暂停其股票发行和贷款。

2011 年，实行限购政策，规定了二、三线城市的限购标准；出台了新"国八条"，提高投机成本，并有效抑制投机行为；在上海和重庆实行房产税改革试点；采取限制刚性住房需求等相关政策措施。

2012 年，实施相对宽松的货币政策，降息降准，建设保障性住房，促进房价合理回归；实行限购政策，抑制房价过快上涨。

2013 年，转变调控思路，以市场为主、优化供应；深化土地制度改革，推进城乡建设用地市场一体化；实施差别化信贷，推进财政金融体制改革；推动建立不动产统一登记制度；加快户籍制度改革，推进城镇一体化等。

（2）房地产金融政策的绩效分析

这一时期房地产金融政策的调整相当频繁，均以促进房地产市场的稳定健康发展为目标。政策不断地根据房地产市场的发展动态进行相应的调整，以弥补市场的失灵。政策调整在严厉打击住房投机行为、引导住房投资行为合理化方面发挥了一定的作用；在抑制房价过快上涨方面的效果一般，即虽然可以使房价在一段时间内短暂下跌，但随后房价会持续回升甚至涨势更猛；通过税收、金融等相应政策的调整减轻了库存压力。此外，在这一时期，房地产市场明显存在着更为严重的地区发展不平衡问题，局部房地产泡沫问题堪忧。

第一，对房地产供给市场的影响。从表 7-6、图 7-7 可以看出：房地产开发投资额的增长速度从 2004 年的 29.59%下降到 2005 年的 20.91%，经济适用房开发投资额 2004 年、2005 年出现了负增长，2006 年出现了反弹。受 2008 年全球金融危机的影响，宏观经济急剧萎缩，房地产开发投资额增长率和新开工经济适用房面积增长率迅速下降，之后在政府宽松货币政策、实施安居工程等相关扶持政策的促进下，房地产市场逐步回暖。

表 7-6　2004~2014 年房地产开发投资额和房地产开发企业营业利润情况

单位：亿元，%

年份	房地产开发投资额		房地产开发企业营业利润	
	总额	增长率	总额	增长率
2004	13158.25	29.59	857.97	99.36
2005	15909.25	20.91	1109.19	29.28
2006	19422.92	22.09	1669.89	50.55
2007	25288.84	30.20	2436.61	45.91
2008	31203.19	23.39	3432.23	40.86
2009	36241.81	16.15	4728.58	37.77
2010	48259.40	33.16	6111.48	29.25
2011	61796.89	28.05	5798.58	-5.12
2012	71803.79	16.19	6001.33	3.50
2013	86013.38	19.79	9562.67	59.34
2014	95035.61	10.49	6143.13	-35.76

数据来源：国家统计局。

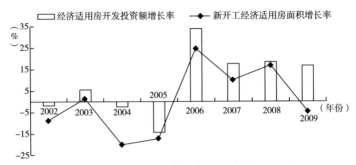

图 7-7 2002~2009 年经济适用房变化情况

数据来源：国家统计局。

第二，对房地产需求市场的相关影响。我们根据商品房和经济适用房销售面积的变动来对需求市场进行简要的分析：如表 7-7 所示，2004~2009年，与经济适用房相比，商品房销售面积增速的波动幅度更大，其中，2005年和 2009 年增速甚至超过了 40%，这主要是由于我国居民住房信贷制度得到了不断的改进和完善，从而有效地促进了个人消费市场的迅速发展。而2010~2014 年，商品房销售面积增速相对平缓，2014 年甚至出现了负增长，这主要是受提高购房首付比例、实行限购、抑制住房投机需求等相关经济政策的影响。

表 7-7 2004~2014 年我国商品房和经济适用房销售面积及增长率

年份	商品房销售面积		经济适用房销售面积		
	总面积 （万平方米）	增长率 （%）	面积 （万平方米）	占总面积比例 （%）	增长率 （%）
2004	38231.64	13.39	3261.80	8.53	-18.84
2005	55486.22	45.13	3205.01	5.78	-1.74
2006	61857.07	11.48	3336.97	5.39	4.12
2007	77354.72	25.05	3507.52	4.53	5.11
2008	65969.83	-14.72	3627.25	5.50	3.41
2009	94755.00	43.63	3058.85	3.23	-15.67
2010	104764.65	10.56			
2011	109366.75	4.39			
2012	111303.65	1.77			
2013	130550.59	17.29			
2014	120648.54	-7.58			

数据来源：国家统计局。

　　这一时期房地产市场主要的调控任务为：打击投机行为，防止房价过快上涨，促进房价理性回归。为实现这些目标，国家出台了提高购房首付比例、降低购房信贷优惠、采取严格的税费政策等相关措施，然而效果并不明显。表 7-8 显示了 2009~2010 年北京市商品住宅期房平均售价的波动情况，波动幅度仍较大。

表 7-8　2009~2010 年北京市商品住宅期房平均售价

单位：元/米^2

时间	四环路以内	四至五环路	五至六环路	六环路以外
2009 年 1~2 月	14226	14447	7206	6703
2009 年 1~3 月	15124	14797	8258	6836
2009 年 1~4 月	15593	15204	8941	7226
2009 年 1~5 月	16510	15744	9308	7550
2009 年 1~6 月	16967	15748	9296	7603
2009 年 1~7 月	17478	16663	9430	7886
2009 年 1~8 月	18113	16868	9749	7847
2009 年 1~9 月	19109	17205	9980	7878
2009 年 1~10 月	19750	17391	10314	8011
2009 年 1~11 月	20515	17523	10665	8213
2009 年 1~12 月	21305	16958	10388	8484
2010 年 1~2 月	31220	17254	11776	10409
2010 年 1~3 月	32809	18724	13518	11090
2010 年 1~4 月	34112	21693	14279	11976
2010 年 1~5 月	34620	20749	14799	11748
2010 年 1~6 月	34905	20517	14961	11444
2010 年 1~7 月	34074	20452	15403	10864

　　由表 7-9 可知：房价的增长速度远远超过了居民家庭收入的增长速度，严重影响了居民的住房购买力水平。其中城市房价收入比区域性差异较大，一线城市的房价收入比水平较高，如北京、上海等，局部地区的房地产泡沫已经较为明显。据统计，2009 年全国 80 平方米住房的房价收入比大约是 9.24[①]。

[①]　数据来源于《中国统计年鉴（2010）》，计算公式为：80 平方米住房的房价收入比 = ﹝（城镇居民平均每人全部年收入×平均每户家庭人口×城镇人口比重）＋（农村居民平均每人全部年收入×平均每户家庭人口×农村人口比重）﹞／（商品房平均销售价格×80）。

然而事实上，部分城市的房价收入比已经显著高于这一水平，如 2009 年上海市的房价收入比已经达到 12 左右①。房价的不合理高涨已经严重影响到经济的稳定和居民的生活水平。

表 7-9　2008~2009 年部分城市的房价收入比比较②

单位：元/年，元/米²

城市	2008 年			2009 年		
	家庭平均年收入	商品住宅平均售价	房价收入比	家庭平均年收入	商品住宅平均售价	房价收入比
北京	77608	11648	12.01	84108	13224	12.58
天津	57694	5598	7.76	63434	6605	8.33
大连	46407	5617	9.68	50546	6174	9.77
广州	76056	—	—	83237	8535	8.20
重庆	30486	2640	6.93	33123	3266	7.89
武汉	50589	4680	7.40	55158	5199	7.54

　　说明：相关数据的计算采用户数比重，即 80 平方米住房家庭户数所占比重（计算结果更为准确），以可支配收入代替居民家庭的平均年收入时，应乘以扩大系数 1.2。

　　数据来源：北京、天津、大连、广州统计年鉴，重庆、武汉统计局，国家统计局。

（五）我国房地产金融政策周期

　　有学者认为，与我国房地产市场按销售面积增长率划分的周期波动一样，我国房地产金融政策也同样具有刺激和紧缩交替的周期性变化，并且这两个周期波动的一致性较为显著。

表 7-10　1993~2015 年中国房地产金融政策调控回顾

时间	政策目的	具体内容	实施效果
1993~1995 年	调整金融秩序，平抑经济过热	收紧银根，规范房地产投资，对个人住房消费信贷进行条件性限制	对房地产的投资增速抑制作用显著，销售量同步减少

---

①　数据来源于上海市统计局，采用（从业人员平均报酬×2）/（商品住宅平均售价×80）估算。

②　同样为 80 平方米住房的房价收入比。

续表

时间	政策目的	具体内容	实施效果
1996~1999 年	从需求面刺激住房市场，推动房地产行业整体发展	放宽个人住房消费信贷条件，加大住房信贷投入，实施住房公积金制度，开展安居工程建设	房地产经济复苏，并开始稳定增长
2000~2002 年	推动房地产业增长，保障市场健康成长	进行住房货币化分配，实行与房地产业发展相配套的积极财政政策，开启住房消费时代等	行业整体继续稳健成长，商品房销售呈上升态势，房地产开发与投资规模都持续扩大
2003~2006 年	稳固房价，规范个人住房信贷消费	从严管控房地产信贷，防范商业银行贷款风险，抑制房价过快上涨	无法抑制房价持续上涨，房地产业总体过快增长
2007~2010 年	扩大内需，稳定房价，调整住房结构，对房市进行全方位整顿治理	重建保障住房制度、健全廉租住房制度，建设安居工程，从严治理炒房行为，紧缩商业银行的资金流动，连续降息降准	多项指标增长相对有所放缓后继续飙升，房市依然整体过热，同时依然存在区域不平衡发展
2011 年至 2014 年上半年	抑制投机需求，引导合理的住房消费，使房价合理化	在住房信贷政策上实行差别化政策，上调贷款利率，过热城市实施限购限贷政策等	依然无法抑制房地产经济过热的形势，房价继续飙升
2014 年下半年至 2015 年	刺激房地产需求，去库存	持续放松限购、限贷政策	一线城市房价继续飙升，其他城市库存压力并无缓解

表 7-10 简要总结了我国 1993~2015 年实施的房地产金融政策，总的来说，可以以 2003 年为拐点分为两个阶段，在第一阶段我国的房地产金融政策与房地产周期波动趋势一致。而第二阶段市场行为偏离政策导向，两者的周期不再契合，说明调控房价的政策效果不再明显。其原因主要在于我国经济体制具有特殊性，在房地产市场发展前期，其体制不够完善，会侧重于宏观政策的引导，故宏观调控对房地产市场有很强的控制力；而在后期虽然宏观政策依然具有导向性，但由于房地产市场较为成熟和具有自我完善特性，它在一定程度上具备了自我运行的机制，不再完全受控于房地产金融政策的"摆布"。

从以上分析可发现，房地产金融政策的形成在前期是对房地产市场和政策本身契合度的一种摸索，是一种事后调控。而当这种事后调控变为事前调控时，这种周期性的金融政策才能与房地产市场在长期趋向一致，房地产市场及其相关产业才能更加协调地发展。

（六）我国房地产金融政策的变化趋势及局限性简析

我国房地产金融政策的发展时间很短，它是在房改全面推行后才产生的，但是其发展势头迅猛。通过上文对我国房地产金融政策的梳理，可以看出其主要特征。

1. 政策内容从维护房地产市场的长远利益出发，规范是主调

房地产金融政策的实施，其目的始终在于引导房地产市场健康发展，主要方式是对金融秩序进行整顿和对市场行为进行规范，具体政策则表现为管理房地产信贷业务、监管商业银行风险乃至调整房市的供需结构等。但总体看来，房地产金融政策产生后都是以规范市场行为为主。

2. 政策的连贯性和一致性持续加强

但此后央行、国务院和银监会三部门在各项监管政策上，目标都秉承良好的一致性和连贯性原则，具体体现在关于商业银行的监管政策与各种信贷和利率等政策的制定上。

3. 调控方式走向多样化

第一，多样化体现在作用对象上，调控作用于投资者和消费者，而且作用力度逐渐向消费者倾斜。具体可以从这些年国家扩大内需的一系列政策看出，首先是 1998 年启动刺激居民住房消费的重要战略，其次是始于 2003 年的个人住房消费信贷政策，并且作为重点内容在金融政策中予以实施，再者是 2010 年开始的一系列严厉密集的限贷限购令和 2014 年开始的为了去库存而放松限贷限购政策，都是重点在于调控住房消费这一方。可以看出政策调控的方式不再囿于单纯刺激投资者，而是体现在调控市场双方的行为上。

第二，调控方式的多元性也同样体现在金融政策工具的使用上。现今的调控工具已不再只是从前的单一贷款调控，而是综合运用购房首付比例、最低资本金比、存款准备金、利率、再贴现、再贷款、央行窗口指导及差别化信贷政策等多种工具的复合调控。

4. 房地产金融调控政策正走向预防性

上文提到 2003 年这个时间拐点，此拐点之前的政策都属于事后调控，具体表现在以整顿金融秩序为总基调制定的针对房市畸形膨胀的多方调控政策上。而拐点之后的政策明显已走向预防性，主要表现在政府对信贷的管控上，并且这种风险规避的趋向在经历亚洲金融风暴和全球金融危机后表现得更加明显，甚至体现在平抑房价和管控信贷等相关政策中。

然而在政策不断完善的同时，我们依然不能忽视金融政策和体制缺陷所带来的负面影响，包括我国一直居高不下的商品房空置率和一线城市的房价，还有此起彼伏的局部性泡沫。

我国的房地产金融政策总是单纯地运用调整利率、限贷限购等导向不精确的调控工具，这类政策缺乏具体问题具体分析的哲学思考，不能针对不同区域的房地产市场对症下药，不仅成效有限而且可能无法触及问题实质。而我国政府在发挥自身主动性方面仍然行动迟缓，不能有效地对市场进行规范。同时政策制定也缺乏对具有强烈差异性和高度复杂性的各地房地产市场的全面考虑（比如从表 7-9 中差异显著的北京和重庆两市的房价收入比可以看出，两市房市处于迥异的发展阶段，同一种抑制房市过度膨胀的金融政策可能会扼杀处在襁褓中的重庆房地产业，却对北京房市来说不甚有效）。

在体制方面，地方政府也因自身角色错位而极易发生调控不力的情况。而在房地产金融方面，源于利益诱惑和体制本身的问题，过多的金融支持不仅推升了房价，同时也为持续"高温"的房市再添热度；同时房地产调控在立法方面也缺乏法律保障，从而无形中提高了执行难度。

三　房地产金融政策对房地产周期波动平抑效应的检验分析

基于此前的理论分析和现实分析，本节主要对房地产金融政策对房地产周期波动的影响进行实证分析，主要运用的方法有格兰杰因果关系检验和基于脉冲响应函数的动态分析。试图解决两个问题：（1）房地产金融政策对房地产周期波动影响的显著性如何；（2）对房地产周期波动效应影响更显著的是利率政策还是信贷政策。同时本节也会对利率政策与信贷政策的影响效应特点分别进行剖析。

(一) 指标选取与检验方法

1. 指标选取与数据处理

在指标选取上,本节将国有银行一年期固定资产贷款法定利率作为利率政策调控变量,把房地产开发信贷资金增长率作为衡量信贷政策调控力度的指标,而衡量房地产周期波动的指标则为商品房销售面积增长率。

数据的收集上,本部分采用了相关年鉴中 1992～2014 年的时间序列数据。对于利率数据序列的处理,我们以每一利率所实施时间的长度为权重得出加权平均值,并将其作为进行实际参与模型的数据序列。而房地产开发信贷资金总额由银行贷款及其他组成。

2. 实证检验方法

本实证的主线是建立合适的 VAR 模型,再进行基于脉冲响应函数和方差分解的相关分析。

具体的思路为:先对各项指标的时间序列进行平稳性检验,此处运用单位根检验法;若通过检验则可建立 VAR 模型,反之,则需继续进行序列是否为协整序列的判定;若通过协整检验则建立的是 VEC 模型,反之,对数据进行差分处理后继续从平稳性检验开始上述步骤;若通过则进一步做基于脉冲响应函数和方差分解的分析。

(二) 房地产金融政策平抑房地产周期波动效应的实证检验

1. 变量平稳性检验

本节具体用的平稳性检验方法是单位根检验法,即 ADF 检验。考虑以下模型:

$$\Delta Y_t = \alpha + \beta T + \gamma Y_{t-1} + \sum_{i=1}^{p-1} \delta_i \Delta Y_{t-i} + \varepsilon_t \qquad (式 7.4)$$

其中,ε_t 为独立白噪声。进行以下单边检验:

$$H_0 : \gamma = 0; H_1 : \gamma < 0 \qquad (式 7.5)$$

ADF 检验的拒绝域只分布在最左边,在一定的置信水平下,备择假设成立说明该序列不存在单位根，即序列具有平稳性；接受原假设则意味着该序列不具有平稳性，需要继续进行协整检验。

在以上回归模型中，Y_t 是需要进行检验的变量在第 t 期的均值，Y_{t-1} 是各变量在第 $t-1$ 期的均值，ΔY_t 为对 Y_t 进行的一阶差分；α 是常数项；T、β、δ_i 分别是时间趋势项及其系数和各变量一阶差分滞后项的系数。

根据表 7-11 的结果，置信水平达到 99% 时，R 和 $RELOAN$ 两个序列都不平稳，但其差分序列却是平稳的，即两者为一阶单整序列；而 AREA 本身即为平稳序列。

表 7-11　单位根检验结果

变量	ADF 值	1%临界值	5%临界值	检验形式	检验结果
$AREA$	−4.741260	−3.831511	−3.029970	(c，0，3)	平稳
$RELOAN$	−3.373634	−3.788030	−3.012363	(c，0，2)	非平稳
$\Delta RELOAN$	−4.802518	−2.679735	−1.958088	(0：0，2)	平稳
R	−1.394009	−3.788030	−3.012363	(c，0，3)	非平稳
ΔR	−3.766449	−2.685718	−1.959071	(0，0，3)	平稳

说明：AREA 为商品房销售面积增长率，RELOAN 为房地产开发信贷资金增长率，R 为国有银行一年期固定资产贷款法定利率；括号内表示的是由 AIC 和 SC 准则选定的检验类型。

2. 格兰杰因果关系检验

接下来对三组序列进行格兰杰因果关系检验，以判断三者是否互为因果。设立的回归方程如下：

$$y_t = \alpha_0 + \alpha_1 y_{t-1} + \cdots + \alpha_k y_{t-k} + \beta_1 x_{t-1} + \cdots + \beta_k x_{t-k} \qquad (式 7.6)$$

$$x_t = \alpha_0 + \alpha_1 x_{t-1} + \cdots + \alpha_k x_{t-k} + \beta_1 y_{t-1} + \cdots + \beta_k y_{t-k} \qquad (式 7.7)$$

其中，k 为最大滞后阶数。进行以下检验：

$$\beta_1 = \beta_2 = \cdots = \beta_k = 0 \qquad (式 7.8)$$

原假设为三组变量中两两不互为格兰杰成因。

总结表 7-12 可知，对国有银行一年期固定资产贷款法定利率和房地产开发信贷资金增长率进行差分得到的两组序列之间并未表现出显著的因果关系，但两者都是商品房销售面积增长率的格兰杰原因。总的来说，利率政策与信贷政策能对房地产周期波动产生有效的作用。但就数据本身来说，三组变量不能进一步进行协整检验，因而使用脉冲响应函数进行研究。

表 7-12　格兰杰因果关系检验结果

变量	原假设	观测值	F 统计量	概率
ΔR 与 $\Delta RELOAN$	ΔR 不是 $\Delta RELOAN$ 的格兰杰原因 $\Delta RELOAN$ 不是 ΔR 的格兰杰原因	20	1.29243 1.03379	0.3035 0.3797
$AREA$ 与 $\Delta RELOAN$	$AREA$ 不是 $\Delta RELOAN$ 的格兰杰原因 $\Delta RELOAN$ 不是 $AREA$ 的格兰杰原因	20	4.08043 5.35579	0.0385 0.0176
$AREA$ 与 ΔR	$AREA$ 不是 ΔR 的格兰杰原因 ΔR 不是 $AREA$ 的格兰杰原因	20	5.15370 3.73947	0.0198 0.0481

3. 基于脉冲响应函数的动态分析

上文中通过格兰杰因果关系检验证明了模型中三个变量的相互影响，根据信息原则的 SIC 原则和 AC 原则选定了 3 阶滞后，对模型的平稳性检验显示其全部 k×p 个根处于单位圆以内，由此可判定 VAR 模型是稳定的，因此可以继续进行脉冲响应分析。

通过脉冲响应分析，可以全面了解模型中某个变量对其他变量的全面复杂的动态影响过程，包括影响程度、作用时滞等。对各变量都建立 VAR（p）模型：

$$Y_t = A_1 Y_{t-1} + A_2 Y_{t-2} + \cdots + A_p Y_{t-p} + \varepsilon_t \qquad (式7.9)$$

式 7.9 可以变为一个无穷向量移动平均过程：

$$Y_t = (I - A_1 L - \cdots - A_p L^p)^{-1} \varepsilon_t = (I + \Psi_1 L + \Psi_2 L^2 + \cdots) \varepsilon_t \qquad (式7.10)$$

可知第 i 个变量 Y_{it} 可以写成：

$$Y_{it} = \sum_{j=1}^{k} (\Psi_{ij}^{(0)} \varepsilon_{jt} + \Psi_{ij}^{(1)} \varepsilon_{jt-1} + \Psi_{ij}^{(2)} \varepsilon_{jt-2} + \cdots) \qquad (式7.11)$$

其中，k 为变量个数，$(\Psi_{ij}^{(0)} \varepsilon_{jt} + \Psi_{ij}^{(1)} \varepsilon_{jt-1} + \Psi_{ij}^{(2)} \varepsilon_{jt-2} + \cdots)$ 表示白噪音 ε_j 从过去无限期开始至今对变量 Y_i 的全部影响。至此，可以进一步构造

变量间的脉冲响应函数。

下文通过方差分解进一步分析模型中产生作用的各变量的贡献率。

假定式 7.11 中 ε_j 没有序列相关性并对该式求方差：

$$E\left[\psi_{ij}^{(0)}\varepsilon_{jt} + \psi_{ij}^{(1)}\varepsilon_{jt-1} + \psi_{ij}^{(2)}\varepsilon_{jt-2} + \cdots\right]^2 = \sum_{q=0}^{\infty}(\psi_{ij}^{(q)})^2\sigma_{jj} \qquad (式 7.12)$$

式 7.12 用方差表示 ε_j 对变量 Y_i 的全部时点的叠加影响。计算白噪音向量的协方差矩阵，并假定其为对角矩阵，则 Y_{it} 的方差可表示为：

$$Var(Y_{it}) = \sum_{j=1}^{k}\left\{\sum_{q=0}^{\infty}(\psi_{ij}^{(q)})^2\sigma_{jj}\right\} \qquad (式 7.13)$$

由此，Y_{it} 的方差已被分解为 k 份，且互不相关。继而可以用相对方差贡献率即 RVC 测算各变量对 Var（Y_{it}）的贡献率。由于模型具有平稳性，因此随着 q 的增长 $\psi_{ij}^{(q)}$ 有几何级数衰减的趋势，故在此只取有限项（s 项），可以得到近似的 RVC（对于 $i,j=1,2,\cdots,k$）：

$$RVC_{j\to i}(s) = \frac{\sum_{q=0}^{s-1}(\psi_{ij}^{(q)})^2\sigma_{jj}}{\sum_{j=1}^{k}\left\{\sum_{q=0}^{s-1}(\psi_{ij}^{(q)})^2\sigma_{jj}\right\}} \qquad (式 7.14)$$

表 7-13　AR 单位根情况

单位根	模
$-0.4077-0.8228i$	0.9183
$-0.4077+0.8228i$	0.9183
$0.4260-0.7648i$	0.8754
$0.4260+0.7648i$	0.8754
$-0.7814-0.2088i$	0.8088
$-0.7814+0.2088i$	0.8088
$0.4271-0.3238i$	0.5360
$0.4271+0.3238i$	0.5360
-0.3487	0.3487

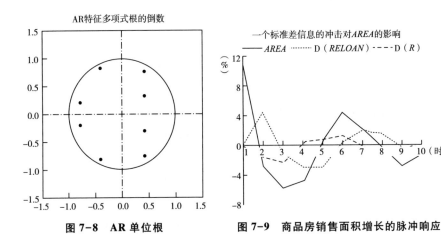

图 7-8　AR 单位根　　　　图 7-9　商品房销售面积增长的脉冲响应

图 7-9 反映了以商品房销售面积为自变量的脉冲响应，它说明了单位标准差信息冲击对自变量的影响。该图是选定 10 期作为观察期，以滞后期数为横轴、冲击影响为纵轴而得到。通过对图形的观察，可以看到，AREA 增长对于自身的冲击反应波动最大，第一期便产生了所有脉冲响应的最高峰，为 10% 的正向波动，之后又急剧下跌到第三期 6% 的负向波动，至此达到所有脉冲响应的最低点，而后两个极点为：第六期的正向 4% 和第九期的负向 2%；而 R 和 RELOAN 在第一期没有对 AREA 产生冲击，R 对 AREA 的冲击始于负向作用，响应过程曲线整体表现为相当缓和的余弦曲线；RELOAN 对 AREA 的冲击则从正向作用开始，响应过程类似正弦曲线，且振幅逐渐减小，但波动幅度始终大于 R 那条线的波动幅度。

总结图形所反映出的结果可以得出结论：在近期和中期，各变量对商品房销售面积的影响从大到小可以依次排为：其自身增长>信贷增长>利率变动。

表 7-14 和图 7-10（a）表示的是对 AREA 增长的方差分解结果，可以看出：RELOAN 的增长明显从第二期开始对 AREA 产生影响，而后些微下降又逐渐变为更小幅度的波动上升，最终在 16% 左右趋于平稳；R 对 AREA 增长的影响始终不超过 4% 并最终趋于平稳。综上所述，据方差分解得到的结论如下：相比利率政策的变动，信贷政策变动更能影响商品房的销售面积增长，即信贷政策更能平抑房地产市场的周期波动。

表 7-14　商品房销售面积增长对利率和信贷增长的方差分解结果

单位：%

日期	S. E.	AREA	D（RELOAN）	D（R）
1	11. 30713	100. 0000	0. 000000	0. 000000
2	12. 61870	85. 24673	13. 23289	1. 520379
3	14. 07386	85. 02473	11. 16366	3. 811613
4	15. 21518	83. 28860	13. 39599	3. 315410
5	15. 51200	80. 17968	16. 39098	3. 429345
6	16. 17521	81. 11985	15. 14188	3. 738264
7	16. 46498	80. 25309	16. 11944	3. 627463
8	16. 54761	79. 52383	16. 74171	3. 734457
9	16. 78483	79. 92516	16. 31625	3. 758590
10	16. 88844	79. 54905	16. 73313	3. 717819

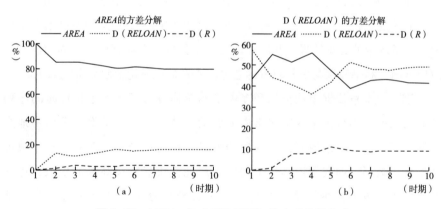

图 7-10　AREA、D（RELOAN）的方差分解合成

此外，如图 7-10（b）所示，由 RELOAN 增长的方差分解结果可以看出利率对于信贷增长也没有足够显著的效应，其贡献率为 10% 的最高峰出现在第五期。

（三）检验结论

综合以上实证结果，检验证明信贷政策、利率政策和房地产周期三者波动之间相互都有影响。然而相对地，利率政策对房地产的周期波动的影响比信贷政策的效应更为滞后和不显著。此外，通过对信贷增长的方差分解结果可知：利率对信贷增长的影响不显著，即单纯利用利率调整来改变信贷政策不会产生很大作用。总而言之，我们实证检验的结论与此前部分学者的研究结论类似，即信贷政策和利率政策都是缓和房地产周期波动的有效政策，但相比较而言，信贷政策更加有效。

四　主要结论与政策建议

（一）主要结论

我国房地产业起步晚，但凭着迅猛的发展势头，如今已成为我国经济发展的支柱产业。与此同时，房地产业相关政策、法规也不断与房地产市场进行磨合。

在相关理论的支撑下，本章在总体把握我国房地产金融政策周期与房地产周期的变化趋势的背景下，研究了房地产周期的演变和其间不同情况下房地产金融政策的真正效果，并以实证进一步分析了在抑制房地产周期波动的效应方面，利率政策与信贷政策的差异。本章研究结论及政策含义如下。

第一，本章依据单项指标和多项指标总体分析了下一个指标时间序列的起伏状况，划分出了我国房市周期波动总体状况。其结果显示出房地产周期逐渐拉长，可以说明这一现象的解释是市场在趋向成熟的过程中政策调控作用减弱。而我国近几年个别城市房地产市场持续高温的现象，也充分说明了政策调控的无力，之后的实证分析部分也对此有了进一步的证实。以上种种现象表明，我国的房市如今很需更加有针对性、更有力的调控政策出台。

第二，从2006年起，我国的保障性住房和廉租房建设被重新提上日程，但在项目建设过程中，此类住房在供给数量上升的同时，供给比例的提升效果却不甚显著。由此可见，从某种程度上来说我国调整住房结构的政策需要进一步改进。

第三，本章在确认我国房地产金融政策的周期性波动确实存在的前提下，指出2003年以后的房地产市场日渐走向成熟，其运转有自己的市场规律，因此，与此前的房地产市场周期性波动服从于政策调控走向有所不同的是，如今个人和企业不应再根据政策周期解读房地产市场走向。

（二）政策建议

总结前文分析提出的结论，本章的建议是坚持健全房地产市场金融体系、完善相关制度，具体从以下几方面入手来进一步拉长房地产周期。

1. 优化房地产金融政策的执行环境

优化房地产金融政策的执行环境，是指构建并不断完善金融制度和落实相关的配套措施，这些是由市场相关主体的行为和政策法规综合形成的，这对于金融政策的实施会有积极的促进作用。

较有实效的相关配套措施有：（1）健全合理机制以实现政策的多方协调，从而达到整体大于部分的作用效果。以我国个别城市房地产市场严重"高烧"为例，单纯使用货币或财政政策成效甚微，因此实行多种政策协调刻不容缓。（2）提高地方政府的调控主动性。这要建立在改变地方政府依赖土地财政和具有双重身份这些状况的基础上。由于地方政府能够抓住本地房地产市场的特殊性，因此能实施更有针对性的房地产政策。（3）辅以财政税收制度和土地制度的有效配合实施。比如通过差别化税率引导房地产投资和消费。土地制度对房地产市场的运行有着更为直接的作用，土地政策的完善能更有效地平抑房地产市场的波动。以遵循市场规律为基础，对土地的供给可以进行灵活调控以有效发挥其作用。比如可以通过合理定价引导增加经济适用房的土地供给，以加强房地产金融政策调控的力度。

此外，平抑房地产市场的周期波动更应注重完善市场本身，因为房地产金融政策只是配套措施，完善市场本身才能从长期减弱房地产市场的周期波动，具体应从相关制度的健全、产业结构的优化以及价格机制和供需机制的有效加强等方面入手。

2. 推动利率市场化，发挥利率导向作用

通过前文的分析，我们可以发现利率对于平抑房地产周期波动的作用十分有限，但是其作用仍旧不容忽视。因为利率这一指标反映的是央行对房地产市场调控的方向和力度，它具有指向作用。既然如此，应在引导投资和消费双方对房地产市场进行合理预期时加强利率这一指向标的作用，因为企业和公众对未来房地产市场的过高期望和羊群行为会加剧房地产市场的膨胀。具体来说，要保持利率政策长期的一贯性，并以其他相关政策来强化利率政策的指向作用。

我国目前的制度是管制利率，因此虽然利率对平抑房地产周期波动有一定作用但影响微弱。换言之，在管制利率下，利率政策对房地产周期波动的影响被削弱。所以笔者认为，应加快利率市场化进程，以加强其调控作用。

3. 加强信贷管理与拓展融资渠道并举

作为同样常用的房地产金融政策之一，信贷政策对平抑房地产周期性波动的效果比利率政策更为显著，因此应该对信贷政策重点加以运用：①加大信贷对廉租房、保障房的支持力度。我国对经济适用房、保障性住房的支持政策层出不穷，但收效甚微，说明不仅要加强行政干预，同时也要从信贷上予以大力支持，以提高经济适用房、保障性住房在房地产市场的比例。②降低与削减房地产市场过热地区的信贷增速和规模。这对由投资投机推动的房地产市场来说比较适用，也适用于当前个别城市膨胀的房市。③加强对房地产的信贷监管力度。全国主要金融机构房地产贷款余额逐年增长，且增速居高不下（2012 年、2013 年、2014 年、2015 年增速分别为12.8%、19.1%、18.9%、21.0%）①，房地产贷款余额占各项贷款余额比重的同比增幅也呈逐年上涨趋势，由此可见，我国房地产信贷存在很大风险，应加强信贷监管，如通过控制投资信贷比、规范信贷条件等规避信贷风险。

由于我国信贷与房地产周期波动高度相关，因此信贷风险也能传导到房地产市场，从而引发房地产市场风险。由此可见，应拓宽我国房地产的融资渠道，如提升房地产信托、发展住房贷款二级市场和促进住房抵押贷款证券化等，改变我国当前单一的融资方式。

4. 房地产金融政策的实行应重视两种差异

由于我国房地产业发展的历史比较短以及各个地区经济发展水平不

---

① 数据来源于中国人民银行《货币政策执行报告》。

同，所以各地的房地产市场表现出深度的发展不均衡。因此，我国在制定并实施房地产金融政策时要注重实现"地区差异化"，对于不同发展阶段、不同区域的房地产市场，要实行与其相适应的调控政策。

注重"结构性差异"，是指在实现房地产金融政策的目标过程中要兼顾优化房地产市场的供需结构，即注重政策目标的高质量达成，实现健全房地产市场与长期实施房地产金融政策的相互促进。而且，结构性的差别不仅应体现在利率和信贷政策中，还应体现在财政税收、行政干预等多个方面。

第八章　房地产市场宏观政策调控：
房产税政策

一　房地产税的含义

（一）房地产税的界定

1. 房地产税的基本含义

房地产税是整个税收体系中的一种税，它的征收对象包括能从房地产及其相关领域获得收益的任何个人、企业和组织，征收范围从地产开发到经营管理等各个环节。房地产一般在所有权上表现为房产权、地产权以及房产地产权三种类型，因此针对房地产一般征收的税包括以房屋所有权为征收对象的税（各种房屋税）、以土地所有权为征收对象的税（各种地产税）以及两种税收的结合（各种房地产税）。一般的房地产税指的是第三种税收类型，包括对土地服务及变更和在土地上各种建筑物的变更所征收的税。总之，房地产税就是以房产、地产为课税对象的一种税收。

2. 房地产税的特点

一种税收与其他税收的不同之处在于课税对象存在差别，房地产税也是如此。房地产税呈现出以下几种特征。

（1）房地产税的政策功能显著

由于土地是有限的，房地产是以土地为基础而存在的，因此房地产从本质上来说具有稀缺性。它的这种特性使得各个国家在制定相关政策的时候会考虑到各种民生及发展问题，因此政策功能明显。例如，有的国家通过提高房地产的持有税而使持有人的持有成本增高，降低对房子的投机需求，使得房地产能得到有效利用；通过征收土地增值税能合理分配土地增值收益，降低一些交易者获得暴利的概率；通过征收或提高空置税来提高土地的有效利用率；通过对某些交易环节进行课税来达到宏观调控房地产市场的目的等。

（2）房地产税的征收环节多

房地产税的政策功能体现在以房地产进行交易的各个环节中，包括产生环节、保有环节以及流转环节。各个环节形成的房地产税收相互影响并构成了整个房地产税收体系。各个环节都包含不同的税收种类，产生环节一般包括土地增值税及企业所得税；保有环节一般包含房产税等；而流转环节则包括个人所得税、契税及印花税等。综上所述，我国房地产税呈现出征收环节多的特点。

（3）房地产税的征收成本高

房地产市场因存在着地域差别性，所以房地产税的征收成本会比较高。各个地区的经济发展情况不同，且获得各地区房地产的具体信息所耗费的人力、物力成本都很大，因此房地产税的征收成本自然便比较高。而国外某些国家和地区还会通过制定不同的房地产税征收体系来区别性地征收房地产税，这也增加了房地产税的征收成本。

（二）房产税的特点

1. 房产税的普遍特征

第一，房产税从本质上来说是财产税的一种，只对房屋这一特殊产品进行征税。第二，房产税只对城镇里的经营性房屋征税，其他房屋不需要缴纳房产税；第三，对于自住性房产，按房产计税余值征税，对于出租性房产，按房产租金收入征税。

2. 房产税的征税范围

根据上文所描述的房产税的普遍特征，房产税只能对城镇区域的房产进行征税。房产指的是有固定结构，能满足人类衣、食、住、行某些方面需求的承载物。但有一些独立于房屋存在的建筑物（如室外泳池、烟囱、围墙等）除外。

3. 房产税的征收标准

房产税的征收标准分为从价计征和从租计征两种情况。

（1）从价计征：以减去 10%～30% 房产原值后的房产余值（房产计税余值）再乘以 1.2% 的税率。

应纳税额＝房产原值×T×税率（1.2%），其中 T ∈（70%，90%）

（2）从租计征：以房屋的租赁价格为基础，用房产租金收入乘以 12% 的税率。

应纳税额＝房产租金收入×税率（12%）

另外，对个人按市场价格出租自住性居民用房的，可按 4% 的优惠税率征收房产税。

应纳税额＝房产租金收入×优惠税率（4%）

4. 房产税的征收期限

根据国家相关法律规定，房产税按年计算后分期支付，每个省（区、市）征收时间并不相同，这由当地的人民政府机关自行决定。

5. 房产税的征收对象

由上文得知，房产税是针对房产征收的，故房产所有权人应该履行缴税义务。

事实上，房产的最后消费者才是最后的房产税纳税人，因为在房产售出之前，对于房地产开发商来说房产还不能被称为"产"（这里指财产），而只是一种商品。房产最后的消费者包括个人、经营管理单位等。而个人则包括产权所有人、房产代管人和使用人。但应该知道，对于外籍消费者以及港澳台居民所持有的财产不征收该项税收。

（三）契税、物业税、房产税三者的区别

在表 8-1 中，除了大家比较熟悉的个人所得税和印花税外，契税、物业税、房产税是比较容易混淆的三种税，原因在于购房者在进行购房的时候，一般会缴纳其中的某种税，特殊情况下，三种税可能都需要缴纳。笔者下文将针对这三种比较容易混淆但大家又接触比较多的税进行说明。

（1）契税。契税是土地、房屋权属发生转移时向其承受者征收的一种税。一般来说只要所有权发生转移或改变，就要征收契税（特殊情况如法定继承人继承等除外）。对于自住性房产来说，住宅契税、交易契税、契税都是同一个税种。

（2）物业税。物业税又称为地产税或财产税，它主要对土地和不动产进行征税，纳税人应该按当年的税率缴纳，一般来说，纳税额会跟房产的价格成正比，同向变动。例如：当公路开通后，路边的房产价格和租金就会相应提高，物业税也会相应提高。从理论上来说，物业税属于财产税，是针对国民财产进行征税，一般是对社会财富的存量课税。

（3）房产税。房产税是以房屋为征税对象，由房产的最后消费者依法缴纳的一种财产税。值得注意的是，在中国内地，我们使用房产税而不用物业税这个概念。

根据上述三类税种的基本定义我们可以做出一个简单的总结：契税一般只在土地、房屋所有权发生转移时才会征收，如果所有权不发生转移的话，契税是永远不可能产生的，在一些法定情况下，所有权发生转移时也可能不征收契税，如法定继承人继承，夫妻将房产证所有人由一人变更为两人等。物业税事实上在中国内地是基本不会用到的概念，因为中国内地的土地制度属于国有制，所以中国内地使用房产税和土地使用税这个说法，以免混淆物业费和物业税，让大众比较清楚明白。房产税实际上是物业税的一个分支，所以也属于财产税，它一般采用的是累计征收方法，房产税各个地方的征收时间不一致，具体征收时间由各地政府自行决定。它是以一年为期限计算后分期缴付的，由于分期缴付，实际上房产税是房产购买者在持有过程中缴纳的税。

表 8-1　不同环节征收的房地税

环节	税种名称	纳税义务人	计税依据	税率
产生环节	土地增值税	有偿转让国有土地使用权、地上建筑物及其他附着物并取得收入的单位和个人	有偿转让国有土地使用权及地上建筑物和其他附着物产权所取得的增值额（纳税人转让房地产所取得的销售额减除法定扣除项目金额后的余额）	30%、40%、50%、60%（四级超率累进税率）
	企业所得税	符合《企业所得税法实施条例》规定的直接负有纳税义务的实行独立核算，有生产经营所得和其他所得的各种性质的房地产开发、投资企业	应税所得额，包括房地产生产经营所得和其他所得	25%

环节	税种名称	纳税义务人	计税依据	税率
流转阶段	个人所得税	中国境内居住的公民个人和有从中国境内取得应税所得的外籍人员	个体工商户的房地产开发、经营所得，房地产租赁转让所得	对个体工商户按5%～35%的累进税率征收，对租赁、转让按20%的税率征收
	印花税	书立、使用、领受《印花税法》所列举的凭证的单位和个人	房屋产权转移时双方当时签订的合同价格	3‰
	契税	在中国境内转移土地、房屋权属时，承受的单位和个人	房屋产权转移时双方当时签订的契约价格	3%～5%
	营业税	在中国境内销售不动产、提供应税劳务或转让无形资产的单位和个人	营业额	5%
	城市维护建设税（城建税）	针对从事工商经营，缴纳消费税、增值税、营业税的单位和个人征收的一种税，属于一种附加税	纳税人实际缴纳的"三税"之和	7%、5%、1%
	房产税（在流转环节征收的房产税，主要指房屋出租阶段征收的房产税）	房屋产权所有人（个人免征）	以房产租金收入为房产税的计税依据	12%/年
保有环节	城镇土地使用税	在工矿区、建制镇、县城、城市范围内使用土地的单位和个人	实际占用的土地面积	大城市1.5～30元/米²；中等城市1.2～24元/米²；小城市0.9～18元/米²；县城、建制镇、工矿区0.6～12元/米²
	耕地占用税	占用耕地的非农企业及个人	实际占用的耕地面积	0.5～10元/米²
	房产税	房屋产权所有人（个人免征）	一次减除10%～30%房产原值后的房产余值	1.2%/年

从表 8-1 可以看出，我国房地产税收重交易环节、轻保有环节，使得投机行为增加，房地产市场泡沫产生概率增加。中国（不包含港澳台地

区）的物业税是在中国房地产市场膨胀时期提出的，但这个税收种类是否能落地需要更多的时间来进行讨论和论证，目前尚未实施。中国内地以房产税征收代替物业税征收，在 2010 年经过讨论之后，最后把试点地区定为上海和重庆这两个直辖市。

二　我国房地产税的发展

（一）我国房地产税发展历程

1. 房地产税收制度的萌芽阶段（20 世纪中期至 20 世纪 70 年代初）

1949 年新中国成立后，通过对历史上曾经使用过的房地产制度进行总结，1950 年，我国首次表明在全国范围内开征房产税和地产税（两税分开征收，但又统称为"房地产税"）。1951 年 8 月，我国正式提出征收城市房地产税。同年，将两税合并，统一征收房地产税。这段时期可以看成中国房地产税收制度的初始形成即萌芽阶段，这一段时期征收的与房地产有关的税种主要包括房地产税、印花税、工商业税和契税。

2. 房地产税收制度的改革阶段（20 世纪 70 年代初至 20 世纪 80 年代初）

1973 年政府对工商税制的变革使得整个房地产税收制度也发生了改变，房地产税被合并到工商业税中，企业不用缴纳房地产税了，因此房地产税的征收范围变小，只需要相关管理部门、个人和外商缴纳房地产税。这段时期，由于我国实行分房制度和城镇土地免收税费制度，我国内地房地产税收骤减。

3. 房地产税收制度的发展阶段（20 世纪 80 年代初至 20 世纪 90 年代初）

由于我国在 20 世纪 70 年代末进行了改革开放，我国经济由计划经济逐渐转变为社会主义市场经济，为了配合财政支出改革，我国对各个税收种类进行了改革，包括房地产税。1984 年，我国重新对国有企业征收房地产税，并且重新将房地产税细分成了土地使用税和房产税。1986～1991年，我国颁布了《房产税暂行条例》《城镇土地使用税暂行条例》《耕地占用税暂行条例》《固定资产投资方向调节税暂行条例》，且在 1991 年废止了《建筑税暂行条例》，至此比较科学的房地产税收体系基本建立。

4. 房地产税收制度的逐步修缮阶段（20 世纪 90 年代初至 21 世纪初）

1994 年，由国家税务总局报送并经国务院批转的《工商税制改革实施方案》正式施行，方案提出，适当提高城镇土地使用税的税额，扩大征收范围，取消对外资企业和外国人征收的房地产税；在 1994 年的税改中增加了《土地增值税暂行条例》，并且对各种税收的征收范围及征收标准进行了修改和调整。1997 年和 1999 年都有一些相关改变。2006~2007 年，《城镇土地使用税暂行条例》和《耕地占用税暂行条例》都有一些小的改变，主要目的是提高税费收入。

5. 房地产税收制度的现行阶段（2010 年至今）

从 2010 年开始，我国房地产市场表现出一种十分"繁荣"的景象，房价开始飙升，这一现象在社会各个层面和各个行业都引起了广泛的讨论，因此相关的调控政策相继被提出，2010 年 3 月，我国提出了物业税和房产税试点这两个概念。2010 年 9 月 29 日出台的"新国五条"明确指出加快推行试点征收房产税。2011 年 1 月 28 日，上海市和重庆市成为征收房产税的试点城市。其中，上海市的征收对象为本地户籍居民新购的第二套及以上房产或者是外地户籍居民的新购房，征税部分为房价的 70%，每年都按评估的房价进行相应的调整；一般住房的房产税税率为 0.6%，如果房价低于平均房价的两倍，则税率为 4%；人均居住面积为 60 平方米及以下的免税；如果买了第二套房子，原来的房子在一年内就卖出，则可对原来的房子进行退税。重庆市房产税的征收对象为个人拥有的独栋别墅、新购的高档公寓或者在重庆市同时无户籍无工作无企业的人新购的第二套房子，税率定为 0.5%~1.2%。二者虽都为试点城市，但在征收对象和税率上都不同。关于征税所要解决的问题，上海市侧重于减缓对新增住房的需求，重庆市则侧重于同时减少对别墅独栋和高级住宅的需求。从征税的区域上来说，上海市的房产税制度适用于全市，重庆市则只适用于部分地区。各界对于这次房产税的试点和改革都有不同的看法。

（二）上海和重庆房产税试点研究分析

从国际上一些先进国家的经验来看，为体现社会公平原则，房产税应对我国公民个人所拥有的房产进行普遍征收。但考虑到我国各地区经济发展程度不同，不同地方的房产税的征收起点和征收对象应该是要有所区别的，不能一概而论，因此先通过试点总结经验然后推行到全国才是一个比较科学合理的方法。基于这种考量，2011年1月上海和重庆成为推行房产税的试点。两市在推行房产税的过程中由于经济地域差异而呈现出不同的方法、标准和特点。对房产税征收内容、范围及标准进行相应的改革和调整，应与当地的经济发展水平及财政税收结构相匹配。

1. 上海和重庆房产税改革试点的主要内容

（1）征税范围和对象

重庆市房产税征收的对象包括主城九区内的独栋别墅、新购的高档公寓、在重庆市同时无户籍无工作无企业的人新购的第二套房子。上海市的试点范围包括上海市政府管辖的全部区域，房产税的征收对象为上海本地户籍居民新购的第二套及以上房产和非上海户籍外地居民的新购房。

仔细分析会发现，上海市和重庆市的房产税政策都具有比较强的针对性，主要针对多套房产和高档房产，拥有正常存量住房的普通家庭是受到政策保护的。试点推行的房产税对大多数普通上海市民和重庆市民是没有影响的。

（2）试行征收的房产税税率

重庆市采用全额累进税率，目前暂定税率为0.5%~1.2%。第一，如果个人拥有的独栋商品住宅和个人新购的高档住房的成交价格在本市试点地区平均房价的3倍以下，税率为0.5%；如果成交价格是试点地区平均房价的3~4倍，税率为1%；其他情况均为1.2%。第二，在重庆市居住的"三无"（同时无当地户籍、无自己的企业、无工作）人员如果新购的商品住房是第二套或是以上住房，暂时试行0.5%的税率。

上海市采用全额累进税率，一般住房的房产税税率为0.6%，如果房价低于平均房价的两倍，则税率暂定为4%。

（3）试点征收的房产税课税依据

重庆市房产税的课税依据是房产交易的价格。如果发展到一定阶段，可以以第三方给出的房产价值评估值作为计税依据。

上海市房产税的课税依据为基于房地产市场价格确定的评估值，评估值要根据房产的产权时间、地段、环境等按规定周期进行更新，房产计税余值暂定为房产成交价的70%。试点在一开始的时候，暂时用当期的住房市场中住房的交易价格作为计税部分的计税依据。

（4）试点征收的房产税税收优惠

由于城市实际情况及发展程度不同，两市的免税政策及免税面积标准也不同。重庆市规定在主城九区内，在2011年1月28日之前购买的独栋商品住宅的免征面积为180平方米，之后购买的免税面积则降为100平方米；在重庆市拥有两套及以上住宅的"三无"人员不进行面积扣除。

上海的免税政策规定，人均居住面积在60平方米及以下的享受免税优惠。第二套住房购入后一年内将第一套卖出的，可申请退税。

例如：上海的一个三口之家，假定这户人家已经买过一套50平方米的公寓，现在又新购入一套100平方米的商品住宅，那么这户人家的总居住面积达到150平方米，但此时的人均居住面积为50平方米，并没有超过上海市的免税标准——人均居住面积60平方米，故该户人家买的第二套房是不需要交房产税的。但是如果这家本来有一套150平方米的公寓，又买了一套150平方米的住宅，这时总面积达到300平方米，人均居住面积为100平方米，三个人的总超出面积为120平方米，则应对超出的120平方米进行征税。

总的来看，上海和重庆房产税的实施细则存在差别的原因在于两市房地产市场的发展水平以及住房消费结构存在差异。上海房地产市场中的投资投机行为是远远高于重庆的，故此，上海试行的房产税条例是为了打击这种投资投机行为，减少房地产市场泡沫；而重庆则更加倾向于维护社会公平原则，缩小贫富差距。

2. 上海和重庆房产税试行结果对比分析

事实上，一个城市或地区的房价与该地经济发展水平息息相关，具有不同发展水平的城市的各个方面都存在很大的差异。一般来说，北、上、广、深等一线城市房价受投资投机行为影响较大，二、三线城市的房价主要受市场需求影响，而四线城市及更小更偏的一些地区的房价则较大程度地受政策影响。

在上文的分析中，上海属于一线城市，重庆则属于二线城市，故对试行的房产税对两个城市房价带来的影响应该分开讨论研究。在此，我们对2009年1月至2012年8月上海和重庆两个城市的房地产市场结构进行了简单的统计（以房地产开发服务领域为基础），如表8-2所示。

表 8-2　2009 年 1 月至 2012 年 8 月上海市、重庆市的房地产市场结构

单位：家

城市	房地产企业数量	一级资质房地产企业数量	二级资质房地产企业数量	三级资质房地产企业数量	其他资质房地产企业数量	房产中介机构数量	物业服务企业数量
上海市	2456	41	244	316	1855	6995	2520
重庆市	2144	33	213	1301	597	3148	1932

数据来源：根据上海市、重庆市统计信息网和统计年鉴整理。

通过表 8-2 我们可以初步了解上海和重庆的房地产市场结构，本节分段来研究试行房产税对上海和重庆房价的影响，如图 8-1 所示。

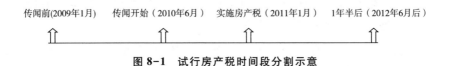

图 8-1　试行房产税时间段分割示意

第一段时期（2010 年 6 月至 2011 年 1 月），传闻房产税可能在沪、渝两地开始试行，将两地在房产税政策实施前的房价进行比较；第二段时期（2011 年 1 月至 2012 年 6 月），从房产税实施开始，把上海和重庆实施房产税前和实施房产税后的房价进行对比；第三段时期为试行房产税 1 年半后（2012 年 6 月后）。选取传闻前某个时间作为起点（最好是选的时间离传闻开始的时间超过一年，以便于我们观察房产交易的季节性波动），其到传闻开始的那段时间作为第零段时期。

本部分我们选取 2009 年 1 月至 2012 年 8 月这段时期两市的房地产销售情况进行研究分析，以"商品房成交套数"和"商品房均价"作为基本指标对数据进行简化和整理，分别对两市实施房产税政策产生的影响进行研究。

（1）重庆试行房产税政策效果分析

根据上文划分的时间段进行分析，由图 8-2 可以观察到，在第零段时期（没有试行房产税的传闻时期）内，重庆商品房成交套数呈现出季节性波动态势，而同时商品房均价呈现出一种比较稳定的上升态势，说明在没有试行房产税传言时，房价和供需结构相对稳定。

第一段时期，即试行房产税传闻开始至政策实施的这段时期，受"金九银十"（表示一种时间季节性消费的金融概念，一般指在 9 月、10 月人们消费观念比较松动）的影响，2010 年 8~10 月重庆市商品房成交套数出现急剧上升的现象，而成交价格也随之上升了，这表明这段时期房产的刚性需求比试行房产税的传言对房价的影响更大。到 11 月下旬，刚需降低以及对试行房产税的担忧共同影响了房价和成交量。

2011 年 1 月，重庆市开始正式试行征收房产税，它显著地影响了房地产市场交易，刚开始一个月的时间里商品房成交套数和均价急剧下降，与出现传闻之前相比，消费者所持有的较为明显的观望态度，使得重庆市的房地产市场处于一种下行的态势。但由于房地产自身较强的投资属性，投资商、房地产开发商的保值和升值期许，以及一些非市场因素等的作用，使得房价处于一种比较平稳的状态。

事实上，由于没有达到预想中的效果，从 2012 年 7 月起，央行采取"非对称降息"措施，使得融资成本和贷款成本降低。试行房产税与"非对称降息"措施的共同作用在短期内使房地产市场保持了相对的稳定。

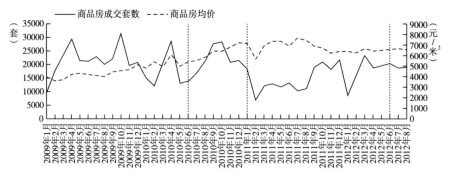

图 8-2　2009 年 1 月至 2012 年 8 月重庆房地产销售情况

（2）上海试行房产税政策效果分析

在第零段时期，上海房地产市场情况和重庆相似，但上海相较于重庆来说，属于一个比较开放、国际化程度较高的城市，这使得上海的房价更多地受到了投资投机行为的影响，房价在每个周期内都会出现比较大幅的波动。同时由于上海存在大量的刚性需求，所以当房地产开发商促销或加价时，商品房成交套数与均价会呈现出一个非常明显的反向变动态势。

在第一段时期，2010年9月、10月上海商品房成交套数与均价都没出现急剧的变化。事实上，由于上海房地产市场比较特殊，上海的消费者相较于其他城市的消费者更为理性，"金九银十"这种消费心理并不会对上海消费者产生特别大的影响。由于试行房产税的传闻，大多数消费者抱有很大的观望心理。受替代效应影响，房地产开发商的主导地位慢慢下降，消费者多了一些自主权。

试行征收房产税后，上海的商品房成交套数与均价都急剧地下滑但最终进入一种相对比较平稳的状态，房地产开发商与消费者的博弈使得上海的房价在很长的一段时间内都处于稳定状态。与房产税实施之前相比，上海房地产市场的自主调节能力在很大程度上被国家房地产政策削弱了。

同样的，央行采取了"非对称降息"政策对投机投资性较强的上海房市产生了重大的影响，房地产开发商可以申请更多的资金来进行更大范围的扩张，但限购政策以及消费者的观望心理也让房地产开发商望而却步，期待央行进一步降低利率，使得投资回报率上升，而在此期间，房地产开发商不得不降低价格使成交量升高，上海房市依然处于一种房地产开发商与消费者博弈的阶段。

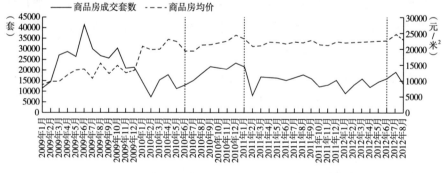

图 8-3　2009 年 1 月至 2012 年 8 月上海房地产销售情况

（3）"非对称降息"政策的影响

实施"非对称降息"政策后，虽然从图 8-2 我们不能明显感到房价的变化，但从图 8-3 可以发现，拐点非常快地出现了。这是由于"非对称降息"是对银行存款利率与贷款利率不做同等幅度的降低，而是贷款利率的降幅大于存款利率的降幅，这会大大降低融资成本，故这种政策对于投资投机性强的房地产市场的影响会更大一些，这也是上海房市对于该政策比重庆房市敏感一些的原因。

第一，"非对称降息"政策的实行。"非对称降息"指的是贷款利率与存款利率不做对等调整。在2012年的"非对称降息"中，贷款利率下降得比存款利率多一些，使得融资相对容易（详细的内容建议参考《央行年内首次不对称下调人民币存贷款基准利率》，2012年版）。"非对称降息"是2012年实行的一种新的政策，我们对此项政策的长远效果仍不好加以判断，一些专家学者认为这种政策在短期内可能显著有效，但从长期来说却不一定如此。

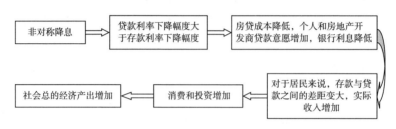

图 8-4　"非对称降息"政策的成本和收入效应

银行的"非对称降息"政策，在短期内能稳定动荡的房市，增加社会实体产业的产出，增加股市资金。但长期来说，可能最终带来的结果是宽松的货币政策，发生通货膨胀。

事实上，在推行房产税以及实施具体征收方案后，由房地产带来的财政税收并没有增加，且房价基本还是依照原来的趋势发展，交易量也未显著增加，在具体的征收方案及免税细则方面，其实很多也是不太符合当地的具体情况的，因此并未达到理想的效果。近年来为了去房地产库存，我国推行了很多利好政策，根据图8-5我们可以发现，相比重庆市的房价指数，上海市的房价指数上升更快，且两个城市的房价指数差距越来越大。这实际上是中国房地产市场发展的一个缩影，即各地发展不均衡，利好政策使得热门城市的房价疯涨，而想去库存的城市依然没有变。因此，政府在制定房地产相关政策时，应该结合各地情况，差别化地制定相关政策。

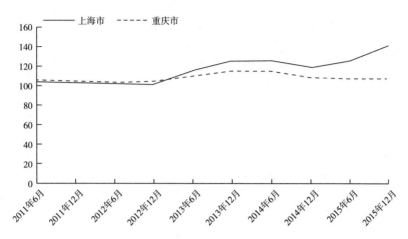

图 8-5 2011 年 6 月至 2015 年 12 月上海市、重庆市的房价指数
数据来源：国家统计局。

第二，成本效应。成本效应在某种程度上指的是对于大多数通过贷款买房的消费者而言，"非对称降息"主要作用于消费者的购房成本，使消费者的贷款成本降低，并且使持有阶段的房屋所有权者缩减保养房屋的费用。同时，从房地产开发商的角度看，"非对称降息"无论是对筹资成本，还是对由房产税所形成的市场压力都起了很大的缓冲作用，使得房地产开发商有了更多的时间去进行整顿和创新。

房地产价格形成的基础依然是房地产的内在价值，因此在确定新开楼盘的价格时，房地产开发商优先考虑的一定是生产成本，然后才是收益。房价包括商品房的生产成本和利润，考虑到房地产具有建设周期长和在一定时间内刚需较大的特征，房地产开发商一般会通过一定的方式，例如提高房价等，让购房者来承担生产成本。基于这一系列因素的影响，成本与"非对称降息"政策是紧密相连的。

"非对称降息"政策使银行储蓄率不变时，贷款利率降低了 0.06 个百分点，也就是说贷款利率的下降幅度比储蓄率的下降幅度大 0.06 个百分点。我们以 100 万元商业贷款为例，分析居民还贷成本受到"非对称降息"政策的影响，分析结果如表 8-3 所示。

表 8-3 商业贷款利率调整后后月供差异

单位：元，%

按揭年数	调整前			调整后		
	利率	还款总金额	月还款	利率	还款总金额	月还款
5 年	6.65	1178189.08	19636.48	6.40	1171160.55	19519.34
10 年	6.80	1380963.96	11508.03	6.55	1365630.54	11380.25
15 年	6.80	1597831.05	8876.84	6.55	1572945.13	8738.58
20 年	6.80	1832014.88	7633.40	6.55	1796447.27	7485.20
25 年	6.80	2082216.30	6940.72	6.55	2035004.44	6783.35
30 年	6.80	2346930.68	6519.25	6.55	2287295.48	6353.60

　　10 年期 100 万元商业贷款，运用等额本息还款的方式，根据 2012 年 7 月 6 日调整后的基准利率计算的月供，与利用 2012 年 6 月 8 日的基准利率计算的月供相比，每月可少还约 128 元。这表明调整后的基准利率使得购房者每月还款额减少，减轻了购房者的还贷压力，从而将促进房地产交易量的增加。

　　房地产开发企业和部分通过贷款购买商品房的人的贷款往往具有长期和大额的特点，这些企业和个人将受益于此次"非对称降息"政策的实施。银行的目标是追求利润的最大化，在市场竞争日趋激烈的形势下，银行为了降低储蓄支出上升带来的损失，会更加积极地实施国家颁发的一系列调控政策，同时会在条件允许的情况下发放更多的贷款。基于此，如果企业和个人有大额的贷款，那么他们将会拥有更多向银行借贷的机会，并且是在更小的还贷压力的前提下。当房地产企业开发成本降低时，其效益会增加，同时当消费者的借贷成本降低时其购买意愿会增强，进而使成交量增加，进一步改善房地产企业的效益，而这与政府采取的一系列限购措施的初衷是相悖的。

　　"非对称降息"政策对促进房地产企业的发展和刺激消费者利用储蓄进行消费投资具有积极的推动作用，间接抬高了房价。与此不同的是，房产税是为了抑制投机性投资，让那些拥有多套房产的消费者以租售的方式将自己闲置的房子提供给真正有需求的人，间接地抑制房价的上升。虽然一个是为了抬高房价，另一个是为了抑制房价，但它们的最终目的都是给消费者更多的选择空间，让购房者拥有更多的主动性，使房地产市场不再由大型上市房地产企业垄断，让市场更有竞争性，进而达到双赢的局面。

（4）上海和重庆房产税实施情况小结

通过前文的对比我们可以得知，上海和重庆的房价受到了房产税的较大影响。房产税在抑制这两个城市的房地产市场价格方面起到一定作用，最终表现为通过结合本土特色，将房价稳定在一定水平上，为下一阶段房地产市场的平稳运行打下基础。由此我们也可以得知房产税对房地产市场起到了积极并且全面的作用。2012 年，上海和重庆的房地产市场总体状况受到了房产税的很大影响，其前三季度的统计数据与 2011 年前三季度的统计数据对比如表 8-4 所示。

表 8-4　上海和重庆房产税实施后的房地产市场变化情况

城市	2012 年前三季度					2011 年前三季度		
	商品房成交套数	销售面积（万平方米）	同比增长（%）	销售均价（元/米²）	同比增长（%）	商品房成交套数	销售面积（万平方米）	销售均价（元/米²）
上海	91056	961.58	-5.06	15765	5.73	100168	1012.85	14911
重庆	162688	1532.01	47.09	6678	-4.55	116503	1041.56	6996

数据来源：中国房地产指数系统。

三　房产税对房价的影响机制

（一）供求关系变化视角下房产税对房价的影响

房价指的是房地产在特定时间段内的市场实际价值。在市场竞争日益激烈的情况下，商品的价格是由市场决定的，具体是指由包括价值规律、供求规律和竞争规律在内的市场经济客观存在的规律共同调节决定的。其中，价值是价格的基础，价格是价值的货币表现，而供求关系的变动和竞争的作用又使得价格围绕价值上下波动，正是这三大规律的共同作用决定了商品的市场价格。当价值低于市场价格时，市场供大于求，供求机制的调节作用会降低商品价格；当价值高于市场价格时，市场供不应求，供求机制的调节作用会抬高商品价格；当市场供给等于市场需求时，就会达到均衡，此时的价格为均衡价格。这就是马克思主义经济学商品市场的供求原理。这一原理也基本适用于房价。近年来各地房价普遍上涨，其主要原因就在于市场供不应求，商品房竣工面积小于需求面积，从而使房价持续高涨。

由于房地产与一般商品相比，又具有不同的特点，因此，房价的形成与一般商品价格的形成相比具有一定的特殊性。房地产具有二重性：从一方面来看，房地产属于耐用消费品，其商品属性使其具有消费品属性，同时也具有耐用性，并且房地产具备生存资料、销售资料和发展资料三个层次的内容，即具有效用上的多层次性。从另一方面来看，许多家庭的固定资产绝大部分是房地产，很多企业团体也将房地产作为资产经营和融资的重要手段，而这种投资属性源于房地产的高价值量。影响房价的因素有很多，其中，房地产投资总额、居民消费水平、居民可支配收入与房价呈正相关，房屋建筑面积与房价呈负相关。在我国，房价是由房地产的开发成本与房地产开发商的利润构成的，其中占开发成本 90% 的为土地费用、建筑安装费用以及相关税费。基于此，我们可以认为成本因素和供求关系是导致房价上涨的主要因素。

1. 房产税对供给的影响

政府征收房产税，等于增加了供给商的成本，会导致供给曲线左移，在市场的需求量不变，即需求曲线不变时，新的供需平衡点会产生，表现为均衡价格上升，交易量下降。

在图 8-6 中，S 曲线代表房地产市场的供给曲线，D 曲线代表房地产市场的需求曲线。在实施房产税政策之前，房地产市场的均衡点为 E，此时均衡价格为 P_0，均衡数量为 Q_0，在实施房产税政策之后，房地产开发商的开发成本上升，供给曲线 S 向左移至 S'，在房地产需求不变的情况下，此时均衡点从 E 点变为 E_1 点，房价从 P_0 上升到 P_1，房地产供给方获取的价格为 P_3，其中"（P_1-P_3）×Q_1"为房产税的征收总量。从微观经济学的角度来分析，商品的供给方和需求方将共同承担税收，而双方承担税收的数量则取决于各自的价格弹性，价格弹性越高的一方，承担的税收越少。由于消费者对房产具有刚性需求以及需要通过房地产进行投资等，房地产市场的需求受其他因素影响较小，弹性较低；而随着我国城镇化加速推进以及"土地财政"作用增强，房地产市场的供给弹性较高，因此，房地产市场中供给方承担较少的税收，更多的税收将由购买者承担。在较为发达的房地产市场中，征收房产税将可能导致房价上涨，并且使得房产交易量减少。

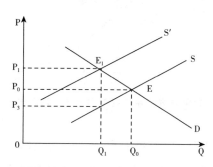

图8-6　对供给方征税情况下房地产市场供需变化示意

2. 房产税对需求的影响

在房屋的交易环节，对需求方征收的这部分房产税基本上是不可转嫁的，对需求方而言，购房成本上升，使得需求方的购买欲望降低，从而导致市场需求量下降。当然，在需求弹性足够小时，需求量不一定会下降。

在房屋的持有环节，对需求方征收的房产税会增加需求方持有环节的成本，使得需求量降低。持有环节成本的变化可能对刚性需求的影响不大，但是通过房地产进行投资的需求方由于持有成本的增加会放弃持有房产，进而采取抛售房产的措施，无形之中就增加了房产的供给量，从而间接地导致房价的下降。

在图8-7中，S曲线代表房地产市场的供给曲线，D曲线代表房地产市场的需求曲线。征收房产税之前房地产市场的均衡价格和数量分别为 P_0 和 Q_0，当对需求者征收房产税后，需求者持有房产成本增加，导致需求曲线从 D 左移到 D'，在供给水平不变的情况下，征收房产税之后房地产市场的均衡价格和数量分别为 P_1 和 Q_1。所以，对房地产的需求方征收房产税，降低了房地产的投机性需求，降低了房地产交易数量，从而使房价下降。

（二）地方公共支出视角下房产税对房价的影响分析

本部分的重点是研究在房产税对房价产生影响的过程中，地方公共支

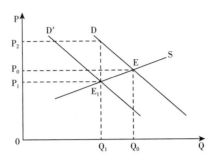

图 8-7　对需求方征税情况下房地产市场供需变化示意

出是如何起传导作用的。房产税对房价的影响机制主要是通过税收的调节，改变供求双方的收益，从而影响房地产市场的总供给与总需求。

从消费者需求的角度来看，房产税的征收会改变各地区的公共支出，政府通过调整税收来控制房价的不正常波动。首先，我们知道在一定时期内，房屋供应量是不变的，至少短期内是不会改变的，在一个竞争市场中，房屋是可以自由流动的，基于对公共服务资本化这个因素的考虑，居民会根据各方面的因素进行综合考量，选择对自己最有利的房价，并为之进行竞争。在其他环境条件不变的情况下，公共产品质量较高或公共服务较好的社区的房产会增值，即社区的公共产品资本化。其次，根据理性人假设，居民会从公共产品和税收之间选择净效用最大化的方案，根据自身需求偏好选择能提供较多公共产品的社区，从而使得这部分社区的房屋增值。而公共产品是由政府提供的，因此，我们可以认为政府公共支出的水平对社区房屋价格会产生很大的影响。Tiebout 模型假设理性居民选择居住地是以地方政府财政支出预算方案为依据的。因此我们可以得知，房产税会通过影响地方公共支出对房价产生影响。

（三）房地产税影响房价的正负效应分析

使房地产价格保持在正常的水平、合理调控房地产市场是政府征收房地产税的主要目的。但在实务工作中，政策的实施结果却可能与其最终目的相偏离，其原因是征收房地产税除了具有正效应以外，还具有一定的负效应。

1. 房地产税影响房价的正效应分析

房地产价格很大程度上是市场供求力量相互作用的结果，从逻辑上来讲，要合理控制房地产价格，只能通过政策或者税收制度去影响市场供给和需求双方的力量，从而改变均衡结果。面对房地产市场过热的情况，政府可通过征收房地产税来提高购房的成本，从而达到降低购房需求的效果，同时在房地产流转税以及不动产税上进行改革，迫使拥有多套房产者将部分房产变现。在这种情况下，房地产市场的均衡价格将会下降。

房产税是将原来应该一次性缴齐的相关房地产税变成了在持有房屋时期进行分期缴付的税。这使得纳税内容发生了变化，有利于部分税收公开化，这个过程有利于稳定房价。此举既可以保证地方的财政收入水平稳定又可以有效地控制房地产市场过热。

从征收类型来分析，房地产税针对的是住房保有环节，并不是针对产生或者流转环节，如住房空置税主要是增加投机囤房者以及炒房者的投资成本。大多数学者认为，我国征收住房空置税可以有效地降低房屋的空置率，使得部分空置的房屋重新进入市场，对租房市场的繁荣也将产生积极的影响。由此看来住房空置税可以有效抑制房地产投机行为，但是存在一个亟待解决的问题，即我们该如何界定以及合理控制空置房数量，这个问题增加了住房空置税实施的难度。物业税较之于住房空置税来说比较好实施，其对房地产的投机活动也有很好的抑制作用。首先，物业税使得土地持有成本大大上升，房地产开发商炒房的利润大大减少。其次，物业税的征收提高了私人业主囤积房屋的成本，打击了炒房的积极性，同时也有效地降低了房地产的投资需求。物业税的实施还可以使房地产市场趋于稳定，最后使得房地产泡沫相应变小。

然而，房地产税也有其弊端：第一，一些既得利益团体因为房产税的征收将遭受巨大利益损失，这使得房产税难以得到推广；第二，房地产税的效果存在一定的时滞性。因为这些弊端的存在，政府在制定房地产税相关政策时需要把握好方向，最好是制定一些中长期的政策，使其可以有效地支持房地产业朝健康的方向发展。

2. 房地产税影响房价的负效应分析

我国房地产市场"轻保有、重流转"的税负格局使得我国房地产税对房价产生了较大的负向影响。这种"轻保有、重流转"的税负格局主要表现为目前我国房地产流转环节的税负较高，而保有环节的税负却很低。在一般的商品供求情况下，对流转环节的调控是优于对保有环节的调控的，而且在流转环节进行调控显得更为简单。但实际的实施情况却不尽如人意，对流转环节征税不但没有使房价降低，反而刺激了房价的上涨。

新增商品房市场是我国房地产市场最活跃也是发展最快的部分。目前我国的房地产市场显然还是处于需求大于供给的卖方市场，局部地区还出现了供求严重失衡的情况。处于卖方市场的房地产市场和税收的可转嫁性使得房地产开发商很容易把部分税负转移给购房者，最终造成房屋成交价格的上升。实际情况也证实了在流转环节增加税收并不影响房地产开发商，而只是提高了买房者的购房成本。

就目前我国的状况来说，房价过高并不是开发成本高等造成的，主要还是投机行为造成的。因此对流转环节所征收的税收可以轻易地转嫁给房产购买者。而保有环节的税收等投机者关注的税收却没有过多的改变。若是投机者预期房价将会出现上涨，其持有住房可以谋求到较高的收益，投机者将继续购入住房。在流转环节增加税收，对房地产的供给具有一定的抑制作用，供给的下降有可能进一步推动房价的上涨。

从上文所论述的结果来看，把房地产税集中在流转环节，并不能起到长远控制房价的作用，甚至可能会适得其反。

(四) 我国房地产税对房价影响的描述性分析

房地产税对于房价所能产生的影响主要划分为三类：正面影响、负面影响以及无影响。图 8-8 显示了我国房地产税与商品房平均销售价格（房价）的关系。

显然，在一定的房地产税率和销售面积条件下，房价上升，房地产行业总收入将增加，对其所征收的房产税也将相应上升。房地产税与商品房平均销售价格具有一定的正向关系。2003 年之前，房价并不是特别高，房产税的涨幅也不大。随着近年来我国房地产行业的飞速发展，房价飞涨，各地出现炒房热，各地政府对于土地财政的依赖性较强，房地产行业逐渐成为我国的支柱性产业。房地产税在房价飞涨的时候在一定程度上对房价

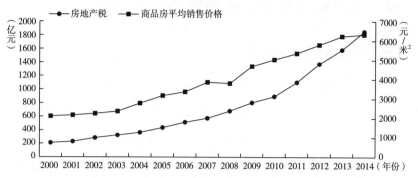

图 8-8   2000~2014 年我国商品房平均销售价格及房地产税变化情况
数据来源：历年《中国统计年鉴》。

起到了抑制作用，这是政府对房地产行业进行宏观调控的一项重要举措。
从 2008 年以后的数据来看，房地产税增速上涨而房价增速有所回落，由此
我们可以看到房地产税对我国房地产市场的调控有积极的效果。

2000~2014 年我国房地产税收收入增长率及房价增长率情况，如图 8-9
所示。

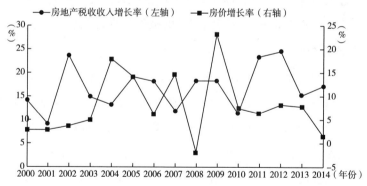

图 8-9   2000~2014 年我国房地产税收收入增长率及房价增长率
数据来源：历年《中国统计年鉴》。

房地产税收收入增长率波动幅度比房价增长率波动幅度更大，并且存
在一定的反向变动趋势，如 2003 年房地产税收收入增长率快速上涨，而房
价增长率出现了下降。2006 年的情况也是如此。这种情况说明了我国房地
产税对房价确实有负面影响。

四 房产税调控对房价影响的实证研究

(一) 样本和变量的选取

为了更好地探索房产税对房价的影响,本节对房产税与房价的关系进行实证研究,分别运用三种模型(普通面板模型、固定效应模型和随机效应模型)对上海、重庆、长沙和湘潭四个样本城市进行分析。其中对随机效应模型和固定效应模型进行了 Hausman 检验,结果显示这两个模型均未能拒绝原假设。本部分报告了上述三种模型的基本计量回归结果。

1. 数据的来源、处理和样本选取

本部分研究 2011 年 1 月房产税改革前后我国房地产市场的变化情况,研究数据选取的是 2009 年 1 月至 2012 年 8 月的月度数据。其中的数据主要来自中国房价信息网,一共收集了重庆、上海、长沙和湘潭四个城市的房价信息,每个城市有 44 个月的数据,因此共 176 个样本数据。

为了使数据更加科学规范,本部分对某些年限中出现的异常值和缺失变量进行合理的剔除。采用 Stata12.0 统计分析软件进行研究,借鉴数据处理一般经验,运用 Winsorize 对上下 1% 的极端值进行处理。

2. 变量的选取

影响房地产价格的因素有很多,本部分从国家相关政策、固定资产投资总额、城镇居民人均可支配收入、城市居民消费价格指数、进出口总额、实际使用外商直接投资金额等方面合理地选取实证研究变量。

值得关注的是,自 2011 年 1 月 28 日起上海与重庆正式计征房产税,本部分主要关注的是上海和重庆在"非对称降息"环境下房产税开征对房价的影响。全部动态指标很好地诠释了房产税改革前后房价的变动情况,反映出房产税实施对房价的直接影响。另外考虑到由于城市经济发展水平不相同,上海、重庆房价本身就高于长沙、湘潭,本研究加入沪渝动态指标这一变量,以更好地衡量房产税改革对房价的影响。为了监测房价受"羊群效应"影响的程度,本部分还引用了商品房成交面积和成交套数来衡量房地产市场的热度。各变量情况如表 8-5 所示。

表 8-5 变量说明及预期符号

变量名称	变量类别	变量描述
商品房成交价格	被解释变量	购买商品房的加权平均价格（元/米²）
全部动态指标	虚拟变量	房产税改革后的时间设为1，改革前的时间设为0
沪渝动态指标		沪渝房产税改革后的事件设为1，其余设为0
房产税是否改革		进行房产税改革为1，没有进行房产税改革赋值为0
房产税改革×成交套数	房产成交情况	是否进行房产税改革和成交套数的交互变量，衡量进行房产税改革城市的商品房成交套数变化情况
商品房成交套数		房管局网签成交套数总和；单位：万套
商品房成交面积		房管局网签成交面积总和；单位：万平方米
城镇居民人均可支配收入	Income	按月计算的城镇居民个人可支配收入；单位：元
进出口总额	Trade	城市当月进出口总额；单位：亿美元
实际使用外商直接投资	FDI	实际使用外商直接投资金额；单位：亿美元
固定资产投资	Inv_1	滞后一阶的城市固定资产投资总额；单位：亿元
城市居民消费价格指数	CPI	当月城市居民消费价格指数

（二）描述性统计分析

主要变量的描述性统计见表 8-6。上海、重庆、长沙和湘潭四个城市在 2009 年 1 月至 2012 年 8 月，商品房成交套数均值为 11662，成交套数最大值为 41058，而成交套数最小值为 348。商品房成交面积均值为 117.7，商品房成交面积最大值为 330.89，而商品房成交面积最小值为 3.95。固定资产投资、商品房成交面积和成交套数剧烈波动，说明需要进一步对房地产市场进行综合研究。在这期间城镇居民人均可支配收入均值为 2008，固定资产投资均值为 342.67。

表 8-6 主要变量的描述性统计（2009 年 1 月至 2012 年 8 月）

变量	样本数	最大值	最小值	标准差	均值
商品房成交套数	176	41058	348	8695	11662
商品房成交面积	176	330.89	3.95	82	117.7
城镇居民人均可支配收入	176	3803	1134	654	2008

续表

变量	样本数	最大值	最小值	标准差	均值
固定资产投资	172	1031	15.6	231	342.67
实际使用外商直接投资（亿美元）	176	35	0.1	6	5
进出口总额	176	398	0.2	136	85
城市居民消费价格指数	176	106	98	2	103

（三）研究方法及模型设定

笔者运用面板数据来建立模型，分析我国房产税改革对房地产交易价格造成的影响。面板数据的一般处理方法是将难以观测的因变量划分为两类：一类是永久不变的，另一类则是会随时间发生改变的。本部分也采用此种处理方法，令 i 表示时期。

$$Y_{it} = \beta_0 + \beta_1 reform + \vartheta X_{it} + \alpha_{it} + \mu_{it} \qquad （式8.1）$$

$$Y_{it} = \beta_0 + \beta_1 reform + \vartheta X_{it} + \alpha_i + \mu_{it} \qquad （式8.2）$$

式 8.1 为随机效应模型，式 8.2 为固定效应模型。公式中 $reform$ 表示房产税改革相关变量。Y_{it} 代表上述 4 个城市不同月份的房价，在式 8.2 中 α_i 作为 Y_{it} 的影响因素，指代的是所有无法观测且不随时间变化的影响因素，我们把 α_i 命名为非观测效应，也可以称之为固定效应。而对于式 8.1 中的 α_{it} 我们命名为观测效应，也可以称之为随机效应。两个公式中的 μ_{it} 为时变误差，其代表的含义是随时间变化且无法观测的那些影响 Y_{it} 的因素。

（四）房产税调控对房价的影响

接下来我们利用得到的回归结果进行分析。房产税对房价影响的回归结果如表 8-7 所示。

表 8-7 房产税对房价影响的回归结果

变量	普通面板模型		随机效应模型		固定效应模型	
全部动态指标	-335.536		-335.536		-231.271	
	(-1.52)		(-0.79)		(-0.64)	
沪渝动态指标		-881.342***		-881.342**		-702.532
		(-3.13)		(-2.13)		(-1.99)
房产税是否改革	1082.207*	1998.437***	1082.207	1998.437**		
	(1.67)	(2.81)	(1.33)	(1.98)		
房产税改革×成交套数	-0.052	-0.096**	-0.052*	-0.096**	-0.042*	-0.071*
	(-1.41)	(-2.53)	(-1.82)	(-2.14)	(-2.82)	(-2.68)
商品房成交套数	0.055	0.094*	0.055***	0.094***	0.058**	0.082**
	(1.02)	(1.78)	(8.40)	(2.91)	(5.34)	(5.60)
商品房成交面积	-0.261	-2.402	-0.261	-2.402	-2.662*	-4.003
	(-0.06)	(-0.52)	(-0.49)	(-1.21)	(-2.65)	(-1.88)
城镇居民人均可支配收入	0.622**	0.586**	0.622*	0.586**	0.473	0.486
	(2.27)	(2.42)	(1.74)	(2.18)	(1.93)	(2.10)
固定资产投资	0.064	0.417	0.064	0.417***	0.392	0.516
	(0.09)	(0.61)	(0.31)	(2.59)	(1.05)	(1.62)
实际使用外商直接投资	11.966	18.890	11.966	18.890	17.360	21.178
	(0.62)	(1.00)	(1.34)	(1.21)	(1.27)	(1.27)
进出口总额	8.624***	10.888***	8.624***	10.888***	3.583	7.435
	(2.89)	(3.68)	(2.59)	(2.78)	(1.18)	(1.96)
城市居民消费价格指数	26.472	12.729	26.472	12.729	64.238	38.851
	(0.49)	(0.26)	(0.49)	(0.34)	(0.81)	(0.79)
商品房成交价格滞后一阶	0.550***	0.509***	0.550***	0.509***	0.518***	0.494***
	(6.63)	(6.17)	(8.21)	(7.55)	(8.24)	(7.74)
商品房成交价格滞后二阶	0.208**	0.210**	0.208***	0.210***	0.209***	0.206**
	(2.41)	(2.48)	(5.43)	(5.32)	(4.79)	(4.86)
商品房成交套数滞后一阶	-0.018	-0.020	-0.018	-0.020	-0.022	-0.023
	(-0.78)	(-0.92)	(-1.38)	(-1.48)	(-1.93)	(-2.08)

续表

变量	普通面板模型		随机效应模型		固定效应模型	
商品房成交套数滞后二阶	-0.015	-0.025	-0.015**	-0.025***	-0.024	-0.029*
	(-0.78)	(-1.31)	(-2.06)	(-3.34)	(-2.23)	(-3.13)
拟合优度	0.882	0.883	0.857	0.983	0.832	0.836
Wald/F 值	8451.34***	8864.64***	—	—	—	—
样本数	168	168	168	168	168	168

说明：括号内为标准差，*、**、***分别表示在 10%、5%、1% 的水平上显著。

（1）全部动态指标系数都为负，这意味着房产税改革确实发挥了我们所期待的作用。但是全部动态指标系数在 10% 的显著性水平上均没有拒绝原假设，表明房产税改革可能存在落实不够彻底和引导社会预期不足的问题。

（2）房产税是否改革变量的系数在 10% 的显著性水平上均为正，说明进行了房产税改革的上海和重庆的房价相对于未进行房产税改革的长沙和湘潭的房价更高。

（3）普通面板模型的结果显示，沪渝动态指标变量在 1% 的显著性水平上是显著为负的，说明房产税改革的实施对上海市和重庆市的房价也起到了降温的作用。另外的两个模型回归结果显示系数为负，说明也支持这一基本设想。

（4）"房产税改革×成交套数"的系数在 10% 的显著性水平上为负，这表示房产税改革后城市商品房交易量有明显下降。可见房产税改革对于抑制投机性炒房和降低房地产市场的热度具有显著的成效。

（5）在随机效应模型和普通面板模型中，城镇居民人均可支配收入的系数显著为正。因为收入增加居民消费能力随之增加，导致房地产的需求增加，进而导致房地产价格上涨，这一机制与我们已知的理论相一致。模型中显示实际使用外商直接投资和固定资产投资的系数为正但并不显著，可能原因有两个，其一，复杂的传导机制削弱了这两种类型的投资对房价的影响。其二，在某些特殊时期，如房地产行业过热时，为了降低居民对房价上涨的预期，官方公布的房价可能低于市场上的真实房价，这个差异少则 200 元/米^2，多则 2000 元/米^2。

（6）在随机效应模型和普通面板模型中，进出口总额的系数在1%的显著性水平上显著为正。进出口总额这一指标反映了国家在对外贸易方面的总规模，可以很好地体现国内外市场的需求情况，影响人们对于市场的预期。良好的市场预期会使得房地产行业升温，这与我们得到的回归结果一致，结果显示进出口总额的上升对房价上涨起着促进作用。

（7）在随机效应模型中，商品房成交套数的系数在1%的显著性水平上为正，这意味着商品房成交套数的增加会使得房价上涨。商品房成交套数可以用来衡量房地产市场的热度。回归结果显示，平均每多卖出1单位的商品房，房价将上升 0.055~0.094 元/米^2。而商品房成交面积作为一个粗略的影响变量，在本节中仅作为控制变量处理。

（8）从我国商品房成交套数和价格滞后阶数的回归结果可以看到，商品房成交价格滞后一阶的系数在1%的显著性水平上为正，说明往年成交价格会对当期的成交价格造成影响。但是商品房成交套数滞后一阶的系数为负且都不显著，意味着我国商品房成交套数存在较为剧烈的波动。

（五）实证结果分析

根据回归结果，结合前文对重庆和上海房产税实施现状进行的分析，得出初步的结论：房产税在一定程度上可以起到抑制房价上涨的作用，主要原因有以下四方面。

一是房产税的征收解决了房地产市场刚性需求过剩导致的价格虚高问题，对商品房价格的上涨具有一定的抑制作用。对于房屋囤积者征收房产税，增加了囤积房屋者的持有成本，部分房屋持有者权衡利弊后将抛售部分房产，这可以降低住房空置率，增加房屋的供给量，提高住房资产配置的效率，同时也能推动房地产租赁市场发展，推动我国房地产行业朝健康的方向发展。

二是在短期内，开征房产税这一举措在社会舆论层面将给预购房者带来一定的负面心理影响，这将导致市场利空，使得部分有购房意向的观望者可能放弃购房的想法转为租房，导致购房需求在短期内下降。从长期来看，开征房产税不仅可以促进房地产市场良性运转，甚至可以影响社会再分配，缩小贫富差距，使得广大人民群众能够共享经济发展的成果。

三是我国房地产行业价格虚高，除了刚性需求方面的原因，更大程度上是由于投机者的炒房行为。房产税是对保有环节进行征税，所以能够有效地抑制投机者炒房的行为，进而抑制房价不合理上涨，有助于让真正有购房需求的居民以合理的房价买到安身之所，提高居民的幸福指数。另外，房产税还可以缓解现行的财政体制造成的"中央富、地方穷"的状况。

四是房产税能够使得我国的税收制度更加健全。目前来说，我国财产税类的制度体系还不完善，原因在于财产税类中较有代表性的房产税在我国的地位较低。因此征收房产税对于更好地完善我国的税收制度具有重大意义。应从房产税的实施过程和实施后的效果中汲取经验，为进一步完善房地产市场提供依据。房产税的征收不仅能使房价合理化，还能在一定程度上促进社会公平，缩小我国的贫富差距，使得房地产行业更好地服务于民生。

五　我国房产税存在的问题

（一）试点城市房产税税收性质不明确

我们常说的"存量税"是指对课税对象具有固定性的或非流动性的资产存量征收的财产税。房产为财产税的重要课税对象，其作为一种存量，与作为资本存量的社会财富不同，在流通过程中房产所表征的社会财富主要来源于货币资金流量。这使得房屋在多个交易过程中会出现重复课税问题，加重交易者的负担。将房产税的税基定为房产的买卖价格使得房产税的征收存在一个问题，比如对于一些年代久远的房产而言，我们已经无法有效地估算其房产原值，导致房产税在征收的过程中存在明显的困难。上海的房产税并不是把社会财富存量作为课税对象，因此具有明显的商品税性质。而重庆市房产税的征收对象是个人拥有的独栋商品住宅、个人新购的高档住房和在重庆同时无户籍、无企业、无工作的个人新购两套及以上的普通住房。重庆和上海这两个试点的征收范围和征税定位并不一致，导致了房产税具体的税收性质并不明确。

（二）存量房未被纳入课税范围

除了控制房价，调节收入分配也是我国进行房产税改革的重要目的之一。要保证税收负担得到公平分配，需要对纳税对象的负税能力进行全面评估。一般来说我国遵循"收入高者多交税、收入低者少交税"的原则来确定税基和纳税规则。拥有多套房产的人一般来讲具有较强的支付能力，所以房产套数成为衡量纳税人支付能力的主要依据。房产在一定程度上既具有财富效应，又具有吉芬商品的性质，个人拥有的住房数量增加代表着购房者的收入同时也增加了，房产的这一特性使得对存量房产进行征税可以起到打击投机炒房行为的作用，这一机制说明对所有存量房产征税可以缩小城乡、区域居民收入分配差距。但是，实际上海市所颁布的房产税政策的纳税范围并不包括存量房产，这种税制设计方案有悖税收征收的公平原则。此外，在房产税改革之前个人拥有的住房不需要纳税，这减少了课税范围，削减了财政收入。上海和重庆作为第一批试点进行房产税征收，还可能对其他未开征房产税的地区产生影响，使得目前未开征房产税的地区的居民加快房地产交易，以回避即将到来的房产税政策所带来的纳税负担。这种影响显然不利于稳定房地产市场，与房产税政策设计的初衷不符。

（三）改革试点的法律依据不足

分税制的财政体制决定了地方政府只能执行税收政策而没有税收管理权限，更谈不上因地制宜地确定税率，这显然不利于房地产资源配置的最优化。我国税收法定原则是指，我国税收问题的基本原则由政治上的立法机关独立制定，为了防止法律上政府的暴政，在没有相应法律作为基础和前提的条件下，政府是不能随意征税的。而"国务院常务会议决定在部分城市进行对个人住房征收房产税改革试点，具体征收办法由试点省（自治区、直辖市）人民政府从实际出发制定"这一授意作为两个城市进行房产税改革试点的依据是否符合我国的税收法定原则呢？显然仅依据国务院常务会议的决定，在征税的法律依据上存在一定程度的合法性不足的问题。

六　国外房地产税制改革效应分析

在发达的资本主义国家，税收制度已经相当成熟，我国的房产税政策制定可以借鉴国外的经验。在 2008 年的全球金融危机之后，各国纷纷对自身的税制进行改革，主要有以下几个特点：一是降低社会保障税税负，鼓励就业；二是有增有减的税制结构性调整成为突出特点；三是顺应经济全球化趋势，优化税收制度的趋势进一步凸显；四是减税仍是税制改革的主线；五是进一步完善房产税制度；六是对金融风险征税；七是环境资源税备受关注；八是开源增收成为当务之急。

税制改革在近年来已经成为世界各国关注的热点问题，征收房产税一般目的有两个：一是使房价合理化，对房地产市场进行调节；二是促进社会公平。其中日本、新加坡、美国、德国这四个国家的房产税政策实施效果显著，特别值得我国借鉴。我国房地产市场与其他国家相比发展起步较晚，在规范发展的过程当中，存在的问题慢慢浮现出来。因此，本节接下来将对德国、日本、美国、新加坡的房地产市场进行详尽的分析，以总结我国可以学习借鉴的经验。

（一）德国

德国作为欧洲比较强大的工业国家，人口密度约为每平方公里 229 人，超过了欧洲平均水平，按理应该是一个高房价国家，但是不仅在欧洲，甚至世界范围内德国房价的排名都相当靠后。在过去 30 年间，德国房价平均上涨了 60%，但是个人收入却增长了 3 倍。如果剔除通胀因素，德国实际住房价格累计增长 -21.6%，并且除了近几年略有波动外，几十年来一直保持相对稳定。

1. 德国房地产市场状况

德国住房类型主要分为大型别墅、独宅、小公寓和单元房。"二战"后德国经济腾飞，开始面临周期性的住房紧缺。西德实施的住房保障制度是以市场经济为主、社会福利为辅。到了 1960 年，"婴儿潮"时期出生的人已经成年，开始组建家庭，不仅如此，大量的海外移民家庭进入德国，德国住宅需求量急剧上升，市场出现了供不应求的情况。尽管困难重重，西德政府仍成功地解决了住房供不应求的问题。但是，东德因为处于计划经济的管制下，供不应求的问题一直没有得到很好的解决。

德国统一后，大量的原东德居民进入原西德地区，使得政府再次面临住房供应不足的问题。原西德地区人口的大量增加也使得住房需求激增，新建住房急剧上升。政府通过一系列的措施提供援助，如"复兴贷款"

"促进计划"等，解决居民住房问题。经过德国政府一系列的努力之后，现阶段，德国超过97%的新住宅设有淋浴间，住宅的集中供暖也基本得以实现。

德国的住房租赁市场相当完善，为了使租客获得更多的权利，政府设计了一套鼓励民众租赁房屋而并非买卖房屋的体系。德国租房者的权利得到充分的保护，只要付齐了房租，房东就没有权利驱赶租客出户，更不会出现突然涨租的情况。德国还用相关的法律抑制公民对房屋所有权的需求。例如，不提供或者极少提供高额的房产贷款。经过政府不懈的努力，在德国多达50%的居民放弃了买房而选择租房。

完善住房保障体系、促进房地产市场平稳健康发展是政府规划的首要目标之一。德国政府依据全国人口特征来制定土地规划，保障房地产市场稳定。出租住宅中约16%是政府为低收入居民提供的福利住房。固定收入不足以租房的居民按法律规定还可以获得政府提供的住房补贴。同时政府为了使得地方房地产公司和私人投资者提供优质的廉租房，还对他们进行资助。德国政府独具特色的房地产政策使得德国房地产市场能够健康有序地发展。

进一步地，我们通过分析德国房价指数来了解德国的房价长期走势。1958~2008年，德国房价变化过程可以分为两个阶段。第一个阶段：从1958年到1995年的将近40年间，德国房地产价格保持持续上升的状态，年均增长率大约为5.5%。第二个阶段：从1996年到2008年的十余年，由于德国政府的努力，德国房地产市场价格与之前相比更为稳定，特别是1996~2005年，被称为德国房地产市场"沉睡的十年"。

2. 德国房地产税制改革

德国政府通过税收制度挤压炒房者的超额利润。政府向房屋出租者征收高达25%的房租收入所得税，同时限制房屋最高出租价格。房屋空置超过一定时期者还将面临高额的罚款，这一举措稳定了房屋租赁市场价格。除此之外，政府还通过一系列的税收，如资本利得税、土地税和土地购买税，来打击市场上的投机倒把行为。德国规定不动产的交易环节都要缴纳不动产税。政府还规定了自有自用的住宅只需缴纳土地税而不需要缴纳不动产税。德国政府利用税收制度在交易环节降低了投机者的利润空间，提高了投机者的炒房成本，这些举措大大地打击了炒房行为。在德国，如果房价超过法定合理价格20%，并且不在规定时间内下降到合理水平，就必须缴纳5万欧元的高额罚金。如果房屋出售价格超过法定合理价格50%，出售者还将受到刑事指控。上述所说的法定合理价格的制定由政府委托专门的评估机构代理进行，评估机构需对评估结果负责。

(二) 日本

日本人口约为1.27亿人，GDP位居世界第三。1990年以前，日本为了刺激经济发展，大规模刺激房地产行业的发展，导致日本住房出现大量过剩。人口老龄化问题的出现，使得本来就低迷的房屋需求更加雪上加霜，最后导致房地产市场崩溃，还严重影响其他行业的发展，对日本经济产生了巨大负面影响，使日本经济经历了"失去的二十年"。鉴于日本与我国具有相似的文化背景，人口密度也较大，经济增长同样曾受益于出口，日本房地产市场的发展经验对我国有较大的参考意义。

1. 日本房地产市场状况

虽然日本经济在"二战"结束后逐渐复苏，但是日本房地产市场仍笼罩在房地产市场泡沫破裂的阴影下。据调查，日本东京2014年的平均地价约为4.20万元/米^2，这一数据在东京自1983年有记录以来至2014年的所有地价中只处于中等水平。20世纪90年代前后，日本地价每平方米约269.9万日元，按当时的汇率折合人民币约33.7万元。

在先进的发展理念和完善的制度保护下，日本房地产市场历经多次改革后逐步走向成熟。东京是全球十大金融中心之一。2015年在日本房价最高的地区，一栋建好2年且精装修的3层含车位的小楼带永久产权的地皮需要7680万日元（折合人民币397.8万元）。在东京，大概只要2000万日元（约合103.6万元）就可以购买一套市中心的小户型住宅或者二手房。

过山车式的发展使得日本房地产市场日趋成熟。20世纪80年代，日本房价大幅度变动，房地产市场过热，热钱大量涌入，投机者结合股票的账面利润来炒房，致使日本住房价格短期内迅速增长。此外，以东京、名古屋、大阪为代表的大城市受到"二战"后婴儿潮的影响，市场需求膨胀，房地产市场常年供不应求。日本央行为此曾多次通过调高银行利息的手段来缓解压力。房地产市场的泡沫破裂带来了股市的崩溃，日本陷入股市与楼市齐跌的局面。直到 2002 年日本经济才逐渐恢复，自此日本楼市进入下一个生命周期。

从 1965~2010 年日本房价走势中可以明显看出日本房地产市场周期性波动十分剧烈。1990 年日本房价每平方米最高达到约 4 万元人民币，而 2010 年，每平方米只有 7054 元人民币。

世界各国都纷纷从日本房地产市场的兴衰中认识到，一方面，要加大对企业与居民关于房地产市场的宣传，避免他们通过借高利贷的贷款方式来投资房地产。另一方面，政府必须加强对房地产市场的风险预控能力，确保房地产企业在追求投资利润的同时能够承担相应的职责，进而解决居民住房问题。

日本政府在经历房地产泡沫后，汲取经验教训，提出了一套初步的改革方案：第一，增加本国国债投入，着力发展公共配套设施，以带动房地产业及其相关行业的发展。第二，放松资本管制。日本政府为促进经济复苏，缓解房地产市场的资金紧张问题，提供各种服务，成立商业地产投资互助基金，放松对金融业的管制，以支持投资者开展房地产投资信托。第三，适当调整竣工标准，以便于房地产项目完成。例如缩短建筑方案的审批时间，调整建筑物高度限制，提倡发展节能材料，确保房地产市场可持续发展。

实践表明：日本房地产业改革方案的实施给市场引入了大量资金，活跃了市场，扩大了房地产业规模，降低了企业和居民进入房地产行业的门槛，日本房地产市场自此进入新的发展周期。

2. 日本房地产税制改革

日本政府在房地产泡沫过后主张推行中央地方兼顾型的新税制改革方案。房产税成为地方政府的重要财政收入来源。根据《日本地方税法》，房产税分为三类：固定资产税、城市规划税、事业所得税。且依据税收法定的基本原则，地方政府只享有对部分税种的减免或者解释权限。

（1）城市规划税：城市规划税以在城市规划内的土地、房屋为课税对象，地方政府可根据自身情况拟定税率。在 1950 年的税制改革中，日本曾把城市规划税并入水利土地收益税。1956 年以后，日本政府又把城市规划税重新列为独立税种，由市町村（基层地方公共团体）进行征收。征收城市规划税以维护社会公平以及为各县政府的土地区划整理和城市规划等公共事业提供资金为主要目的。

（2）固定资产税：日本固定资产税的主要课税对象为土地、住宅及折旧资产，由市町村进行征收，是日本地方政府的主要税源。日本固定资产税通过调节土地市场运转，为经济的发展和繁荣提供了有利条件。固定资产税具有税基较宽、税源较稳、从价征收、税率较低、设计完善、评估合理等特征。固定资产税课税日期为每年的1月1日，税率为1.4%。对于房屋征税标准额度不足20万日元、土地征税标准额度不足30万日元的情形，免征固定资产税。

（3）事业所得税：日本政府在1975年新增事业所得税，以由于营业需要而进行新建和扩建的房屋产权所有者为课税对象，税率为6000日元/米^2。只在东京、名古屋、京都、神户等人口高于30万人的大都市进行征收，主要目的在于改善城市的基本环境。

（三）美国

2014年，美国人口数量约为3.178亿人，人口密度为33.9人/公里^2，人均住房面积为67平方米（是中国的两倍左右）。在通胀水平波动、价格水平波动等因素的刺激作用下，美国房地产业与经济基本面呈现出正相关关系。此外，受利率、税收和人口等因素影响，美国房地产市场呈现出显著的周期性特征。

1. 美国房地产市场状况

美国作为较早进入发达国家行列的国家，早在20世纪就开始着手解决居民住宅问题。与我国房地产统计资料按单位面积来计算住房价格不同，美国的房地产统计资料是以单元住宅来计算的。根据美国专业房产网站Zillow数据，2014年美国每平方英尺的房价中位数为151美元，合每平方米1万元人民币左右。美国房价看似不高，但其情况与中国类似，由于幅员辽阔，不同地区房价差异较大，同样存在一线城市房价较高的情况，例如曼哈顿、旧金山的房价都已超过每平方米10万美元。此外，美国的住宅面积计算方式与我国也不一样，美国不把公摊面积包含在住宅面积中，而且住宅中的很多区域是不计入建筑面积的。美国计算住宅面积时主要将经过一定的建筑材料（比如地毯或者地板等）有效铺设后的地面面积作为最后的完工面积。因此像室内的走廊、房顶的阁楼、地下室以及室外院子等部分往往是不算在美国住宅面积中的。而且根据美国建筑行业的指导标准，室内层高低于五英尺的部分不计算在内，如果一个房间 7 英尺以上的空间占 50% 以下，则整个面积不计入房屋总体价格。美国规范和合理发展的房地产市场在 20 世纪末期成为世界上理性成熟市场的代表。

21 世纪后，美国人口数量自然增长，人们的生活质量不断提高，作为世界上屈指可数的居住现代化国家之一，其国民越来越注重和追求高品质住房。日益增大的住房环境改善和商品住房投资需求在一定程度上推升了美国房地产价格。蒸蒸日上的美国房地产业带来了巨大的财富效应。

2005 年是美国自 20 世纪 80 年代以来至 2014 年房地产价格平均涨幅最大的一年，涨幅接近 15%，而消费类产品和非住房类产品价格只上涨了 3%。尽管当时美国房价快速上涨，却并没有达到房价上升的顶点。在美国全境范围内，太平洋地区房价增长速度最快，中部和西南地区房价增长速度相对较为缓慢，但是整体来看美国房地产价格呈现出上涨的趋势。美国经济学家认为，美国房价上涨主要是受到人们对房价的乐观预期、部分非居住性的住房投机行为，以及银行按揭贷款利率低等多种因素的影响。许多经济学家从 2003 年就开始呼吁美国民众和政府密切关注美国房地产市场的过热现象。甚至在 2007 年一些经济学家就曾明确地指出美国房地产泡沫已经产生。但直到多个数据统计结果揭露出这个问题的严重性，美国政府才开始有针对性地推行具体的解决措施，譬如，通过增加房地产相关税率、提高市场利率、调节房地产市场供需来控制美国房价的涨幅，进而促进美国经济、房地产业、人口收入三者和谐发展。

从美国 1890~2014 年房价走势看，在战争年代，美国的房价在大部分年份低于 9000 美元/米^2，到了经济复苏和高速发展期，美国房价大体维持在 10000~13000 美元/米^2 的区间内。1998 年以前，美国的房价比较稳定，房地产市场健康发展，市场秩序良好。政府对房地产市场调控效果明显。1998 年以后房地产市场不利信号出现。自 2001 年美国鼓励资产证券化后，银行业增大了对房地产领域的投资，房价增长速度达到新高，2005 年房价甚至一度超过 20000 美元/米^2，直到 2007 年次贷危机席卷美国，房价开始急剧下降。

2. 美国房地产税制改革

美国实施私人土地约占 58%、联邦政府土地约占 32%、州及地方政府土地约占 8%、印第安人保留地约占 2%的多元化土地所有制。美国法律规定，政府不得干涉私人土地交易，各种所有制形式的土地均可以自由买卖。私人土地所有制有利于美国房地产的市场化，土地供给端的自由交易确保了上游土地资源的充足供给。美国的房产税属于不动产税，为财产税的一种。不动产税主要用来改建和维护当地的保障性住房以及公共设施。美国 50 个州全部征收不动产税，根据房地产评估值按一定比例进行征收。各州和地方政府税率可以根据地方实际情况制定，大多在 1%~3%。美国对房屋交易环节征税较少，但比较重视对房屋保有环节的征税。"宽税基，少税种"是美国房地产税一直秉承的基本征收原则。宽税基是除对公共、宗教、慈善等机构的不动产实行免征外，其他不动产均需要纳税。少税种是指政府规定财产税为有关房地产保有环节的唯一合法税种。与我国的地方财政收入来源类似，美国的不动产税也是美国各州政府财政收入的主要来源。

（四）新加坡

新加坡作为典型的微型国家，地少人多，2013 年人口密度达 7540 人/公里^2，但人均国民收入位居亚洲前列。新加坡是一个资源储量稀少、对外发展空间很小但是人口数量却在不断增长的港口国家，在收入日益增长的同时，越来越注重对居住质量的追求。为促进新加坡的房地产业与经济和谐、健康地发展，经过多年探索新加坡政府已经找到一套适合自己的具体解决方案。

1. 新加坡房地产市场状况

新加坡由国家发展部负责对城市进行定位和规划设计，城市重建局主管规划建设，负责具体的规划和建设工作。新加坡的城市规划主要由两部分构成：概念规划蓝图、总体规划蓝图和相关控制性规定。概念规划蓝图是指根据城市的实际情况和发展趋势来规划城市交通和土地的未来发展，根据这个蓝图人们可以想象未来几十年新加坡将会建设成为一座怎样的城市。总体规划蓝图和相关控制性规定是建立在概念规划蓝图的基础上的，主要是对人口密集与非密集区域的相关公共配套设施、产业布局、交通网络等进行明确的规划、标记和详细的预算，总体全面地考虑每一区域每年的具体发展程度，甚至对容积率都有详细的规定。国家发展部每隔五年会对总体规划蓝图进行一次修改，之后会将完善后的蓝图对全民进行公示，在此期间所有居民都可以向国家提出自己的建议。

为了促进新加坡相对稀缺的土地资源的可持续发展，新加坡政府推行了一项重要的基本措施，即合理运行土地供应机制。新加坡88%的土地是国有土地，而且具有相当严格的土地使用控制与审批程序，新加坡将其所有土地细分为近千个小区，针对每一个小区都制定了详细的土地规划。从功能划分的角度可以将新加坡的土地分为五大类：居住用地、工业用地、交通用地、商业中心用地和空白用地。第一类是居住用地，这类用地是指将居民集中规划到不同行政区域，并且为不同行政区域内的居住用地提供完整的生活配套设施。设计十分精细的居住用地正好符合新加坡地少人多的国情，新加坡根据自身的实际情况，推行"微型居住区计划"，将单一居住区的规模尽量减小，同时控制区域内建筑的类型和密度。第二类是工业用地，这类用地通常以招标的方式来供应，到现在为止，新加坡是世界上通过调节土地供应来控制工业用地价格的为数不多的国家之一，这项措施可以实施的最主要的原因是新加坡政府拥有土地的定价权。第三类是交通用地，这类用地优先考虑城市的地下交通系统。第四类是商业中心用地，这类用地主要用来发展金融与商业，考虑到土地面积的限制，主要是用来规划建设高层建筑，以提高土地资源的利用率。第五类是空白用地，该类用地是指区域内较为宽阔的居民休闲活动空间，并不是指闲置用地。

高昂的土地价格决定了新加坡的高房价，为给居民营造舒适的居住环境和促进房地产市场稳健发展，新加坡政府在房地产相关政策的制定章程中也考虑了普通收入者的居住需求。房屋的供应由建屋发展局负责，建屋发展局根据国民不同的收入水平来设计和配置不同的住宅，匹配不同层次的居民住房需要。针对普通收入者主要提供高层的经济适用房，且居民可以通过申请公积金来购买住房。另外，政府还会提供更多的补贴给低收入者。新加坡政府会对首次购房且购买的是二手房的消费者给予高达 3 万新加坡元的经济补助；如果购买的是新房，政府则会以低于市场价的折扣价格将此套房产出售。原则上使用这些优惠政策购买的住宅在五年之内不得转让，但是如果在五年内确有需要出售的，不能在市场上直接出售，必须先通过政府机构的审核。对于那些高收入群体而言，购置住宅完全是一种纯粹的商业化行为，国家并不会给予优惠政策。由于新加坡人均年收入已经达到发达国家的水准，即使房价相对较高，对于那些高收入家庭而言，购房也不会为其带来巨大的经济负担。

在城市建设中新加坡政府比较重视基础设施建设，这些基础设施建设的资金通常来源于以下两个渠道：一是通过招标由投资者出资；二是财政拨款。例如，通常开发一个工业园区的项目时，园区内的基础设施并不另行招商，而是由这个工业园区的项目开发商投资建设，这些公共设施建成后需移交给有关的政府机构去管理。另外，房地产开发过程中动拆迁成本的上升会间接导致房价的上涨，在这方面新加坡政府所实施的许多对策和措施值得其他国家借鉴。具体来说，有两个重要的因素使得新加坡政府能够成功协调好动拆迁工作：一是在动拆迁的过程中并不是要彻底拆毁过去的一切，而是会极其人性化地在原来的地方保留居民的一些旧日记忆；二是在人们搬迁到新地方之后，他们的居住条件及其他各方面必须比他们之前有所改善。这些人性化的措施，值得其他国家借鉴。搬迁后，虽然人们的生活环境在不断改善，但是往日的记忆却并没有被彻底毁灭。不为了某些人的私利而随意进行拆迁，合理规划和人性化处理是政府秉持的原则，在这种人性化的动拆迁政策下，未来新加坡的房地产市场发展将更加健康、有序和理性。

与其他国家不同，新加坡大部分的居民居住在组屋（组合房屋，由新加坡建屋发展局承担建设的楼房），而一般商品房主要用于商业用途（比如出租）。在此采用价格指数来反映新加坡房地产市场情况，从 1990～2011 年的新加坡组屋价格指数和一般商品房价格指数可知，新加坡的房地产市场呈现周期性波动，且发展总体态势良好，市场比较健康成熟。

2. 新加坡房地产税制改革

新加坡作为较早进行房地产税制改革的国家，其具体税制由新加坡税务局制定。房产税以房屋、建筑物及土地等不动产为课税对象，以房屋、建筑物及土地等不动产的产权所有人为纳税人，其计税依据是房屋的年产值，采用比例税率，自住类住房的税率为4%，其他类型的不动产税率为10%。此外，为照顾小户型的家庭，通常政府会在4%的税率基础上给予一定的折扣。而对于年产值在6000新币以下的房屋免征房产税；对于年产值在6000~24000新币的房屋，按超出部分征收4%的房产税；对于年产值在24000新币以上的房子，则按超出部分的6%征收房产税。另外，新加坡政府将印花税征收期限由三年改成了四年。

七　主要结论与政策建议

（一）主要结论

我国房地产市场完全成形于1992年，之后我国房地产市场飞速发展，为整体国民经济的平稳健康发展做出了巨大贡献。但是在发展的过程中房地产市场暴露出来的问题也日益增多。

本章把房产税作为研究对象，结合我国房地产市场的具体情况检验分析我国房产税效应的存在性和非对称性。具体的实验数据来源于房产税试点城市的房地产市场月度数据。主要研究结论如下。

第一，房产税发生作用的前提条件在我国房地产市场中是具备的。我国房地产业的发展水平在很大程度上影响着我国经济的增长能力。作为我国国民经济的支柱性产业，房地产业高负债经营的特征使其发展时常和市场脱轨，房价整体持续上涨且居高不下，房地产泡沫开始在部分城市中滋生。为保障国民安居乐业，政府必将实施相应政策来抑制房价的高涨，这便具备了房产税发挥作用的前提条件。

第二，我国房地产市场存在显著的房产税效应。通过对重庆、上海、湘潭和长沙四个城市2009年1月至2012年8月的相关数据进行分析发现，房产税政策在我国房地产市场中发挥着显著作用，可以使房价明显下降，证实我国房地产市场存在房产税效应。

(二) 政策建议

我国自 1998 年取消福利分房制度后，开始实施住房市场化改革。虽然随着我国市场体系的进一步完善和经济的迅速发展，居民的可支配收入整体提高，但是由于"成家立业"的传统观念影响和我国投资渠道缺乏，房产逐渐成为城镇居民的一种财富代表。越来越多的城镇居民将商品房视为一种投资或增值方式。要想加速政府职能的转变和缩小城乡居民收入差距，对我国房地产业进行整体的结构性改革必不可少。另外，近年来我国房地产市场价格持续攀升，不利于社会公平和稳定。因此，房地产市场迫切需要一套既能平衡住房供需，又能发挥税收调节作用的税收制度。值得说明的是，我国在房产税改革过程中，一方面，必须清晰界定房产税的性质、明确征收范围、确定征收房产税的法律依据；另一方面，要制定和完善房产税征管体系。在此基础上，本章提出以下几个关于房产税改革的政策建议。

1. 房产税计税依据改革

鉴于房产税属于财产税，建议将评估价格作为房产税的计税依据。价格评估关系到纳税人的权利与义务，通常需要依据相关领域的法律法规和税收制度进行。国外从事课税估价业务的人员，一般包括政府部门的房地产估价人员和由政府授权的信用评价等级较高的私人房地产评估机构或者代理机构。因此，必须把握好政策的方向，提高对课税估价业务的要求，确保政策顺利实施。此外，还应结合高新技术手段，构建和完善房地产相关网络体系，如土地交易体系、房屋和土地拆迁费用体系、房屋造价体系、房屋交易体系等。时刻知悉房地产市场的运行动态，准确评估房地产价值。另外，应该按照个人收入档次对住房采取不同的课税方式和不同的估价体系，通过房产税来合理调节社会收入分配。

2. 建立健全房地产信息管理系统

要建立健全房地产信息管理体系，加快推进房地产市场的数据采集和收录工作，落实房地产信息登记，在全国范围内构建房地产信息联网系统，共享有效的房地产市场信息，强化房产税管理体制和提高税收征管水平，满足房产税征管所需的前提条件，这些措施将有利于推进房产税改革。科学合理的房地产信息管理系统能够确保房地产市场的高效率运行，使得国家宏观调控政策更具针对性和有效性。

全国房地产信息联网，是房地产领域的一项基本建设工程，有利于促进和维持房地产市场的健康有序发展，其目的也不仅仅在于调控房价，还在于为我国日后开展房产普查、征收暴利税和房产税等政策做铺垫。全国房地产信息联网将有利于国家对社会财富进行更准确的统计。同时，由于房产是居民财富的重要组成部分，居民也更关心其市值的变化所带来的损益。

3. 完善房地产业的相关法律法规

如果在国内盲目地推行房产税，一方面税收的公平公正原则难以实现，另一方面可能触及部分纳税人的利益，使得纳税人对房产税产生怀疑，出现偷税、漏税等违反国家规定的行为。所以改革房产税必须有强大的相关法律法规做后盾。由于税收立法关乎广大民众的切身利益，因而其备受广大民众关注。为消除民众的抵触情绪，减少房产税的实施阻力，必须通过全国人大来启动立法程序，通过有效的法律制度保障民意表达的广泛性和充分性，从而获得民众的理解和支持。

例如，德国对房地产的权利获取和处分实施申请登记的制度，是根据20世纪初颁布的《土地登记法》制定的。在德国国家法律保护的前提下，德国的土地登记簿设在地方法院的登记部门，登记内容由四部分构成：一是土地状况，包括土地面积、土地估价、租赁合约价值、潜在使用价值等相关内容，其内容主要通过当地统计局和土地测量部门获得；二是产权所有人，在产权所有人出现变更时，会在登记簿上标记"X"，然后登记新的产权所有人，政府会一直保留产权登记簿，在达到一定保存年限后，对买卖合同进行删除；三是土地权利负担评估，包括土地是否依法纳税、是否被查封等；四是预告登记，在土地抵押贷款偿还前，保全关于不动产物权的请求权。

4. 实现房地产市场体系的范围经济

不同于规模经济的专业化经营，范围经济是以多元化的综合发展为特点。目前我国房地产市场分级体系不够健全，房地产赋税主要集中在一级市场，二、三级市场的发展则相对滞后。政府关于房地产业的宏观调控政策大部分也是针对一级市场，在一定程度上忽视了二、三级市场中可能出现的问题。二、三级市场的不完全竞争间接导致了二、三级市场的部分产业链被一些非法地下产业和房地产企业控制。此外，二、三级市场发展畸形。作为一级市场的衍生物，二、三级市场无法满足各个层面的市场需求，达不到市场分级的要求。因此，在对一级市场加强监管的同时，必须对市场经营方式进行改革，引导二、三级市场多元化发展，实现房地产市场范围经济，提高市场运行效率，保证房地产市场稳健发展。

5. 完善房产税的再分配功能

作为一个全球贫富差距比较大的国家，我国对个人开征房产税，具有促进财富再分配和缩小贫富差距的作用。房产税收入会随着住房面积的增加而呈现出递增趋势。在我国房产税主要用于两个方面：一是用于保障房建设，保障低收入家庭都有自住房屋；二是作为地方性财政收入，解决地方债务问题。在房产税收入再分配过程中，各级地方政府应该对房产税征收和使用情况建立明细账簿，将房产税的收缴和使用情况向公众公开，加强对房地产市场的监管。只有把从民众那里取得的房产税用之于民，才能够使百姓更信任政府。

6. 完善保有和流转环节的房地产税收设置

（1）开通并增加保有环节的税收

自1994年实行分税制以来，我国地方政府的事权增加而财政收入渠道减少。因此，政府当前的主要任务和目标是稳定并努力增加各地方政府的财政收入。提高地方财政收入和保障居民买到满意的住房并不是不可以同时实现的。房地产属于固定资产，房地产税是最容易控制的税源，所以科学合理的房地产税制结构将不仅有利于房地产市场的健康发展，保障人民群众的切身利益，还有利于稳定地方政府财政收入。基于这一点，如果可以处理好房地产税与房地产相关环节的关系，那么增加保有环节的税收就极易实施。如若不可以，则易引致房价上涨。

研究表明，可以在房地产的保有环节实施全部按价格征收的统一计税依据，适当减少非经营性房屋的房地产税收，增加经营性房屋的房地产税收。必须明确的一点是，通过增加房地产保有环节的税收来增加地方政府的财政收入，不仅是为了抑制房地产价格上涨，更多的是为了平衡地方政府事权与财权。在保有环节征税不仅有利于维护税负的公平，还有利于降低潜在经济风险，维护社会和谐。

（2）规范并降低流转环节的税负

作为调节收入再分配的有效手段，所得税更易为人们所接受。可降低房屋出租所得收入的税负，改征房屋租赁综合税，逐渐取消原来对房屋出租所得按12%的税率征税的规定。如早前上海市出台的综合税相关政策，对于转租私有住房所得减半征收综合税，对租借的私有住房收取的综合税为房屋出租所得的5%。应降低和规范流转环节税赋，重新优化配置存量资源。

7. 实行住房消费补贴和税收减免政策

我国大多数城市当前已经开始实行住房补贴相关政策，该政策实施后广受群众支持。其主要补贴对象是城市的低收入人群。从总体上看，享受住房财政补贴的人仅占低收入人群很小的一部分。从实行效果来看，与预期目标还存在一定差距。发达国家在这一方面有很多成功做法值得我们学习。譬如美国，家庭收入低于本地区家庭收入平均水平80%的家庭，可以根据自身家庭的具体情况向政府申请不同额度的住房补贴。我国的当务之急是制定科学的补贴政策，使更多的低收入人群能够享受住房补贴政策带来的好处。一方面，政府层面需要持续建立和完善经济适用房的出售政策和相关法律法规。申请购买经济适用房的城市居民在未来受收入增加等外在因素影响欲出售或转让房屋时，只能按规定的价格将所有权让渡给政府，即采取转让和出售的封闭式管理。另一方面，对于申请经济适用住房的家庭需要予以严格把关，仔细审查其申请资格，必要时可以合理公示享受经济适用房的居民家庭情况，让社会共同监督。鉴于我国绝大多数城市并没有明确的收入划分依据和标准，所以有必要结合我国实际国情建立和完善社会信息系统，充分利用先进科学技术精确划分个人收入水平。只有这样双管齐下才能保障经济适用房市场健康有序发展。

8. 选择适当时机开征物业税

我国房价居高不下，房地产泡沫越来越多，物业税的开征逐渐被提上日程。建立起科学合理的房地产税收体制以及开征物业税是对现有房地产税收制度的改革和完善。

物业税是指政府以其强制力每年向不动产的所有者征收一定的税款。征收的税款主要用于补偿政府提供公共服务和公共物品所花费的费用，税款随不动产的资产价值增加而提高。物业税的征收有利于稳定地方财政。征收的首要条件是纳税人有房地产资产，且把房地产的资产价值作为物业税征收基础。近几年，许多市场发展较为成熟的地区和国家相继在房地产市场开始征收物业税。

物业税是针对房地产征收的可以合并房产税等的税收，是一种在保有环节进行征收的税种。改征收物业税，可以充分调动地方政府的积极性来为百姓创造优良的生活环境，提高公共服务和公务物品的利用程度，提升本地物业水平和价值，进而增加居民消费能力。应当做好三个前期准备工作：一是提供先进技术和保障确保物业税开征；二是梳理现有税费和物业税之间存在的关联关系；三是将征收物业税所带来的财政收入归入公共财政部分。

9. 积极出台住房空置税政策

住房空置税的开征有利于增加住房空置的成本，一定程度上减少房地产市场的投资与投机行为，实现优化房地产市场资源配置的主要目的。当住房空置税税率设计得比其他税率要高时，住房空置税才能更好地发挥其抑制作用。为优化房地产资源配置、调控房地产市场，必须尽快为出台住房空置税政策等做好前期工作，制定住房空置税征收的强制性保障措施。此外，在各大城市应当建立和完善住房信息登记系统、住房信息网络监测和共享体系，准确掌握房产所有者和住房产权的有关信息，对房地产市场住房的交易权属情况和房屋销售情况等相关信息进行存档和及时更新，确保住房空置税的顺利开征。住房空置税是以抑制房地产投机行为、防范房地产金融风险为主要目的而不是获得高额的税收收入。政府应当通过经济、行政甚至司法等手段对躲避缴纳住房空置税的行为进行严厉惩处。

第九章 房地产市场宏观政策调控：
地方财政政策

一 地方土地出让收入、财政支出对房价影响的相关理论分析

与别国不同，我国地方政府财政收入具有两大特征：一是社会主义特征显著。在我国，宪法规定国家和集体拥有并掌控土地所有权，我国政府部门垄断了我国的土地使用权的出让。这使得我国地方政府的财政收入结构和土地收入占比与其他国家存在显著差异。二是我国地方政府对土地出让收入的依赖程度高。从地方财政收入结构来看，土地出让制度、住房制度与分税制的改革不同程度地提高了这种依赖程度。这两个特征是我国所特有的。所以本节将从两个层面进行分析：第一个层面是关于土地出让价格与房价关系的理论进展和实证研究成果，这部分主要以土地出让价格理论与房地产四象限模型为重点；第二个层面是以财政分权理论为基点，重点介绍国内外 Tiebout 模型及相关理论的发展与深化，用该模型的拓展形式详细分析了地方财政支出对房价影响的传导机制。

（一）土地出让价格与房价关系的理论概述

1. 土地出让价格理论分析

在中国，政府通常以"招拍挂"方式将一部分土地出让给房地产开发商用于房屋建设。房地产开发商根据自身经营状况以及对房地产市场未来发展趋势的预期等一系列因素来确定土地的需求量。市场的供需状况很大程度上决定了土地出让的价格，当供给与需求相等时，土地出让价格趋于稳定；当需求与供给不平衡时，土地出让价格呈现变化态势，这些供求变

化彰显了土地价格的波动机制。所以，分析土地市场的供给量、供需关系和供给方式对于明确土地出让价格的形成机制是必不可少的。

（1）土地市场

在我国，土地市场是指在交易过程中以土地作为商品发生的经济关系的总和。其基本要素包括市场主体、市场客体。市场主体是指土地市场交易的参与者，市场客体是指交易的标的物，即土地的使用权交易、价格和交易方式。

依据土地市场性质的不同，可将土地市场划分为完全竞争市场和非完全竞争市场（包括垄断竞争市场和垄断市场）。宪法规定我国土地是属于国家与人民的，绝大部分土地的转让权利为政府所掌握，政府占据垄断地位，并在市场当中投入不定量的土地。至于那些已经投放在土地市场的地块则会在市场的调节下进行流转。由此可见，在我国，土地市场具有显著的垄断竞争特征。

我国土地市场的运营模式主要分为土地出让市场（初级市场）和次级市场。值得一提的是，次级市场的交易方式还涵盖了抵押与出租等其他流转方式。土地出让市场主要集中了我国土地使用权的初次转让交易。在初级市场，政府掌控的大量土地可以进行流转。经初级市场初次投放之后，土地进行再交易的市场就为次级市场。

（2）土地出让方式

在我国，土地出让市场对土地出让价格的作用方式可分为有偿出让和无偿划拨。

有偿出让方式有协议出让和"招拍挂"制度。1995年，我国颁布并实施协议出让方式，政府将土地使用权以协议形式有偿转让给需求者，但是随着土地市场的不断发展和完善，这种出让方式的弊端也逐渐显现出来。其受限的适用范围无法满足土地市场的发展需要。为了稳定土地市场发展，紧接着国家出台了新的有偿土地出让方式，即"招拍挂"制度。随着房地产市场的繁荣，根据"招拍挂"制度成交的土地量明显超过了协议出让方式。繁荣的房地产市场促使房价节节攀升，土地出让价格也随之高涨。大量国内外学者研究发现，"招拍挂"制度"价高者得"的属性频繁催生"地王"，给已经过热的房地产市场"火上浇油"，导致土地出让价格频频攀升，成为推高房价的主要制度因素。

无偿划拨用地通常用于公用性建筑与地方基础设施建设、招商引资、保障性住房建设等方面。此类土地直接由地方政府无偿划拨出来，不直接参加土地市场的交易，因而所牵涉的经济利益较小，对土地价格的形成作用不大。无偿划拨用地旨在保障居民生活水平，完善民生工程，实现地方全方位发展，提升整体经济发展能力。

2. 房地产四象限模型的描述

20 世纪 60 年代，学者们开始研究土地出让价格与房价的关系，随后国外学者开始更为深入地探讨这两者间的关系，涌现出大量有价值的理论与实证研究，对两者关系的分析堪称经典的是 Denise 和 William 的房地产四象限模型。根据房地产四象限模型可将整个市场划分为房地产市场和土地市场，其中第一、四象限为房地产市场，第二、三象限为土地市场。

在图 9-1 中，第一象限中以原点为起点向右上方延伸的射线 SL 表示在一定经济条件下土地价格与土地供给量之间的正向关系，代表着单位面积的土地出让收入。向右下倾斜的直线 DL_1 描述了土地需求随着土地价格的上升而下降。这种需求与供给的变动与市场上一般商品的需求供给变化规律是一样的。土地需求增加时，土地价格随着需求的增长而上升，需求直线 DL_1 向右平移，与 SL 相交于新的均衡点。第四象限中以原点为起点向右下方倾斜的射线 A 代表了房产供给量与土地供给量之间的正相关关系，当土地供给量增加时，房产供给量出现同向的变化趋势。而位于第三象限中向左下方倾斜的直线 SH 表示房价与房产供给量之间的正相关关系。房地产开发商通过对房地产市场的发展前景、经济环境、房价的涨幅及预期收益等进行预测，有方向、有针对性地调节房产供给量，实现效益最大化目的。房产需求增加促使需求直线 DH_1 向左平移至 DH_2 时，新的需求直线 DH_2 与供给直线 SH 相交达到新的平衡点，房价与房产供给量实现共同增长。第二象限内，地价成本在房价中所占的重要地位决定了当土地价格受到某种刺激而增长时将拉动房价攀升，房价与土地价格呈现相互促进的关系。

通过房地产四象限模型可以分析出土地价格波动对房价的传导机制：假设整体宏观经济形势利好，房地产开发商预测随着利好的宏观经济环境

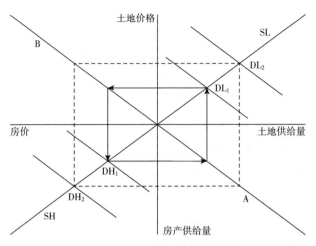

图 9-1 房地产四象限模型

的发展，未来房地产市场也将进入一个全新的发展阶段，土地的需求将进一步增加，需求直线从起初的 DL_1 向右平移至直线 DL_2 处，高涨的需求推升房价，同时土地价格也会随着土地增量的增加而增长。土地价格的上涨将直接导致房价的上升，因此房地产开发商更加坚信未来房地产市场发展前景利好，进而增大房产供给量，同时也将增大对土地的需求。土地需求的增长将再次刺激土地价格的攀升。

（二）财政分权、Tiebout 模型及其相关理论

1. 财政分权相关理论介绍

财政分权是指中央给予地方政府在财政收支方面一定的自主权。Tiebout 在其著名论文《一个关于地方公共支出的纯理论》中探讨了联邦财政支出与地方财政支出的关系，并提出了财政分权理论。该论文发表之后产生了巨大影响，学术界随即开展了相关研究。在学者们的不懈努力下，财政分权理论得到了极大发展，涌现了大批研究财政分权的优秀学者和相关经典理论。研究财政分权理论的著名学者有 Musgrave、Oates、Stigler 等，他们对财政分权的研究无疑推动了相关理论的产生及现实运用。

（1）Musgrave 财政分权理论

P. B. Musgrave 和 R. A. Musgrave 对地方财政与中央财政存在对立性的

意义进行了详细分析。他们提出公共产品的供给和收益要受限于时间、空间两方面，原因是公共产品与服务有其自身的固有属性。国防安全具有非排他性和非竞争性，全国范围内的居民都可以消费这一公共产品。不同于国防安全，公园与广场等公共产品的提供却有地域限制，只有当地居民才能享受到其所提供的服务。因此，对于提供范围为全国的公共产品与服务，R. A. Musgrave 和 P. B. Musgrave 认为中央应该根据其偏好向全国的居民征收税收，从资金上保证向全国居民提供该类公共产品与服务；若公共产品与服务的提供范围为局部地区，征税的对象应为所在地区的居民，这将保证向该地区居民提供该类公共产品与服务。根据不同的提供模式能够实现政府的划分，即从下到上依次为下级政府、州政府与联邦政府，政府的划分将提高税收的征收效率，有效管理财政收支，方便提供公共产品与服务。

（2）Oates 财政分权理论

Oates 的财政分权理论见于其论文《财政联邦主义》，Oates 认为地方政府能够从职能上弥补中央政府的缺陷。Oates 为了阐述其理论提出了相关假设。假设一国存在偏好各异的两个群体 X 和 Y，且群体的资源有限；有两种不同的商品 A 和 B，给定 A 为政府提供的公共产品。消费者消费商品并获得效用。政府不能提供充分的公共产品以满足所有消费者的利益，政府可采取三个不同的供给方案：一是尽量向 X 群体提供足够多的公共产品，可能无法兼顾 Y 群体的需要；二是尽量向 Y 群体提供足够多的公共产品，可能无法兼顾 X 群体的需要；三是同时兼顾 X 群体和 Y 群体的需要，向二者提供相同数量的公共产品。出于维护社会稳定等原因，第一种和第二种方案通常不会被采用，因而最优方案是同时兼顾两类群体利益。但这种选择没有根据偏好的差异性进行资源的配置，从而不能带来最大化的社会效用。在中央政府和地方政府提供公共产品的成本一定，且公共产品的受益范围不同时，Oates 认为地方政府基于居民的偏好所提供的公共产品数量将是最优的，在任意数量的公共产品提供上地方政府所创造的社会福利都高于中央政府。

（3）Stigler 财政分权理论

1957 年，Stigler 关于地方政府存在的合理性提出了自己的观点。首先，地方政府距离该地区的居民更近并且有更多的沟通，故相对于中央政府，其同地区居民的关系要更亲密，从而有利于其搜集该区域居民的效用与需求的信息。其次，广大民众投票选择提供的公共产品与服务的类型与数量，地方政府在投票的组织阶段相对中央政府更有优势。因此，Stigler认为地方政府能够更有效地提供公共产品，制定税率与征收政策。税收政策的正确制定将提高社会资源的使用效率。故地方政府应该积极提高财政收入，其财政收入占比也应该提高。

2. Tiebout 模型及其相关理论

（1）Tiebout 模型的提出

Tiebout 假说于 1956 年被提出，主要内容是关于地方政府对公共产品的供给。Musgrave 和 Samuelson 认为"市场解"不存在于联邦政府所决定的公共产品支出水平中，Tiebout 在其基础上提出了 Tiebout 假说，阐述了地方政府将实现公共产品最优配置。

Musgrave 和 Samuelson 认为作为消费者与投票者的居民可能不会准确传递自己对公共产品的偏好信息。他们发现理性的居民将会隐瞒自己的偏好与兴趣从而实现搭便车。另外，政府对居民的公共产品需求及偏好信息的调查存在不足。为了获取偏好信息，政府主要采取非全面调查的方式，并制定与之相应的政府支出计划，然而利用这种方式所获得的偏好信息是不可靠、不齐全的。由于不存在相应机制迫使具有双重身份的居民准确传递偏好信息，故低效率通常存在于公共产品的提供中。

Tiebout 关于公共产品供给者提出了一些理论，这在一定程度上对Musgrave 和 Samuelson 的理论漏洞进行了完善。他的观点是，地方政府的财政支出而非中央政府的财政支出，很大程度上决定了公共产品和服务的供给，地方政府财政支出有逐年递增的趋势。与此同时，地方政府能更有效地确定双重身份者的偏好并进行公共产品的供给。Tiebout 运用 Tiebout模型来解释在公共产品的供给上地方政府有何作用。模型做了相关假设：一是社区规模低于最优规模，平均成本的降低依靠新居民加入社区来实现，而规模偏大的社区则通过缩减居民数量来实现最优，已经达到最优规模的社区则无须增减居民；二是原有住户根据自身的偏好来决定社区模式，城市管理者则负责确定具体的模式；三是假设不同社区的公共产品与服务的提供中不存在外部经济；四是假设股息为所有人的生活提供支持；五是有数量足够多的社区为不同的双重身份者提供多样化的选择；六是作为消费者与投票者的居民能够获得充足的信息，这些信息反映了不同社区公共产品与服务的收入消费形式，居民能够利用这些信息做出相应反应；七是流动性不会困扰双重身份者，居民能够选择自己最偏好且最能满足社会需要的社区。满足上述假设条件地方政府就能达到最优的公共产品支出水平。

如果这些假设条件成立，在与更为严格的模型进行比较的基础上，Tiebout 再一次分析了地方政府模型，认为最优市场解能够通过伦理福利函数求得。通过将竞争模型与 Tiebout 模型进行比较，笔者认为在市场机制下私人部门配置公共产品的方式同地方政府配置公共产品的方式在效率上相差无几。

（2）Tiebout 模型的相关运用与发展

Tiebout 模型的不足之处是假设条件苛刻，在现实生活中很难成立。同时，模型的另一个不足是过于侧重理论阐述，实证研究不足。该模型两方面的缺憾激励着众多经济学家去完善。对此，Hamilton 认为遏制低水平住房拥有者搭便车的有效途径是制定实施土地使用法规和土地使用税，并由此完善了 Tiebout 模型；Oates 对公共支出、税率与房产价值的相互关系进行了实证检验，进一步拓展了 Tiebout 模型；基于 Hamilton 的研究，Fischel 将分区效率引入 Tiebout 模型，他认为分区法的存在使一个地区住房价格不会受到地方公共产品提供的显著影响。

①Oates 对 Tiebout 模型的运用与发展

Tiebout 模型指出双重身份者的社区选择受到地方政府收入—支出模式的影响，即居民的居住地选择受到地方税收和公共产品的供给水平的影响，居民偏向于选择低税收水平、有良好的公共产品与服务供给的地区。随之而来的结果便是地区财产需求出现显著变化并体现在财产价格水平上。基于上述考虑，税收—公共服务资本化是 Oates 所关注的重点。

工作地点位于城市中心的居民会选择在郊区定居是 Oates 的一个观点。教育发展程度成为影响居民选择的重要因素。某种程度上，教育水平对居民选择住房起着关键作用，同时某地区的财产价值，例如住房价格，也会受到教育水平的显著影响。给定相同的其他条件，目标效用最大化的消费者将对税务系统的税收成本与地方政府提供的公共产品的组合所带来的收益进行权衡，经过收益与成本分析之后，消费者将居住地选择在二者差值最大的地区。显而易见的是，某地区提供的公共产品组合带来的好处越多，选择在该地区定居的对公共产出有高消费需求的家庭数量就越多，这也最终将提升该地区的财产需求和财产价值。在双重身份者选择居住地的决策不受地方支出影响的情况下，Tiebout 模型将失去解释效力，此时，地方财政收支的变动与地方财产价值变动无关。

为判断地方财政收支与财产价值是否存在某种关系，Oates 对住房平均价格 V 建立多元回归模型，该模型的解释变量包括收入低于 3000 美元的家庭所占的比重 P、实际财产税率 T、财政在公共学校方面的支出 E、到城市中心的距离 M、家庭平均收入 Y、住房的房间平均数 R、1950 年以后修建的住房所占的比重 N，数据来源于新泽西的 53 个城镇。利用二阶段最小二乘法与普通最小二乘法分别对模型进行拟合估计：

$$V=-21-3.6\log T+3.2\log E-1.4\log M+1.7R+0.05N+1.5Y+0.3P \quad （式9.1）$$
$$R^2=0.93$$

$$V=-29-3.6\log T+4.9\log E-1.3\log M+1.6R+0.06N+1.5Y+0.3P \quad （式9.2）$$
$$R^2=0.93$$

式 9.1 和式 9.2 显示了变量之间的相关关系，即实际财产税率 T 与住房平均价格均为负相关，财政在公共学校方面的支出 E 与住房平均价格 V 为正相关，这表明的确存在公共支出—税收资本化现象。变量间的关系也进一步验证了 Tiebout 模型。

②Hamilton 对 Tiebout 模型的拓展

20 世纪 70 年代，Hamilton 研究了 Tiebout 模型中的搭便车问题。他的一个观点是区分法能够有效降低搭便车的可能性。严格的区分法能够从数量和质量两个方面对新进入者进行有效的控制，从而使外来移民的迁入不会对当地居民的公共产品享有水平和房产价值带来不利影响。我国的土地管理制度，例如对住房建设的质量、面积和临街距离，土地的性质、用途、大小等做出的相关规定可以被视作严格的区分法，因而我们就不需要通过政治手段来确定公共产品的供给水平。该法规减少了搭便车家庭的数量，保证了当地居民的效用水平。Hamilton 的另一个观点是，通过征收财产税和其他税收能够扩大财政收入的来源，从而为地方政府的财政支出提供资金。其他税收主要指土地使用税。开征土地使用税提高了地区潜在迁入者的迁入成本。另外，开征土地使用税确定了住房价值的最低水平，进而有助于依据居民对公共产品与住房需求的不同偏好实现对居民的分类，也就是确定与传达居民最低限度的偏好。

③Fischel 对 Tiebout 模型下的分区效率研究

Fischel 指出，区分法的严格执行可能带来分区效率损失是 Hamilton 研究的重大不足。为了陈述这一现象，Fischel 以美国新泽西州的一个小镇为观察对象进行了分析。当地的土地被政府规整为大块土地。实际上该镇对大块用地的利用不是特别充分，同时大块土地的存在对流动购房者的需求产生了不利影响。最终大块土地成为过度分区的表现，并影响了资源利用效率。一方面，土地投资者的盈利能力因为当地政府掌握了权力与区分方式而被削弱，被压缩的盈利空间阻碍了部分对当地经济发展有益的房地产开发计划的执行，最终导致市场机制的运行条件被破坏。另一方面，过度分区使处于流动状态的潜在购房者不能进行相应的住房选择。基于以上事实，Fischel 对 Hamilton 的区分法是否有效提出了质疑。在从经济和法律两个角度考察区分法之后，Fishel 有如下观点：地区专业化不受基于 Tiebout 模型的正常行为的不利影响，现有居民与未来居民的喜好由于引入货币赔偿金而被传达，这对 Tiebout 模型进行了验证。

三位学者的研究集中在财产价值与公共支出领域，他们为研究住房市场区域性与地方财政支出的关系做出了重大贡献，Tiebout 模型为我们开展财政分权研究提供了宝贵思路。

3. 地方财政支出对房价的作用机制

在借鉴 Tiebout 模型的基础上，Hamilton 研究了地方财政支出与房地产税收资本化如何影响房地产市场价值，并提出了三者间的关系式：

$$HP = HP_0 - G_T + HP_G \qquad \text{（式 9.3）}$$

式 9.3 中，公共产品对房地产市场价值的影响由 HP_G 测度，房地产税

收资本化由 G_T 测度，房地产市场价值的初始水平为 HP_0，房地产最终市场价值为 HP。杜雪君等（2009）拓展了这一表达式，拓展后的表达式为：

$$HP = HP_0 - (1/ab)HP_G + HP_G = HP_0 + (1 - 1/ab)HP_G \qquad （式 9.4）$$

其中，a 为用于地方财政支出的房地产税占房地产税总量的比例，b 为衡量地方财政支出对房地产市场价值的作用效果的地方财政支出效率系数。本节主要是研究房价如何受地方财政支出的影响，故我们将 a 视作常数。可以看出，HP_G 的符号取决于 b 的大小：当 b 值满足 $ab<1$ 从而使 HP_G 的符号为负时，地方财政支出的低效率会导致地方财政支出提供的公共服务不能让当地民众满意，有潜在需求的购房者倾向于调低自身对该地区住房价值的预期，进而当地住房的需求降低，房地产市场价值的初始水平高于最终水平；当 $ab=1$ 时，公共服务的供给水平维持恒定，房地产市场价值的初始水平和最终水平无差异；当 b 使 $ab>1$ 时，HP_G 的符号为正，公共服务的供给水平提高，数量更多的公共产品能够满足此处居民的需要，上升的潜在购房需求有助于当地房地产市场价值的提高。

模型显示地方财政支出与地方房地产市场价值两个变量存在相关关系。当地方公共产品的供给水平由于财政支出的增加而提高时，地区内房价会上涨。反之，当各项公共服务建设得到等额的地方财政支出，或者说财政支出不能显著改善公共服务品质时，地方财政支出便不能对房价产生显著的正面影响。

二 我国土地出让收入、地方财政支出与房价的基本概况

分析十年来的政府土地出让收入，我们发现，从总体上来看，土地出让收入维持增长趋势，土地出让收入占地方财政收入的比重也在不断提高。2014 年全国土地出让收入为 42940.30 亿元，成为地方政府的首要财政来源。购房者受其影响最大。房地产成本的上升大部分来源于不断增长的土地出让费用。房地产开发商的首要目标是实现利润最大化，所以房地产开发商会努力向消费者转嫁这部分费用，最终导致房价上升。近年来，政府为控制房价过快上涨对房地产市场采取了调控政策，即便如此，我国

土地出让收入仍旧呈增长态势。尽管房价有趋稳的迹象，但房价给普通大众的感受依然是"高昂"。房价是否受财政支出增长的影响？笔者认为财政支出的增长确实对房价有显著影响。公共产品与服务的提供水平对居民的购房决策有较大影响，对于那些居住在一、二线城市（这些城市有着庞大的公共支出规模和完善的基础设施）的居民来说这一影响更大，我们能够用投票理论来分析二者的关系。笔者认为财政支出对房价有显著影响。本节首先对我国房地产市场发展的基本状况和地方政府财政收入与支出的状况进行分析，然后研究二者的相互作用。

（一）我国地方政府土地出让收入发展特征分析

高速增长的土地出让收入提高了其在地方政府财政收入中的比重，土地出让收入成为地方财政的主要收入来源，同时土地出让金的持续上涨也不断推动房价上涨。我国土地使用权的出让制度与政策的变化一定程度上解释了土地出让收入的增长趋势。实行多年的协议出让土地方式于2004年随着土地"招拍挂"制度的推行而终结，政府在土地供给方面居于垄断地位，供给的垄断推高了地价。从供给来看，政府对土地出让数量的限制导致土地市场出现供不应求的现象。从价格来看，市场竞争机制的引入使价格成为房地产开发商拿地的最重要的影响因素。从需求来看，房地产开发商有条件有理由高价拿地。一方面，目前房价的持续上涨和不断提高的房地产投资利润率促使房地产开发商高价拿地；另一方面，受制于土地资源的稀缺属性，在供给一定的情况下，房地产开发商必须增加土地出让金方面的支出，以获得日益减少的土地使用权。"地王"的出现表明政府尝到了实施土地出让政策的甜头。

1. 全国土地出让金的发展变化

深圳于1987年底第一次对土地实行拍卖制度，自此，我国开始对土地使用方式进行市场化改革。随后召开的全国人大会议通过了宪法修正案，为依法转让土地使用权打下了法律基础，这标志着我国正式建立了土地有偿使用制度。土地出让收入近年来频创新高。数据显示，2010~2014年我国土地出让收入分别为2.93、3.15、2.7、3.9、4.3万亿元。土地出让收入的迅速增长很大程度上得益于"招拍挂"制度的实施。在"招拍挂"制度中，价格是影响房地产开发商拿地的决定性因素，高涨的住房价格和优厚的房地产投资利润促使房地产开发商将拿地作为重要任务。"地王"的频现便是例证。数据显示，2010 年全国有 25.7 万公顷的土地通过"招拍挂"形式出让，以"招拍挂"形式出让的土地占当年全国土地供应量的比例为 60%，88% 的土地出让收入由"招拍挂"带来。房地产开发商的住房建造成本中土地出让金占重要比重，房地产价格的波动必然会受土地出让收入大幅度波动的影响。我们利用国家统计局、《中国经济景气月报》和《中国国土资源报》的数据绘制相关图表进而分析这种影响。

由图 9-2 可知，样本城市商品房平均销售价格和商住综合地价存在相近的变化趋势：2005~2014 年商住综合地价（即地价）和商品房平均销售价格（即房价）都水涨船高。2005 年房价为 3167.66 元/米²，地价为 2070元/米²，房价的 65.34% 归为地价。地价从 2005 年的 2070 元/米² 飙升至2014 年的 5777 元/米²，房价也从 2005 年的 3167.66 元/米² 升至 2014 年的6324 元/米²，2014 年地价占房价比例更是高达 91.35%，可见地价占了房价的绝大部分，究其原因是我国于 2004 年开始实行了土地"招拍挂"制度。图 9-3 反映了商品房平均售价指数的上升伴随着土地交易价格指数的上升，两者的关系反映了地价与房价高度相关。价格是"招拍挂"制度的核心要素，节节攀升的土地出让金使房价水涨船高。由此可见，房价上涨的一个主要原因是土地出让金上涨。

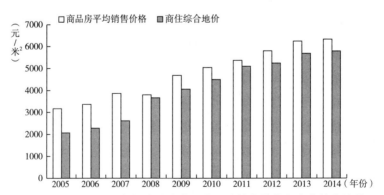

图 9-2　2005~2014 年样本城市商品房平均销售价格和商住综合地价

数据来源：历年《中国统计年鉴》。

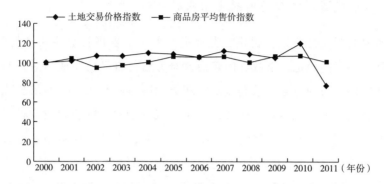

图 9-3　2000～2011 年商品房平均售价指数与土地交易价格指数的发展变化
数据来源：历年《中国统计年鉴》。

2. 不同地区土地出让金的发展变化

土地出让收入的区域差距受地区间经济发展差距的影响较大。地方政府需要通过加大财政支出来实现经济的快速发展，因此地方政府必须依靠来源快、金额大的资金获取渠道为庞大的财政支出提供资金支持。巨额的土地出让收入自然成了政府财政支出的重要支撑。从环境上来看，繁荣的房地产市场、不断走高的房价及房地产销售利润率，奠定了土地出让金迅速上升的环境基础；从制度上来看，"招拍挂"制度的首要原则，即"价高者得"，奠定了土地出让金迅速上升的政策基础。各地区的年土地出让收入持续增长，经济发达地区的土地出让收入的增速更是惊人。

相关数据显示，东、中、西部地区的土地出让金存在明显差距。浙江省的土地出让金在 2003 年位居 31 个省（区、市）的榜首，其总量为 1170.66 亿元。2012 年浙江省的土地出让金高达 2029.55 亿元，在 31 个省（区、市）中排列第三。湖北省是中部省份的典型代表，2003 年湖北省的土地出让金为 118.67 亿元，浙江省的土地出让金是湖北省的近 10 倍，2012 年湖北省的土地出让金为 982.33 亿元，仍与浙江省差距较大。相比之下，西部地区的土地出让金则更低，青海省的土地出让收入长期处于 50 亿元以下，宁夏、新疆、甘肃等地的土地出让收入长期无法突破百亿元大关。

（二）我国地方政府财政支出状况分析

政府的职能是向社会提供公共产品与服务、发展社会主义市场经济、保证社会秩序的稳定。财政支出是指政府为履行自己的职能而对公共产品与服务提供所需的资金。数据显示，随着我国财政收入的不断增长，中央与地方财政支出水涨船高。例如，2014 年我国中央与地方财政在教育事业上的投入分别为 1253.62 亿元、21788.09 亿元，在社会保障和就业方面分别投入 699.91 亿元和 15268.94 亿元。而 2009 年中央与地方财政在这两方面的支出分别只有 567 亿元和 9869 亿元、454 亿元和 7851 亿元。本节将着重对我国地方财政支出状况进行分析，考察地方财政支出对房价有何影响及其影响机制，分析地方财政支出与房地产市场的相关关系。

1. 我国地方财政支出总量分析

数据显示，一方面，我国财政支出规模不断扩大；另一方面，财政支出的结构也进一步优化。我国地方财政支出在改革开放初期处于低水平，2000 年我国地方财政支出达到 10366 亿元，这表明地方财政支出进入万亿元时代。之后我国地方财政支出便进入快速增长时期，我国地方财政支出在 2014 年达到 129215.49 亿元。从结构上来看，财政支出在教育、基础设施、社会保障与就业等重要领域迅速增加，促进了我国经济的发展和社会的进步。

从图 9-4 中我们可以看到，从总量上看，一方面，全国财政支出与地方财政支出总额一直处于上升轨道；另一方面，全国财政支出中地方财政支出总额的占比不断上升。这有利于地方政府进一步增强自身的服务职能，与此同时，也有助于我国地方财政在支持社会与经济发展方面发挥更大的作用。从上述分析可知，土地出让收入的大幅增长成为地方财政支出增长的重要保障。最终购房者还是要承担由高涨的土地出让金所带来的高房地产价格。从图 9-5 可以看出，人均地方财政支出与商品房平均销售价格呈正相关关系，下文我们将对此进行进一步验证。

2. 政府财政支出的区域性差异分析

不平衡的区域经济发展水平、具有差异性的地方财政收入水平以及不同的基础设施提供水平导致地方财政支出存在差异。从总体上来看，我国各地区的财政支出和公共产品与服务的提供水平均有了很大的提高。

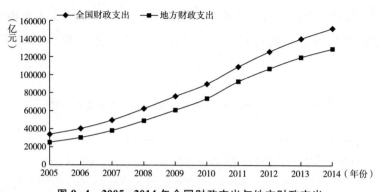

图 9-4　2005~2014 年全国财政支出与地方财政支出

数据来源：历年《中国统计年鉴》。

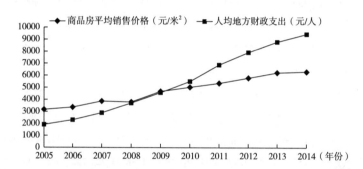

图 9-5　2005~2014 年商品房平均销售价格与人均地方财政支出走势

数据来源：历年《中国统计年鉴》。

从表 9-1 可以看出，2006 年我国地方财政支出水平偏低，经过几年的发展，我国地方财政支出水平有了较大的增长。比如，2006 年北京市的财政支出约 1296.84 亿元，经过几年的增长，2014 年北京市的财政支出达到 4524.67 亿元。我国各省（区、市）的财政支出受不平衡的区域发展水平和地理位置的影响存在区域差异，东部地区远远高于中、西部地区。以 2014 年为例，中、西部地区的湖南、重庆、安徽与河南的财政支出分别为 5017.38 亿元、3304.39 亿元、4664.1 亿元、6028.69 亿元，远远低于东部地区山东、广东和江苏的 7177.31 亿元、9152.64 亿元、8472.45 亿元，而西部地区西藏、青海、宁夏和新疆的财政支出分别为 1185.51 亿元、1347.43 亿元、1000.45 亿元、3317.79 亿元，更是同东部地区存在非常大的差距。

因而就公共产品与服务的提供水平来看各地区之间存在较大差距。医疗服务完善、教育水平高、基础设施良好的东部地区无疑吸引了大批购房者，尤其是在大城市打拼的青年。这些城市房价高的重要原因是购房需求高涨。

表 9-1　2006~2014 年 31 个省（区、市）财政支出一览

单位：亿元

省（区、市）	2006 年	2007 年	2008 年	2009 年	2010 年	2011 年	2012 年	2013 年	2014 年
北京	1296.84	1649.5	1959.29	2319.37	2717.32	3245.23	3685.31	4173.66	4524.67
天津	543.12	674.33	867.72	1124.28	1376.84	1796.33	2143.21	2549.21	2884.7
河北	1180.36	1506.65	1881.67	2347.59	2820.24	3537.39	4079.44	4409.58	4677.3
山西	915.57	1049.92	1315.02	1561.7	1931.36	2363.85	2759.46	3030.13	3085.28
内蒙古	812.13	1082.31	1454.57	1926.84	2273.5	2989.21	3425.99	3686.52	3879.98
辽宁	1422.75	1764.28	2153.43	2682.39	3195.82	3905.85	4558.59	5197.42	5080.49
吉林	718.36	883.76	1180.12	1479.21	1787.25	2201.74	2471.2	2744.81	2913.25
黑龙江	968.53	1187.27	1542.3	1877.74	2253.27	2794.08	3171.52	3369.18	3434.22
上海	1795.57	2181.68	2593.92	2989.65	3302.89	3914.88	4184.02	4528.61	4923.44
江苏	2013.25	2553.72	3247.49	4017.36	4914.06	6221.72	7027.67	7798.47	8472.45
浙江	1471.86	1806.79	2208.58	2653.35	3207.88	3842.59	4161.88	4730.47	5159.57
安徽	940.23	1243.83	1647.13	2141.92	2587.61	3302.99	3961.01	4349.69	4664.1
福建	728.7	910.64	1137.72	1411.82	1695.09	2198.18	2607.5	3068.8	3306.7
江西	696.44	905.06	1210.07	1562.37	1923.26	2534.6	3019.22	3470.3	3882.7
山东	1833.44	2261.85	2704.66	3267.67	4145.03	5002.07	5904.52	6688.8	7177.31
河南	1440.09	1870.61	2281.61	2905.76	3416.14	4248.82	5006.4	5582.31	6028.69
湖北	1047	1277.33	1650.28	2090.92	2501.4	3214.74	3759.79	4371.65	4934.15
湖南	1064.52	1357.03	1765.22	2210.44	2702.48	3520.76	4119	4690.89	5017.38
广东	2553.34	3159.57	3778.57	4334.37	5421.54	6712.4	7387.86	8411	9152.64
广西	729.52	985.94	1297.11	1621.82	2007.59	2545.28	2985.23	3208.67	3479.79
海南	174.54	245.2	357.97	486.06	581.34	778.8	911.67	1011.17	1099.74
重庆	594.25	768.39	1016.01	1292.09	1709.04	2570.24	3046.36	3062.28	3304.39
四川	1347.4	1759.13	2948.83	3590.72	4257.98	4674.92	5450.99	6220.91	6796.61

续表

省 （区、市）	2006 年	2007 年	2008 年	2009 年	2010 年	2011 年	2012 年	2013 年	2014 年
贵州	610.64	795.4	1053.79	1372.27	1631.48	2249.4	2755.68	3082.66	3542.8
云南	893.58	1135.22	1470.24	1952.34	2285.72	2929.6	3572.66	4096.51	4437.98
西藏	200.2	275.37	380.66	470.13	551.04	758.11	905.34	1014.31	1185.51
陕西	824.18	1053.97	1428.52	1841.64	2218.83	2930.81	3323.8	3665.07	3962.5
甘肃	528.59	675.34	968.43	1246.28	1468.58	1791.24	2059.56	2309.62	2541.49
青海	214.66	282.2	363.6	486.75	743.4	967.47	1159.05	1228.05	1347.43
宁夏	193.21	241.85	324.61	432.36	557.53	705.91	864.36	922.48	1000.45
新疆	678.47	795.15	1059.36	1346.91	1698.91	2284.49	2720.07	3067.12	3317.79

数据来源：历年《中国财政年鉴》。

（三）我国房价的基本状况

房地产业在产业结构中的地位举足轻重，在社会发展过程中房地产业促进经济发展的能力越来越强。当前房地产市场繁荣发展的背后，存在的问题也不容忽视，例如房价虚高、房地产市场过度投机、房地产的供需不匹配等。针对这些问题国内众多学者就引导房地产市场健康发展提出了一些宝贵的政策建议。笔者认为，分析房地产价格的大体情况和了解测度房价的核心指标是寻找解决当前房地产市场问题方法的关键。本节将利用房地产供需的数据和价格数据来对房地产价格的变动情况进行分析，从而寻找解决高房价问题的政策。

1. 全国房价基本情况

20 世纪 90 年代，我国开始从住房分配的"实物时代"逐步进入住房分配的"货币时代"。从此，房地产市场发展进入新的阶段，我国房地产的市场化程度逐步提高。各种因素带来的需求快速增长，促使房价迅速上涨，偏高的房价让许多消费者望而却步。

（1）房价的总体情况分析

从图 9-6 可以看出，我国的商品房平均销售价格在 2005~2014 年不断上涨。不同年份房价上升的幅度不尽相同。2000~2003 年为房价增速较为平缓的阶段。随后几年，宏观经济的发展形势较好，房地产的消费和投资需求不断增长，故 2005~2011 年为房价快速上升的阶段。之后房价的增速又恢复到一般水平。2005 年的房价为 3167.66 元/米^2，经过几年的高速增长，2014 年的房价达到 6324 元/米^2。受全球金融危机的影响，2008 年的房价同比涨幅为负值，随后，受益于国家 4 万亿刺激计划的出台，2009 年的房价出现了反弹，上升速度创下新高。

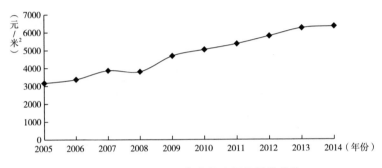

图 9-6　2005~2014 年商品房平均销售价格

数据来源：国家统计局。

（2）2010~2014 年房价变动情况分析

2010 年的商品房平均销售价格为 5032 元/米^2，房价水平较高且增长速度较快。高房价引来了社会各界对房地产市场的泡沫化程度及其对经济的危害的广泛关注。从世界范围来看，国民经济因房地产过度泡沫化而崩溃的情况众多。20 世纪日本房地产泡沫的破灭使日本的经济受到很大影响。2007 年，美国次贷危机严重损害了美国经济和世界经济。房地产泡沫也曾严重影响我国部分省份与地区的经济发展。比如 1997 年香港因为房地产泡沫破裂出现了负的经济增长；海南省的房地产市场也曾出现过热的现象，冷却后的房地产市场对该地区的产业发展和金融体系带来了严重的损害。

2010 年，中央政府采取了一系列政策来调控房地产市场，包括严格控制金融体系的资金供给、调控住房建设用地的投放、加强保障房的建设等，部分城市的房价经过政府的调控出现了下降趋势。2011 年，在房地产市场实行限购令、限价令和加强保障房建设等政策的调控下，部分大中城市的新房价格环比出现下跌。由于政府继续对房地产市场进行严格的调控，

2012 年部分城市房价继续下行。2014 年，房地产市场进入去库存阶段。三、四线城市的库存问题比较严重，为此，政府出台了降首付比例、改革公积金等一系列政策鼓励住房消费。在政策的刺激下，部分城市的房价跌幅收窄，呈现平稳发展态势。

表 9-2　2013~2014 年国房景气指数（上年同月 = 100）

2013 年	国房景气指数	2014 年	国房景气指数	2015 年	国房景气指数
2 月	97.92	2 月	96.91	2 月	93.77
3 月	97.56	3 月	96.40	3 月	93.11
4 月	97.35	4 月	95.79	4 月	92.56
5 月	97.26	5 月	95.02	5 月	92.43
6 月	97.29	6 月	94.84	6 月	92.63
7 月	97.39	7 月	94.82	7 月	93.03
8 月	97.29	8 月	94.79	8 月	93.46
9 月	97.25	9 月	94.72	9 月	93.40
10 月	96.88	10 月	94.76	10 月	93.34
11 月	96.38	11 月	94.30	11 月	93.35
12 月	97.21	12 月	93.93	12 月	93.34

数据来源：《中国经济景气月报》。

2. 不同地区房价的基本情况

东、中、西部地区在发展程度和市场化程度方面存在差异，房地产市场亦是如此。东部地区对外开放最早并且地理位置优越，在资金、人才、技术等要素方面拥有优势，这些优势在房地产市场有所体现，即东部地区相对于其他地区拥有较为完善和开放程度较高的房地产市场，尽管房价也高于其他地区。与东部地区相比，中部地区的经济发展水平和房地产市场的完善程度依然略低，城镇化成为中部地区房价上升的重要推手，中部地区的房价水平仍处在上升通道。西部偏低的经济发展水平、匮乏的技术人才要素资源和偏低的开放程度等使其房地产市场发展滞后于东、中部地区。

从图 9-7 可以看出，我国东部地区的商品房平均销售价格远高于中、西部地区的商品房平均销售价格。2005 年，东部地区的商品房平均销售价

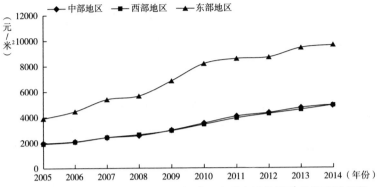

图 9-7　2005~2014 年东、中、西部地区商品房平均销售价格变动趋势

数据来源：历年《中国统计年鉴》。

格为 3903 元/米^2，中部地区的商品房平均销售价格为 1962 元/米^2，西部地区的商品房平均销售价格为 1923 元/米^2。此时中、西部地区的商品房平均销售价格为东部地区商品房平均销售价格的一半左右。随后中、西部地区与东部地区的商品房平均销售价格差距因为房地产市场的发展被拉大。2014 年，中、西部地区商品房均价分别为 4939 元/米^2 和 4910 元/米^2，远远低于东部地区的 9611 元/米^2。以单个城市的商品房平均销售价格为例，2014 年北京与上海的商品房平均销售价格分别为 18833 元/米^2、16787 元/米^2，在所有城市中最高，同期中、西部城市的商品房平均销售价格也较为接近，仅 4900 元/米^2 左右。

表 9-3　2006~2014 年 31 个省（区、市）商品房平均销售价格一览

单位：元/米^2

年份	2006	2007	2008	2009	2010	2011	2012	2013	2014
北京	8279.51	11553.26	12418	13799	17782	16851.95	17021.63	18553	18833
天津	4773.54	5811.11	6015	6886	8230	8744.77	8217.67	8746	9219
河北	2111.42	2585.77	2779	3263	3539	3982.85	4478.02	4897	5131
山西	1988.18	2249.61	2355	2707	3487	3432.71	3871.38	4433	4734
内蒙古	1811.37	2246.53	2483	2972	3521	3782.93	4053.05	4301	4333
辽宁	3073.44	3490.15	3758	4034	4505	4732.65	4942.01	5122	5373
吉林	2009.59	2302.47	2507	2917	3647	4363.89	4146.7	4483	5112

续表

年份	2006	2007	2008	2009	2010	2011	2012	2013	2014
黑龙江	2195.55	2471.32	2832	3241	3719	3966.4	4067.17	4738	4882
上海	7196	8361	8195	12840	14464	14603.24	14061.37	16420	16787
江苏	3592.19	4024.36	4049	4983	5841	6554.41	6726.78	6909	7006
浙江	4774.44	5786.03	6262	7826	9258	9838.06	10642.58	11042	10526
安徽	2321.89	2664.37	2949	3420	4205	4776.1	4824.95	5080	5394
福建	3993.96	4684.34	4384	5427	6256	7764.29	8646.05	9050	9136
江西	1707.99	2071.89	2136	2643	3144	4147.7	4744.66	5203	5288
山东	2540.5	2904.14	2970	3505	3944	4447.73	4763.01	5049	5315
河南	2011.84	2253.43	2339	2666	3042	3500.8	3831.23	4205	4366
湖北	2555.66	3053.12	3001	3532	3743	4486.39	5042.79	5266	5513
湖南	1928.44	2233.15	2302	2680	3146	3790.26	4048.62	4243	4227
广东	4852.74	5914.3	5953	6513	7486	7879.17	8112.19	9090	9083
广西	2195.41	2538.64	2826	3260	3562	3772.47	4203.42	4593	4854
海南	3787.46	4161.6	5443	6261	8735	8943.45	7893.8	8669	9315
重庆	2269.21	2722.58	2785	3442	4281	4733.84	5079.93	5569	5519
四川	2270.94	2840.45	3157	3509	4138	4917.88	5448.82	5498	5597
贵州	1779.82	2136.74	2339	2874	3357	3888.78	4115.67	4295	4312
云南	2380.17	2454.98	2680	2931	3158	3635.38	4209.19	4494	4998
西藏	1976.46	2704.12	3202	2452	2896	3474.51	3268.62	4174	5774
陕西	2461.32	2622	2952	3223	3759	4949.2	5155.88	5280	5166
甘肃	1779.76	2190.54	1958	2483	3042	3318.24	3570.15	3886	4544
青海	1920.56	2311	2460	2517	3005	3248.08	4048.54	4163	5081
宁夏	2063.07	2136.2	2435	3090	3304	3732.19	3947.88	4232	4117
新疆	1858.09	2081.13	2240	2604	3087	3548.79	3918.4	4268	4628

数据来源：历年《中国统计年鉴》。

（四）土地出让收入和地方财政支出对房价影响的描述性分析

1. 土地出让收入对房价影响的描述性分析

据财政部公布的数据，2014 年中国土地出让收入为 4.3 万亿元，同比增长 3.1%。2015 年受全国经济下行压力影响，全国缴入国库的土地出让收入约 3.37 万亿元，同比下降 21.6%。土地出让金是商品房建设的核心成本，因此，它的波动也会带动房价的变化。

由图 9-8 可知，2003~2014 年全国房价整体基本呈平稳增长趋势，但土地出让收入基本经历平稳增长与快速增长、快速下降、再快速增长和平稳增长五个阶段。这是由于这些年中央对房地产市场进行了大力度的整治，同时频繁颁布各种旨在控制房价和使地价回归理性的政策。

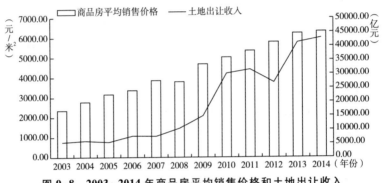

图 9-8   2003~2014 年商品房平均销售价格和土地出让收入
数据来源：历年《中国统计年鉴》。

2. 地方财政支出对房价影响的描述性分析

从 2003~2014 年的数据可以发现，我国人均地方财政支出的增长速度较为平稳。不难理解，地方财政支出的增长离不开地方财政收入的上升，而地方财政收入增长又得益于土地出让收入的上升，最终引起房价的上升，反之亦然。因此地方财政支出在某种程度上会引起房价的波动。从我国 2003~2014 年的数据可见，人均地方财政支出与房价基本都呈现平稳上涨的走势。

三   土地出让收入和地方财政支出对房价影响的实证分析

无论是利用房地产四象限模型和 Tiebout 模型等进行理性分析，还是利用 2003~2014 年数据进行描述性分析，均可以发现土地出让收入和地方财政支出的变动会对我国商品房的销售价格产生影响。本节将利用我国 30 个省区市（未统计西藏自治区和港澳台数据）的面板数据构建面板误差修正模型，同时利用格兰杰因果关系检验验证三者的因果关系，最后对三者的关系做进一步的实证分析，从而得出结论。

（一）数据描述

根据上文的分析，本节选取 2003~2014 年 30 个省区市的面板数据。在实证分析中，地方财政支出和土地出让收入为自变量，商品房平均销售价格为因变量。令商品房平均销售价格为 hp，土地出让收入为 li，地方财政支出为 fe，而 $lnhp$、$lnli$、$lnfe$ 则是三个变量对数化处理后的形式。以上所有数据均根据历年《中国统计年鉴》和《中国房地产统计年鉴》数据整理而得。

（二）实证检验

1. 单位根检验

计量分析中，大多数模型中的经济变量是面板数据，而且序列大多数是非平稳的。因此本节将先运用 PP、ADF、IPS、LLC 等检验方法对序列的平稳性进行检验，结果如表 9-4 所示。

表 9-4　原序列单位根检验结果

检验方法		LLC	IPS	ADF	PP
$lnhp$	t 值	6.6869	10.200	3.3071	3.3768
	P 值	1.0000	1.0000	1.0000	1.0000
$lnfe$	t 值	1.7357	6.5185	5.6516	5.2433
	P 值	0.9587	1.0000	1.0000	1.0000
$lnli$	t 值	-2.7271	2.6473	35.085	56.156
	P 值	0.0032	0.9959	0.9958	0.6169*

从表 9-4 检验结果可以看出，除了 $lnli$ 的 LLC 检验 P 值小于 0.05 之外，其他检验方法的结果均未通过平稳性检验，所以可以说明 $lnhp$、$lnli$、$lnfe$ 三个变量均存在单位根，因此需要对其先进行一阶差分，再做单位根检验（见表 9-5）。

表 9-5　一阶差分序列单位根检验结果

检验方法		LLC	IPS	ADF	PP
$\Delta lnhp$	t 值	−14.6975	−7.45663	179.132	179.132
	P 值	0.0000	0.0000	0.0000	0.0000
$\Delta lnfe$	t 值	−12.8344	−4.72118	126.225	145.604
	P 值	0.0000	0.0000	0.0000	0.0000
$\Delta lnli$	t 值	−20.7450	−10.0320	221.091	266.826
	P 值	0.0000	0.0000	0.0000	0.0000

用 LLC、IPS、ADF 和 PP 四种检验方法进行检验，发现 $\Delta lnhp$、$\Delta lnli$ 和 $\Delta lnfe$ 的 P 值均为 0，说明三个变量是一阶单整的。

2. 协整检验

由表 9-5 的结果可见，$lnhp$、$lnli$ 和 $lnfe$ 的一阶差分序列平稳，符合协整检验的条件，接下来可对其进行 Pedroni 协整检验。由表 9-6 的检验结果可知，除了 Group rho-Statistic 的 P 值大于 0.05 之外，其余 P 值均小于 0.05，因而拒绝原假设，$lnhp$、$lnli$ 和 $lnfe$ 之间存在面板协整关系，可以继续进行格兰杰因果关系检验与面板误差修正模型的建立。

表 9-6　面板协整检验结果

检验方法	Panel V	Panel PP	Panel ADF	Group rho-Statistic	Group PP	Group ADF
t 值	3.7450	−4.1193	−6.2607	5.0386	−9.2062	−11.8480
P 值	0.0001	0.0000	0.0000	1.0000	0.0000	0.0000

3. 格兰杰因果关系检验

本节将采用格兰杰因果关系检验对商品房平均销售价格与土地出让收入、地方财政支出之间的因果关系进行验证。根据历史经验数据判断，土地出让收入和地方财政支出对商品房平均销售价格的影响可能会滞后 2 年，所以笔者选择 1 年和 2 年为格兰杰因果关系检验滞后期。由表 9-7 可知，三个变量之间的因果关系是：第一，房价上涨引起土地出让收入增长，土地出让收入提高又会刺激房价上升，因此两者互为因果关系；第二，房价会提高地方财政支出，而地方财政支出增加也会拉高房价，两者互为因果关系；第三，土地出让收入提升会刺激地方财政支出增加，而地方财政支出上升会吸引更多外来人口，从而导致住房需求增加，土地供给价格上升，土地出让收入增加，因此两者也互为因果关系。

表 9-7　格兰杰因果关系检验结果

格兰杰假设	P=1（5%临界值为 3.89）	P=2（5%临界值为 3.05）	是否拒绝原假设
$lnfe$ 不是 $lnli$ 的格兰杰原因	15.603	18.774	是
$lnli$ 不是 $lnfe$ 的格兰杰原因	20.943	25.463	是
$lnhp$ 不是 $lnfe$ 的格兰杰原因	4.9907	6.5951	是
$lnfe$ 不是 $lnhp$ 的格兰杰原因	10.3367	10.6992	是
$lnli$ 不是 $lnhp$ 的格兰杰原因	4.4437	3.1727	是
$lnhp$ 不是 $lnli$ 的格兰杰原因	18.7358	21.8247	是

4. 面板误差修正模型

（1）长期均衡方程。根据上述的检验结构，本节构建了长期均衡方程，由商品房平均销售价格、土地出让收入以及地方财政支出来反映。

$$lnhp = 4.3 + 0.33lnfe + 0.12lnli \qquad \text{（式 9.5）}$$
$$(54.81) \quad (21.53) \quad (5.58)$$
$$R^2 = 0.955$$

由式 9.5 可知，方程的拟合优度为 95.5%，且通过 F 检验，估计结果具有一定可靠性。就变量的系数而言，$lnhp$ 受到 $lnli$ 以及 $lnfe$ 的可观的积极影响，即当地商品房平均销售价格与土地出让收入、地方财政支出同向变化，当土地出让收入提高 1% 时，商品房平均销售价格提高 0.12%；地方财政支出提高 1%，便会刺激商品房平均销售价格增长 0.33%。由此可见，就影响大小来说，土地出让收入比地方财政支出带给商品房平均销售价格的正向影响要小。

（2）短期均衡方程。由回归方程，进一步得到误差修正项，通过检验可知，此序列是一阶单整的，所以可得出下面的短期均衡方程：

$$\Delta lnhp = 0.125 + 0.079\Delta lnfe + 0.035\Delta lnli + 0.131\Delta lnhp(-1) - 0.207ecm(-1) \qquad \text{（式 9.6）}$$
$$(9.7506) \quad (3.5798) \quad (2.7354) \quad (-1.9691) \quad (-4.0489)$$

由式 9.6 可知该模型通过 F 检验，修正系数显著为负表明土地出让收入、地方财政支出和商品房平均销售价格三者之间具有收敛效应。从解释变量的系数可知，由于惯性，方程中的滞后变量也对商品房平均销售价格有正向影响；土地出让收入每提高 1%，商品房平均销售价格会上升 0.035%；地方财政支出增加 1%，会导致商品房平均销售价格提高 0.079%；误差项 -0.207 的修正系数显示，在短期上下浮动与长期均衡值有所偏差的情况下，误差项会反方向修正 0.207，对从不平衡的状态恢复至平衡的状态起到促进的作用。

综上所述，从短期来看，商品房平均销售价格与土地出让收入和地方财政支出呈正相关关系，且这种正向关系随着时间推移逐渐加强。从长期来看，土地出让收入和地方财政支出对商品房平均销售价格的影响系数分别是 0.12 和 0.33，而短期，影响系数分别为 0.035 和 0.079。很明显，长期影响远大于短期影响。由此可以推测，土地出让收入和地方财政支出对商品房平均销售价格影响具有一定滞后性。土地出让收入对商品房平均销售价格影响具有滞后性，可能是因为商品房从投资到建设的时间周期较长。类似地，地方财政支出改善居民生活状况的效果也需要一段时间才能显现，所以地方财政支出对商品房平均销售价格的影响也有一定的滞后性。

另外，无论是长期来看还是短期来看，土地出让收入对商品房平均销售价格的影响都没有地方财政支出大，这可能是由于居民购房除了考虑价格外，还会综合考虑房子周边的配套设施情况，而这个情况的改善很大程度取决于当地政府的财政支出。此外，土地出让收入上升并不是推动商品房平均销售价格上涨的主因，并且土地出让面积在一定程度上也影响着土地出让收入，由此间接地影响房价的波动，土地出让面积的滑坡会对土地出让收入促进房地产价格波动的作用起到负面影响。目前，我国出台了一系列调控政策来调控房地产市场，房价上涨趋势逐渐放缓，房地产开发商购地的积极性逐渐减弱。全国土地出让收入增加速度也逐步放缓，对房价提升的作用相比以前也有所下降。因此，土地出让收入对房价的推动作用要小于地方财政支出的促进作用。这一情况正是当前我国房地产市场调控效果的重要表现。

由上述的实证分析可知，土地出让收入的持续上升对房价有促进作用，而地方财政支出的影响则更加突出，两者对房价的变动具有重要影响，主要有两个方面。

一是通过格兰杰因果关系检验可以看出，房价的增长在未来会使土地出让收入出现大幅增长，从而使地方政府加大对公共支出的投入；而土地出让收入的变化将会对房地产的建设成本和当地政府的收入造成直接的影响，进一步对房地产定价和地方财政支出造成影响；地方财政支出通过更新公共产品和提升服务质量使当地工作环境变得更加优异，进而对房价和土地出让收入造成影响，所以这三者之间是相互联系、相互作用的。

二是通过建立误差修正模型可以看出，不管时间的长短，土地出让收入和地方财政支出都会对当地房价产生明显的积极作用，而且后者相比前者的作用更大。土地出让收入和地方财政支出的作用效果也会随时间的变化而出现不同，并且伴随着时间的推移，作用效果会更加强烈。

四　主要结论与政策建议

（一）主要结论

中国的房地产业发展速度一直处于国民经济各行业的领先地位，已经成为我国经济增长的支柱性产业。但是在房地产行业迅猛发展的同时，也衍生出了很多问题，比如房地产泡沫严重。这非常不利于经济的健康发展，也不利于维持社会的稳定。本章通过对房价波动的传导机制进行分析，结合理论和实证分析的结果，得到以下三方面结论。

第一，房地产四象限模型分析结果表明房价受地方供求双方力量的影响。Tiebout 模型表明房价与地方财政支出之间存在紧密的联系。第二，从宏观层面看，地方财政支出、土地出让收入与房价之间存在微妙的联系，这为后文的实证分析奠定了良好的现实基础。第三，实证结果分析表明，房价的波动受到土地出让收入和地方财政支出的影响较大，而且是相互影响，房价的上涨会进一步促进土地出让收入和地方财政支出的增加。总而言之，财政因素对房价的形成与波动机制产生了重大影响。

（二）政策建议

无论是从侧面着眼，还是结合诸因素进行综合分析，本章都特别强调了地方政府的行为会影响房价的波动。一方面，地方政府的土地出让收入上涨可以推动房价上涨；另一方面，地方财政支出的增加可以加速地方房地产市场的资本化。因此，优化土地财政收支结构能有效地促进我国房地产市场回归稳定。

1. 优化土地出让行为与政策

合理规范化的土地出让行为是调节房地产市场价格波动的较好的财政手段，符合我国经济发展可持续的宏观目标，具体体现在以下三个方面。

第一，优化居民的住宅结构。适当减少大户型住宅的建造数量，引导资金流入小户型的普通居民住宅建设项目，改善居民住房结构，减少房地产市场的投机行为。

第二，政府可以实施配套的土地买卖的双标准政策。对用于普通住宅建设的用地可以低价转让，对用于建造高级住宅的土地可进行适当的量价双调。这样有利于满足住房刚性需求，也可以遏制针对高级住宅的投机行为，有效地调节土地供给。

第三，完善土地市场信息披露制度。及时披露土地市场交易信息，让公众和媒体更好地掌握土地市场的情况，一方面，有利于公众理性地理解政府调节土地供给的行为，对政策的调整持有理性的预期；另一方面，也可以减少公众信息不对称导致的土地投机行为和购房投机行为。

2. 优化地方财政支出

相关研究表明，地方财政支出与当地房价存在正相关关系，优化财政支出结构可以有效减少地方政府对土地财政的依赖，对于稳定房价有一定的积极意义。

第一，地方的相关财政支出对于房价的长期作用大于短期作用，所以要在改善地区居住环境的同时把房价限制在一定的范围内，就必须对公共产品的供给做到"一碗水端平"。

第二，取之于民用之于民，政府应该结合当地经济发展的实际情况，合理改善地区的基础设施建设和民生支出。应把财政支出更多地用于地方建设领域，提高与人民群众息息相关的公共项目的财政支出，如教育、卫生、交通等，这有利于改善投资和消费环境，增强市场机制对房地产市场的价格调节作用。

参考文献

[1] 安辉、王瑞东：《我国房地产价格影响因素的实证分析——兼论当前房地产调控政策》，《财经科学》2013 年第 3 期。

[2] 曹振良、周京奎：《产业分蘖理论与住宅产业化》，《河南师范大学学报》（哲学社会科学版）2003 年第 3 期。

[3] 查道中、吉文惠：《城乡居民消费结构与产业结构、经济增长关联研究——基于 VAR 模型的实证分析》，《经济问题》2011 年第 7 期。

[4] 陈斌开、徐帆、谭力：《人口结构转变与中国住房需求：1999 - 2025——基于人口普查数据的微观实证研究》，《金融研究》2012 年第 1 期。

[5] 陈娟、高静：《房地产价格指数波动及其实证检验》，《统计与决策》2016 年第 10 期。

[6] 陈四辉：《我国房地产业中的羊群效应分析》，《沿海企业与科技》2007 年第 5 期。

[7] 陈秀梅、韩和林、赵元兵：《我国房地产价格波动对经济的影响分析——兼论我国房地产宏观调控》，《价格理论与实践》2009 年第 8 期。

[8] 陈彦斌、陈小亮：《人口老龄化对中国城镇住房需求的影响》，《经济理论与经济管理》2013 年第 5 期。

[9] 褚超孚、贾生华：《试论"过滤"模型对于城镇住房市场分层供应体系的理论启示》，《商业经济与管理》2005 年第 5 期。

[10] 崔惠贤：《金融发展对我国房地产消费的影响——基于 1998 - 2010 年省际面板数据》，《郑州航空工业管理学院学报》2013 年第 3 期。

[11] 党云晓、张文忠、武文杰：《北京城市居民住房消费行为的空间差异及其影响因素》，《地理科学进展》2011 年第 10 期。

[12] 丁志国、李晓周、李敏、陈旭：《噪音交易能驱逐理性套利

吗？——噪音交易与理性套利的博弈分析》，《财贸经济》2007 年第 10 期。

[13] 杜江：《中国房地产市场发展非均衡与商品房价格因素分析》，《中国地质大学学报》2010 年第 2 期。

[14] 杜雪君、黄忠华、吴次芳：《房地产税、地方公共支出对房价影响——全国及区域层面的面板数据分析》，《中国土地科学》2009 年第 7 期。

[15] 段莉群、王宏波、徐鹰：《城镇住房需求结构及其应用分析》，《西安交通大学学报》（社会科学版）2012 年第 9 期。

[16] 段忠东：《房地产价格与通货膨胀、产出的关系——理论分析与基于中国数据的实证检验》，《数量经济技术经济研究》2007 年第 12 期。

[17] 范苑：《基于 DI 指数的房地产业周期与经济增长关联性分析——以厦门经济特区为个案分析》，《特区经济》2005 年第 9 期。

[18] 范志勇：《中国房地产政策回顾与探析》，《学术交流》2008 年第 8 期。

[19] 付文林：《住房消费、收入分配与中国的消费需求不足》，《经济学家》2010 年第 2 期。

[20] 付志鸿、胡援成：《房地产投资信贷扩张与我国经济增长》，《江西社会科学》2013 年第 1 期。

[21] 高波、陈健、邹琳华：《区域房价差异、劳动力流动与产业升级》，《经济研究》，2012 年第 1 期。

[22] 高晓路：《北京市居民住房需求结构分析》，《地理学报》2008 年第 10 期。

[23] 耿媛元、刘洪玉：《住房支付能力分析》，《建筑经济》1999 年第 7 期。

[24] 顾海峰、张元姣：《货币政策与房地产价格调控：理论与中国经验》，《经济研究》2014 年第 S1 期。

[25] 关海玲：《北京市房地产价格波动及其影响因素研究》，《价格理论与实践》2015 年第 12 期。

[26] 郭丽芳、林珊：《中国房地产、股票价格变动对经济增长的差异性影响》，《亚太经济》2013 年第 5 期。

[27]《国外住房空置率统计方法》课题组：《欧盟及日本等国家和地

区住房空置率统计方法——国外住房空置率统计研究报告之三》,《中国统计》2011 年第 2 期。

[28]《国外住房空置率统计方法》课题组,文兼武,间海琪,刘冰:《美国住房空置率定义及统计方法——国外住房空置率统计研究报告之二》,《中国统计》2011 年第 1 期。

[29] 韩立岩:《住房消费对于经济增长的带动作用》,《管理世界》1999 年第 5 期。

[30] 韩再:《住房反向抵押贷款时机选择研究》,《现代管理科学》2009 年第 12 期。

[31] 贺建清:《房地产价格波动:一个基于博弈论视角的分析》,《天津商业大学学报》2009 年第 2 期。

[32] 胡光志、张剑波:《中国租房法律问题探讨——现代住房租住制度对我国的启示》,《中国软科学》2012 年第 1 期。

[33] 胡健颖:《商品房价格波动的成因及调控举措》,《中国地质大学学报》(社会科学版) 2005 年第 5 期。

[34] 胡求光、李洪英:《金融危机对中国出口贸易影响的实证分析》,《国际贸易问题》2010 年第 3 期。

[35] 黄少安、陈斌开、刘姿彤:《"租税替代"、财政收入与政府的房地产政策》,《经济研究》2012 年第 8 期。

[36] 黄顺英:《对房价与收入衡量指标的探析》,《建筑经济》2009 年第 7 期。

[37] 贾生华、李航:《噪声交易者预期与房地产泡沫——基于 35 个大中城市的实证研究》,《审计与经济研究》2014 年第 3 期。

[38] 姜春海:《消费需求对经济增长拉动作用的实证分析——基于大连和青岛两市"十一五"期间的比较》,《产业组织评论》2012 年第 2 期。

[39] 姜永生、李忠富:《我国城市居民的住房支付能力及其变化趋势》,《城市问题》2012 年第 11 期。

[40] 鞠方、周建军:《房地产泡沫的影响及其扩散传导机制分析》,《云南社会科学》2008 年第 4 期。

[41] 瞿连飞:《货币发行量与房地产商品住宅价格格兰杰因果关系的

实证分析》，《时代金融》2013 年第 2 期。

[42] 孔煜：《扩大我国居民住房消费的障碍与对策》，《消费经济》2009 年第 4 期。

[43] 况伟大：《房地产投资、房地产信贷与中国经济增长》，《经济理论与经济管理》2011 年第 1 期。

[44] 赖一飞、龙倩倩、罗海云：《存在噪声交易的房地产价格波动研究》，《武汉大学学报》（工学版）2011 年第 3 期。

[45] 李超、匡耀求：《人口集聚过程中的我国房价收入比》，《学术研究》2013 年第 2 期。

[46] 李超、倪鹏飞、万海远：《中国住房需求持续高涨之谜：基于人口结构视角》，《经济研究》2015 年第 5 期。

[47] 李聪明：《我国房地产周期波动与宏观经济关系分析》，《特区经济》2005 年第 3 期。

[48] 李宏瑾：《房地产市场、银行信贷与经济增长——基于面板数据的经验研究》，《国际金融研究》2005 年第 7 期。

[49] 李静：《城镇居民消费结构变动对经济增长影响的实证分析——以山西省为例》，《学术论坛》2012 年第 7 期。

[50] 李伟：《从另一种角度计算房价收入比》，《统计与信息论坛》2004 年第 4 期。

[51] 李星、陈乐一：《房地产泡沫经济与经济增长波动》，《求索》2005 年第 12 期。

[52] 梁云芳、高铁梅：《计量经济分析方法与建模———EViews 应用及实例》（第二版），清华大学出版，2009。

[53] 梁云芳、高铁梅：《我国商品住宅销售价格波动成因的实证分析》，《管理世界》2006 年第 8 期。

[54] 林晓羽：《感性因子对房地产市场投资的影响分析——基于 1998-2008 年中国 31 个省份的房地产市场面板数据》，《福建金融管理干部学院学报》2009 年第 4 期。

[55] 蔺涛、戚少成：《对我国适度商品房空置率的判断与分析》，《统计研究》1999 年第 3 期。

［56］阎坤：《日本金融研究》，经济管理出版社，1996。

［57］刘方：《完善我国房地产税收体系的政策建议》，《当代经济管理》2015年第11期。

［58］刘洪玉、沈悦：《房地产价格变化规律的经济学分析》，《建筑经济》2004年第9期。

［59］刘洪玉：《中国住宅空置的研究》，《中外房地产导报》2000年第17期。

［60］刘敬伟：《非均衡条件下房地产价格变化的主要因素及动力机制》，《经济研究导刊》2007年第6期。

［61］刘立民：《房地产价格的形成与决定——兼议北京房价为何居高不下》，《城乡建设》2002年第5期。

［62］刘美平：《我国房价虚高的综合治理措施》，《社会科学家》2012年第1期。

［63］刘艺容：《住房消费：国民经济新的增长点》，《消费经济》1997年第2期。

［64］刘振彪、谷艳莉、尹剑锋：《收入分配差距扩大对我国住房消费增长的不利影响》，《消费经济》2006年第4期。

［65］娄国豪：《消费者理性预期对房地产价格的影响》，《商业时代》2007年第7期。

［66］栾学军：《住房消费是国民经济发展的瓶颈》，《商业研究》2003年第23期。

［67］骆永民：《城市化对房价的影响：线性还是非线性？——基于四种面板数据回归模型的实证分析》，《财经研究》2011年第4期。

［68］骆柞炎：《中国居民金融资产与住房资产财富效应的比较检验》，《中国软科学》2008年第4期。

［69］孟斌、张景秋、齐志营：《北京市普通住宅空置量调查》，《城市问题》2009年第4期。

［70］倪鹏飞：《中国住房发展报告（2012~2013）》，社会科学文献出版社，2012。

［71］皮舜、武康平：《房地产市场发展和经济增长间的因果关系——

对我国的实证分析》,《管理评论》2004 年第 3 期。

[72] 平新乔、陈敏彦:《融资、地价与楼盘价格趋势》,《世界经济》2004 年第 7 期。

[73] 邵挺、袁志刚:《土地供应量、地方公共品供给与住宅价格水平——基于 Tiebout 效应的一项扩展研究》,《南开经济研究》2010 年第 3 期。

[74] 申月:《房地产市场价格波动对居民消费的影响及其调控政策研究——基于新常态视角》,《价格月刊》2015 年第 11 期。

[75] 沈久沄:《对房价收入比科学涵义的再探讨》,《中央财经大学学报》2006 年第 6 期。

[76] 沈悦、刘洪玉:《住宅价格与经济基本面:1995—2002 年中国 14 城市的实证研究》,《经济研究》2004 年第 6 期。

[77] 孙国峰:《自利、个体效率与公共选择介入的理论解释》,《社会科学研究》2004 年第 1 期。

[78] 孙丽波、屠梅曾:《住房需求新预测——上海住房需求研究案例》,《价格理论与实践》1999 年第 11 期。

[79] 谭刚:《深圳房地产周期波动研究》,《建筑经济》2001 年第 8 期。

[80] 王丹丹:《我国房地产政策对住房价格影响及调控措施研究》,《统计与决策》2013 年第 14 期。

[81] 王进、王永波:《我国房地产市场的投资性需求分析——基于供给锁定型市场结构理论》,《特区经济》2011 年第 2 期。

[82] 王伦强、孙尚斌:《房地产业的宏观调控研究》,《西华大学学报》(哲学社会科学版) 2007 年第 1 期。

[83] 王勉、唐啸峰:《我国房地产投资波动与经济周期的相关性》,《四川大学学报》(哲学社会科学版) 2000 年第 3 期。

[84] 王松涛:《城市经济开放度对房地产价格的影响研究——基于中国 35 个大中城市面板数据模型的分析》,《南开经济研究》2009 年第 2 期。

[85] 王怡、李树民:《城镇居民消费结构与经济增长关系的实证研究》,《统计与决策》2012 年第 10 期。

[86] 魏巍贤、叶国兴:《住房价格波动的金融支持与金融风险防

范——基于 VEC 模型的实证分析》,《金融理论与实践》2009 年第 2 期。

[87] 温立加:《房地产价格对居民消费影响的研究》,《现代商业》2013 年第 4 期。

[88] 文凤华、张阿兰、戴志锋、杨晓光:《房地产价格波动与金融脆弱性:——基于中国的实证研究》,《中国管理科学》2012 年第 2 期。

[89] 文启湘、冉净斐:《消费结构与产业结构的和谐:和谐性及其测度》,《中国工业经济》2005 年第 8 期。

[90] 吴福象、姜凤珍:《租售比、房价收入比与房地产市场调控——基于区际差异化市场比较的实证分析》,《当代财经》2012 年第 6 期。

[91] 吴海英:《房地产投资增速对钢铁投资和总投资增速的影响》,《世界经济》2007 年第 3 期。

[92] 武康平、皮舜、鲁桂华:《中国房地产市场与金融市场共生性的一般均衡分析》,《数量经济技术经济研究》2004 年第 10 期。

[93] 席枫、李海飞、董春美:《我国住房公积金新政对房地产市场价格的影响分析》,《价格理论与实践》2015 年第 9 期。

[94] 向肃一、龙奋杰:《中国城市居民住房支付能力研究》,《城市发展研究》2007 年第 2 期。

[95] 肖本华:《我国的信贷扩张与房地产价格》,《山西财经大学学报》2008 年第 1 期。

[96] 肖作平、尹林辉:《我国个人住房消费影响因素研究:理论与证据》,《经济研究》2014 年第 S1 期。

[97] 谢百三、汪军红:《英韩日三国调控房地产的经验及启示》,《经济管理》2006 年第 7 期。

[98] 谢雅楠:《让住房消费市场回归市场化调节》,《中国经济时报》2014 年 11 月 6 日。

[99] 徐虹:《我国房地产市场的分层调控政策研究》,《中央财经大学学报》2013 年第 5 期。

[100] 徐建炜、徐奇渊、何帆:《房价上涨背后的人口结构因素:国际经验与中国证据》,《世界经济》2012 年第 1 期。

[101] 徐江:《房地产宏观调控中的三方动态博弈问题》,《电子科技

大学学报》（社科版）2007 年 6 期。

[102] 徐妍、沈悦：《货币政策立场、房地产异质性与房地产信贷政策调控效果》，《广东财经大学学报》2015 年第 3 期。

[103] 许宪春、贾海、李皎、李俊波：《房地产经济对中国国民经济增长的作用研究》，《中国社会科学》2015 年第 1 期。

[104] 杨华磊、温新春、何凌云：《出生高峰、人口结构与住房市场》，《人口研究》2015 年第 3 期。

[105] 杨慧、李景国：《中国城镇居民家庭住房支付能力问题研究——基于房价收入比指标》，《价格月刊》2012 年第 5 期。

[106] 杨继瑞：《促进住房租赁消费的思考与对策》，《消费经济》2007 年第 1 期。

[107] 杨明媚：《消费结构、产业结构与经济增长的 VAR 模型分析》，《统计与信息论坛》2009 年第 4 期。

[108] 杨巧：《人口老龄化背景下我国住房需求变化趋势与养老地产发展研究》，《金融发展研究》2013 年第 11 期。

[109] 杨文武：《房价收入比的理性认识》，《价格理论与实践》2002 年第 7 期。

[110] 杨文武：《房价收入比指标研究》，《统计研究》2003 年第 1 期。

[111] 杨小金、陈林：《人口结构老龄化与房地产价格波动——基于珠三角市级面板误差修正模型的实证研究》，《广西社会科学》2015 年第 5 期。

[112] 杨永华：《论房价和房价收入比》，《经济学家》2006 年第 2 期。

[113] 余建源：《房价调控中的中央政府与地方政府的博弈分析》，《经济师》2009 年第 2 期。

[114] 余凯：《房地产虚拟性研究》，《广西大学学报》（哲学社会科学版）2008 年第 6 期。

[115] 余晓：《宏观因素与房地产价格》，《中国科技产业》1996 年第 1 期。

[116] 郁文达：《房地产周期和金融政策》，《中国房地产金融》2003 年第 9 期。

[117] 翟纯红、郝家龙：《房地产宏观调控政策的决策误区及其实证

分析》，《山西高等学校社会科学学报》2005 年第 2 期。

［118］张炳南、冯根福：《中国黄金消费结构对经济增长影响的实证研究》，《管理世界》2011 年第 11 期。

［119］张德荣、郑晓婷：《"限购令"是抑制房价上涨的有效政策工具吗？——基于 70 个大中城市的实证研究》，《数量经济技术经济研究》2013 年第 11 期。

［120］张淰、范从来、丁慧：《资产短缺、房地产市场价格波动与中国通货膨胀》，《财贸研究》2015 年第 6 期。

［121］张海蔚：《中国房地产价格决定机制研究》，《上海金融》2009 年第 3 期。

［122］张红、林荫：《基于跨期消费模型的住房交易成本阻碍效应》，《清华大学学报》（自然科学版）2012 年第 2 期。

［123］张泓铭：《房地产发展"速（热）度偏爱症"剖析》，《社会科学》2006 年第 8 期。

［124］张洪、金杰、全诗凡：《房地产投资、经济增长与空间效应——基于 70 个大中城市的空间面板数据实证研究》，《南开经济研究》2014 年第 1 期。

［125］张李昂、朱显平：《我国区域经济差异对房地产价格的影响分析与对策》，《经济问题探索》2015 年第 12 期。

［126］张清勇：《房价收入比与住房支付能力指数的比较》，《中国土地科学》2012 年第 1 期。

［127］张清勇：《中国城镇居民的住房支付能力：1991—2005》，《财贸经济》2007 年第 4 期。

［128］张涛、龚六堂、卜永祥：《资产回报、住房按揭贷款与房地产均衡价格》，《金融研究》2006 年第 2 期。

［129］张晓晶、孙涛：《中国房地产周期与金融稳定》，《经济研究》2006 年第 1 期。

［130］张亚明：《消费者预期对住房价格影响机理研究》，《企业经济》2010 年第 8 期。

［131］张扬、王良健：《房地产市场投机度模型解析与警情分析》，《求索》2014 年第 5 期。

［132］张永岳、张传勇、谢晖：《我国房地产宏观调控政策效果评估初探——基于公共政策评估的视角》，《上海经济研究》2010 年第 12 期。

［133］张祚、陈昆仑、涂姗、刘艳中：《中国城市居民住房来源构成与省际差异——基于"五普"与"六普"数据的分析》，《世界地理研究》2014 年第 3 期。

［134］赵奉军、邹琳华：《自有住房的影响与决定因素研究评述》，《经济学动态》2012 年第 10 期。

［135］赵卫亚、周博、牛龙：《中国城镇居民消费结构的渐进式转变》，《首都经济贸易大学学报》2013 年第 4 期。

［136］赵新华、屠梅曾：《房地产市场中的噪声交易行为研究》，《财经研究》2008 年第 1 期。

［137］周建军、代支祥、龙娟：《金融政策对中国房地产周期波动的影响》，《经济问题探索》2011 年第 11 期。

［138］周建军、鞠方：《房地产泡沫的虚拟经济决定论及其实证检验》，《财贸研究》2008 年第 3 期。

［139］周建军、鞠方：《中国房地产价格波动财富效应的理论与实证研究》，《财经理论与实践》2009 年第 5 期。

［140］周京奎、曹振良：《中国房地产泡沫与非泡沫——以投机理论为基础的实证分析》，《山西财经大学学报》2004 年第 1 期。

［141］周京奎：《金融支持过度与房地产泡沫研究》，南开大学博士学位论文，2004。

［142］周京奎：《我国中低收入家庭住房现状及存在的问题》，《中国房地产金融》2010 年第 4 期。

［143］周志春：《中国产业结构变动对就业增长影响研究——基于面板数据的实证分析》，《社会科学战线》2010 年第 4 期。

［144］邹至庄、牛霖琳：《中国城镇居民住房的需求与供给》，《金融研究》2010 年第 1 期。

［145］Abraham J. M., Hendershott P. H., "Bubbles in Metropolitan Housing Markets," NBER Working Paper, 1994（W4774）.

［146］Abraham J. M., Hendershott P. H., "Patterns and Determinants of

Metropolitan House Prices, 1977–91," *NBER Working Paper*, 1992 (w4196).

[147] Aghion P., Howitt P., *Endogenous Growth Theory*, MIT Press, 1998.

[148] Aizenman J., Jinjarak Y., "Current Account Patterns and National Real Estate Markets," *Journal of Urban Economics*, 2009, 66 (2).

[149] Cristianini N., Shawe-Taylor J., *An Introduction to Support Vector Machines and Other Kernel-Based Learning Methods*, Cambridge University Press, 2000.

[150] Anglin P. M., "Determinants of Buyer Search in A Housing Market," *Real Estate Economics*, 1997, 25 (4).

[151] Aoki K., Proudman J., Vlieghe G., "House Prices, Consumption and Monetary Policy: A Financial Accelerator Approach," *Journal of Financial Intermediation*, 2004, 13 (4).

[152] Arnott R., Davidson R., Pines D., "Housing Quality, Maintenance and Rehabilitation," *The Review of Economic Studies*, 1983, 50 (3).

[153] Arrondel L., Lefebvre B., "Consumption and Investment Motives in Housing Wealth Accumulation: A French Study," *Journal of Urban Economics*, 2001, 50 (1).

[154] Ayal I., Hempel D. J., "Simulating Housing Market Processes at the Micro level," *Management Science*, 1979, 25 (6).

[155] Barbier E. B., Markandya A., "The Conditions for Achieving Environmentally Sustainable Development," *European Economic Review*, 1990, 34.

[156] Barbier E., Homer-Dixon T., "Resource Scarcity, Institutional Adaptation, and Technical Innovation: Can Poor Countries Attain Endogenous Growth?" *American Association for the Advancement of Science*, 1996.

[157] Barot B., Yang Z., "House Prices and Housing Investment in Sweden and the UK: Econometric Analysis for the Period 1970–1998," *Review of Urban & Regional Development Studies*, 2002, 14 (2).

[158] Barro R. J., Sala-i-Martin X. I., "Economic Growth," MIT Press, 2003.

［159］Bernanke B. S., Gertler M., Gilchrist S., "The financial accelerator in a quantitative business cycle framework," *Handbook of macroeconomics*, 1999, 1.

［160］Bernheim B. D., "A Theory of Conformity," *Journal of Political Economy*, 1994, 102（5）.

［161］Blackaby D. H., Manning D. N., "Regional Earnings and Unemployment—A Simultaneous Approach," *Oxford Bulletin of Economics and Statistics*, 1992, 54（4）.

［162］Black F. "Noise," *The Journal of Finance*, 1986, 41（3）.

［163］Boone L., Girouard N., "The Stock Market, the Housing Market and Consumer Behaviour," *OECD Economic Studies*, 2003, 2002（2）.

［164］Bordo M. D., Jeanne O., "Boom-busts in Asset Prices, Economic Instability, and Monetary Policy," NBER Working Paper, 2002（W8966）.

［165］Braid R. M., "The Effects of Government Housing Policies in A Vintage Filtering Model," *Journal of Urban Economics*, 1984, 16（3）.

［166］Brettell S., "UK House Prices: Driven by Youth Inflation and Speculation," *The Business Economist*, 2002, 33（3）.

［167］Buckley J., O'Leary C., "A Real Estate Bubble in the Bronx," *A Study of Trends in Bronx Multifamily Housing Pricing, 1985 to 2001*, 2003.

［168］Cameron G., Muellbauer J., "Earnings, Unemployment, and Housing in Britain," *Journal of Applied Eoonometrics*, 2001, 16（3）.

［169］Carey M. S., "Feeding the Fad: The Federal Land Banks, Land Market Efficiency, and the Farm Credit Crisis," University of California, Berkeley, 1990.

［170］Case K. T., Shiller R. J., "The Efficiency of the Market for Single-family Homes," *The American Economic Review*, 1989, 79（I）.

［171］Castelnuovo E., Nistico S., "Stock Market Conditions and Monetary Policy in A DSGE Model for the US," *Journal of Economic Dynamics and Control*, 2010, 34（9）.

［172］Cheng B. S., "Causality between Energy Consumption and Economic Growth in India: An Application of Cointegration and Error-

Correction Modeling," *Indian Economic Review*, 1999, 34 (1).

[173] Chen S. J., Hsieh C., Vines T., et al., "Macroeconomic Variables, Firm-specific Variables and Returns to REITs," *Journal of Real Estate Research*, 1998, 16 (3).

[174] Clapp J. M., Giaccotto C., "The Influence of Economic Variables on Local House Price Dynamics," *Journal of Urban Economics*, 1994, 36 (2).

[175] Coleman iV M., LaCour-Little M., Vandell K. D., "Subprime Lending and the Housing Bubble: Tail Wags Dog?" *Journal of Housing Economics*, 2008, 17 (4).

[176] Collyns C., Senhadji A. S., "Lending Boom, Real Estate Bubbles, and the Asian Crisis," *IMF Working Paper*, 2002, 32 (1).

[177] Davis, E. P, Zhu, H., "Bank Lending and Commercial Property Cycles: Some Cross-country Evidence," *Journal of International Money and Fiance*, 2011, 30 (1).

[178] De Long J. B., Shleifer A., Summers L. H., et al., "Noise Trader Risk in Financial Markets," *Journal of Political Economy*, 1990, 98 (4).

[179] Diventi T. R., "Fannie Mae, Freddie Mac: Past, Present, and Future," *Cityscape*, 2009, 11 (3).

[180] Dow J., Gorton G. B., "Noise Traders," NBER Working Paper, 2006 (W12256).

[181] Engle R. F., Granger C. W. J., "Co-integration and Error Correction: Representation, Estimation, and Testing," *Econometrica: Journal of the Econometric Society*, 1987.

[182] Englund P., Quigley J. M., Redfearn C. L., "The Choice of Methodology for Computing Housing Price Indexes: Comparisons of Temporal Aggregation and Sample Definition," *The Journal of Real Estate Finance and Economics*, 1999, 19 (2).

[183] Feldstein M., "Analysis: The Budget and Trade Deficits aren't Really Twins," *Challenge*, 1992, 35 (2).

[184] Feldstein M., "Inflation, Tax Rules and the Stock Market," *Journal*

of Monetary Economics, 1980, 6 (3).

［185］Follain J. R., Jimenez E., "Estimating the Demand for Housing Characteristics: A Survey And Critique," *Regional Science and Urban Economics*, 1985, 15 (1).

［186］Freeman R., "New Roles for Unions and Collective Bargaining Post the Implosion of Wall Street Capitalism," *The Role of Collective Bargaining in the Global Economy: Negotiating for Social Justice*, 2011.

［187］French K. R., Poterba J. M., "Were Japanese Stock Prices too High?" *Journal of Financial Economics*, 1991, 29 (2).

［188］Friedman M., "*A Theory of the Consumption Function*," Champaign: Economic Science Publish, 1912.

［189］Fu X., "Foreign Direct Investment, Absorptive Capacity and Regional Innovation Capabilities: Evidence From China," *Oxford Development Studies*, 2008, 36 (1).

［190］Gerlach S., Smets F., "Contagious Speculative Attacks," *European Journal of Political Economy*, 1995, 11 (1).

［191］Giuliodori M., "Monetary Policy Shocks and the Role of House Prices Across European Countries," Netherlands Central Bank, Research Department, 2004.

［192］Glaeser E. L., Gyourko J., "Urban Decline and Durable Housing," *Journal of Political Economy*, 2005, 113 (2).

［193］Goldstein M., "The Asian Financial Crisis: Causes, Crues and Systemic Implications," Peterson Institute, 1998.

［194］Goodbart C., Hofmann B., "*House Prices and the Macroeconomy: Implications for Banking and Price Stability*," OUP Oxford, 2006.

［195］Goodman A. C., "Modeling and Computing Transactions Costs for Purchases of Housing Services," *Real Estate Economics*, 1990, 18 (1).

［196］Greenspan A., "New Challenges for Monetary Policy," *Vital Speeches of the Day*, 1999, 65 (23).

［197］Haurin D., "The Duration of Marketing Time of Residential

Housing," *Real Estate Economics*, 1988, 16 (4).

[198] Hendershott P. H., LaFayette W. C., Haurin D. R., "Debt Usage and Mortgage Choice: The FHA-conventional Decision," *Journal of Urban Economics*, 1997, 41 (2).

[199] Hendry D. F., Richard J. F., "On the Formulation of Empirical Models in Dynamic Econometrics," *Journal of Econometrics*, 1982, 20 (1).

[200] Higgins M., Osler C., "Asset Market Hangovers and Economic Growth: the OECD during 1984-93," *Oxford Review of Economic Policy*, 1997, 13 (3).

[201] Himmelberg C., Mayer C., Sinai T., Todd Sinai, "Assessing High House Prices: Bubbles Fundamentals and Misperceptions," *Journal of Economic Perspectives*, 2005, 19 (4).

[202] Hui E. C. M., "Public Housing Rents in Hong Kong: Policy and Structure," *Journal of Urban Planning & Development*, 2014, 125 (1).

[203] Kearl J. R., "Inflation, Mortgage, and Housing," *Journal of Political Economy*, 1979, 87 (5, Part 1).

[204] Keynes J. M., Waeger F. "Allgemeine Theorie der Beschäftigung, des Zinses und des Geldes," *Berlin: Duncker & Humblof*, 1936.

[205] Kim S., "Search Hedonic Price and Housing Demand," *The Review of Economics and Statistics*, 1992, 20 (3).

[206] Kiyotaki N., Moore J., "Credit Cycles," *Journal of Political Economy*, 1997, 105 (2).

[207] Kose S., "Possibilities for Change Toward Universal Design: Japanese Housing Policy for Seniors at the Crossroads," *Journal of Aging and Social Policy*, 1996, 8 (2-3).

[208] Krugman P., "What Happened to Asia?" Global Competition and Integration, 1999.

[209] Labonte M., "US Housing Prices: Is There a Bubble?" Congressional Information Service, Library of Congress, 2005.

[210] Lai F. C., Tsai J. F., "Duopoly Locations and Optimal Zoning in

A Small Open City," *Journal of Urban Economics*, 2004, 55 (3).

[211] Larsen E. R., "The Engel Curve of Owner-Occupied Housing Consumption," *Journal of Applied Economics*, 2014, 17 (2).

[212] Le Bon G., "*The Psychology of Peoples*," Macmillan Company, 1898.

[213] Leung C. K. Y., "Relating International Trade to the Housing Market," *Review of Development Economics*, 2001, 5 (2).

[214] Liowa K. H., Webb J. R., "Common factors In international Securitized Real Estate Markets," *Review of Financial Economics*, 2009, 18 (2).

[215] Loewenstein M., Willard G. A., "Rational Equilibrium Asset-Pricing Bubbles in Continuous Trading Models," *Journal of Economic Theory*, 2000, 91 (1).

[216] Ludwig A., Sløk T., "The Impact of Changes in Stock Prices and House Prices on Consumption in OECD Countries," International Monetary Fund, 2002.

[217] Maclennan D., "Some Thoughts on the Nature and Purpose of House Price Studies," *Urban Studies*, 1997, 14 (1).

[218] Maestas C. D., Fulton S., Maisel L. S., et al., "When to Risk It? Institutions, Ambitions, and the Decision to Run for the US House," *American Political Science Review*, 2006, 100 (2).

[219] Malpezzi S., "A Simple Error Correction Model of House Prices," *Journal of Housing Economics*, 1999, 8 (1).

[220] Mera K., Renaud B., "*Asia's Financial Crisis and the Role of Real Estate*," Routledge, 2016.

[221] Merlo A., Ortalo-Magne F., "Bargaining over Residential Real Estate: Evidence from England (Third Version)," *Journal of Urban Economics*, 2004, 56 (2).

[222] Morgan P., Manning R., "Optimal Search," *Econometrics: Journal of the Econometric Society*, 1985, 53 (4).

[223] Ortalo-Magne F., Rady S., "Housing Market Dynamics: On the Contribution of Income Shocks and Credit Constraints," *The Review of Economic Studies*, 2006, 73 (2).

［224］ Ortalo-Magné F., Rady S., "Homeownership: Low Household Mobility, Volatile Housing Prices, High Income Dispersion," *FMG Discussion Papers*, 2002.

［225］ Palomino F., "Noise Trading in Small Markets," *The Journal of Finance*, 1996, 51 (4).

［226］ Park A., Sabourian H., "Herding and Contrarian Behavior in Financial Markets," *Econometrica*, 2011, 79 (4).

［227］ Potepan M. J., "Explaining Intermetropolitan Variation in Housing Prices, Rents and Land Prices," *Real Estate Economics*, 1996, 24 (2).

［228］ Poterba J. M., "*Taxation and Housing: Old Questions, New Answers*," NBER Working Paper, 1992 (W3963).

［229］ Poterba J. M., Weil D. N., Shiller R., "House Price Dynamics: The Role of Tax Policy and Demography," *Brookings Papers on Economic Activity*, 1991, 1991 (2).

［230］ Pozdenna R. J., "*The Modern Economics of Housing: A Guide to Theory and Policy for Finance and Real Estate Professionals*," Greenwood Publishing Group, 1988.

［231］ Robertson S., Rogers D., "Education, Real Estate, Immigration: Brokerage Assemblages and Asian Mobilities," *Journal of Ethnic and Migration Studies*, 2017, 43 (14).

［232］ Rothschild M., "Searching for the Lowest Price When the Distribution of Price is Unknown," *Journal of Political Economy*, 1974, 82 (4).

［233］ Seifert J., Scott J. G., "The CYP6D1v1 Allele is Associated with Pyrethroid Resistance in the House Fly, Musca Domestica," *Pesticide Biochemistry and Physiology*, 2002, 72 (1).

［234］ Seko M., Sumita K., "Japanese Housing Tenure Choice and Welfare Implications after the Revision of the Tenant Protection Law," *The Journal of Real Estate Finance and Economics*, 2007, 35 (3).

［235］ Shear W. B., Wachter S. M., Weicher J. C., "Housing as An Asset in the 1980s and 1990s," *Housing Finance Review*, 1988, 18 (7).

[236] Shefrin H., "*Beyond Greed and Fear: Understanding Behavioral Finance and the Psychology of Investing*," Oxford University Press on Demand, 2002.

[237] Shefrin H., Statman M., "Behavioral Capital Asset Pricing Theory," *Journal of Financial and Quantitative Analysis*, 1994, 29 (3).

[238] Sinai T. M., Waldfogel J., "Do Low-income Housing Subsidies Increase Housing Consumption?" NBER Working Paper, 2002 (W8709).

[239] Smith L. B., Rosen K. T., Fallis G., "Recent Developments in Economic Models of Housing Markets," *Journal of Economic Literature*, 1988, 26 (1).

[240] Stigler G. J., "The Economics of Information," *Journal of Political Economy*, 1961, 69 (3).

[241] Summers L. H., Bosworth B. P., Tobin J., et al., "Taxation and Corporate Investment: A q-theory Approach," *Brookings Papers on Economic Activity*, 1981, (1).

[242] Takase M., "Architectural Regulation on the Maximum Height of Buildings and Urban Economic Model," *Mathematics & Computers in Simulation*, 1997, 43 (3).

[243] Vigdor J. L., "Liquidity Constraints and Housing Prices: Theory and Evidence from the VA Mortgage Program," *Journal of Public Economics*, 2006, 90 (8-9).

[244] Wheaton W. C., "Land Capitalization, Tiebout Mobility, and the Role of Zoning Regulations," *Journal of Urban Economics*, 1993, 34 (2).

[245] Wheaton W. C., "Vacancy, Search, and Price in a Housing Market Matching Model," *Journal of Political Economy*, 1990, 98 (6).

[246] White R. W., "*Lives in Progress: A Study of the Natural Growth of Personality*," Holt, Rinehart & Winston, 1975.

[247] Yavas A., Yang S., "The Strategic Role of Listing Price in Marketing Real Estate: Theory and Evidence," *Real Estate Economics*, 1995, 23 (3).

后 记

房地产是民之所需，亦是经济的晴雨表、财富的象征、金融风险的主要来源，因此房地产业的发展与民生福祉和社会稳定息息相关。近年来，多国已发生房地产市场由盛转衰并爆发金融危机的真实案例，为世界各国防范风险敲响警钟。我国房地产市场自建立以来，发展一直处于相对繁荣状态：房地产投资额持续增长，房地产价格基本保持上升势头。房价高涨带来了经济规模的迅速扩张，但也造成诸如资源错配、创新投入被挤出等负面影响。"房子是用来住的，不是用来炒的"这一房地产属性定位为房地产市场发展提供了根本遵循。自新冠肺炎疫情暴发以来，我国经济面临较大下行压力，居民整体消费倾向偏低，因房地产市场结构性供给错配等原因，房价有下降趋势，以上影响叠加可能诱发系统性金融风险。

本书以独特的切入视角、详实的文献材料、扎实的数据逻辑，探究了金融危机后我国房地产价格波动与宏观调控机制的一系列相关问题，为解读中国房地产市场发展提供了新的见解。写作过程中，本书始终坚持三条主线：一是房地产对于我国经济社会稳定发展至关重要；二是我国房地产市场尚存在诸多问题待解决；三是政府出台行之有效的宏观调控政策弥补市场机制的不足十分必要。全书共分为九章，主要从经济因素和非经济因素出发剖析房价波动成因及经济效应，并探讨财税、金融政策等在房价治理中发挥的作用。因学识有限，书中难免有疏漏与不足，欢迎读者朋友多提宝贵意见。

本书撰写过程中，借鉴了国内外众多学者的研究成果，在此表达诚挚谢意。同时，特别感谢博士生和硕士生彭李娜、周佳梅、黄菊、陈子萍、于静静、龙娟、代支祥、秦正文、林辉叶、雷雨亮、李文君、陈琦、孙倩倩、任娟娟、夏一丹、周真禅、丁万川、周小渝、徐邵蕊、王雪、罗嘉昊、马雪晴、夏麒、许文婷、刘长艳、龙平、董怡君、赵莹、傅贻忙、刘颜、刘奎兵、潘红玉等。本书能够以现在的面貌问世，离不开上述同学的辛勤劳动。

本书编辑出版过程中，社会科学文献出版社城市和绿色发展分社社长任文武和责任编辑张丽丽付出了许多心血，在此表示衷心感谢。另外，特别感谢教育部哲学社会科学研究重大课题攻关项目"社会科学本土化视角下的金融社会风险研究"（21JZD024）和国家自然科学基金项目"人口老龄化、住房空置与房地产金融风险控制——基于异质空间 DSGE 模型分析"（71873117）的支持。

最后，特别感谢我们的博士生导师——南开大学经济研究所曹振良教授。曹老学识渊博，低调谦逊，德高望重，令人景仰。20 年前第一次见到导师的样子，历历在目。感谢曹老把我们引入房地产经济学和房地产金融学研究的圣殿。饮水思源，今日的些许成绩离不开导师当年的谆谆教诲。虽然导师已经去世 10 余年，但他一直活在我们心中。

周建军　鞠　方
2022 年于湖南大学

图书在版编目（CIP）数据

房地产价格波动与宏观调控机制研究／周建军等著
. -- 北京：社会科学文献出版社，2022.10
ISBN 978-7-5228-0085-1

Ⅰ.①房… Ⅱ.①周… Ⅲ.①房价-物价波动-研究
-中国 Ⅳ.①F299.233.5

中国版本图书馆 CIP 数据核字（2022）第 078618 号

房地产价格波动与宏观调控机制研究

著　者／周建军　鞠　方　等

出 版 人／王利民
组稿编辑／任文武
责任编辑／张丽丽
责任印制／王京美

出　　　版／社会科学文献出版社·城市和绿色发展分社（010）59367143
　　　　　　地址：北京市北三环中路甲 29 号院华龙大厦　邮编：100029
　　　　　　网址：www.ssap.com.cn
发　　　行／社会科学文献出版社（010）59367028
印　　　装／三河市尚艺印装有限公司

规　　　格／开本：787mm×1092mm　1/16
　　　　　　印张：17　字数：269 千字
版　　　次／2022 年 10 月第 1 版　2022 年 10 月第 1 次印刷
书　　　号／ISBN 978-7-5228-0085-1
定　　　价／88.00 元

读者服务电话：4008918866